U0865210

金融法学文库

刘志云 主编

智能投顾法律规制研究

栗胜男 著

FINANCIAL LAW

法律出版社 | 北京

图书在版编目(CIP)数据

智能投顾法律规制研究 / 栗胜男著. -- 北京 : 法律出版社, 2023
(金融法学文库)
ISBN 978-7-5197-8288-7

Ⅰ. ①智… Ⅱ. ①栗… Ⅲ. ①人工智能—投资—金融法—研究—中国 Ⅳ. ①D922.287.4

中国国家版本馆 CIP 数据核字(2023)第 170548 号

智能投顾法律规制研究
ZHINENG TOUGU FALÜ GUIZHI YANJIU

栗胜男 著

责任编辑 屈 瑶 刘梦瑀
装帧设计 臧晓飞

出版发行 法律出版社
编辑统筹 学术·对外出版分社
责任校对 王 丰 郭艳萍
责任印制 陶 松
经 销 新华书店

开本 710 毫米×1000 毫米 1/16
印张 14.75 字数 222 千
版本 2023 年 12 月第 1 版
印次 2023 年 12 月第 1 次印刷
印刷 唐山玺诚印务有限公司

地址:北京市丰台区莲花池西里 7 号(100073)
网址:www.lawpress.com.cn
投稿邮箱:info@lawpress.com.cn
举报盗版邮箱:jbwq@lawpress.com.cn

销售电话:010-83938349
客服电话:010-83938350
咨询电话:010-63939796
版权所有·侵权必究

书号:ISBN 978-7-5197-8288-7
定价:69.00 元
凡购买本社图书,如有印装错误,我社负责退换。电话:010-83938349

总　序

金融作为现代经济的核心，具有优化资源配置、调节经济运行之功效，其资本运作的良善甚至关乎社会稳定的实现。基于此，金融业的发展成为各国政府关注的重中之重，而通过制度供给促进金融业的良好发展也成为普遍并可行的路径。在此背景下，金融法研究趁势而起，成为“近世之显学”。其兴起虽晚，却生机勃勃，在深入汲取相关部门法的理论积淀的同时，也广泛容纳各种跨学科知识与方法，并探求自身内省之品格，最终成就了如今这个底蕴深厚、逻辑自洽的新兴学科体系。

我国金融法的产生和发展伴随着改革开放的推进，经济体制的转型，以及中国金融法治变迁之现实。虽然西方先验逻辑提供的立法技术素不匮乏，但我们真正要面对的，是如何让成熟的技术契合本国的现实国情，发挥其应有的功效。内生金融交易秩序的制度根基的缺乏，曾使中国金融法治在本上化复归的路途中一再迷失。同时，全球化的推进，又要求我国必须及时完成经济转型，早日实现我国金融市场与国际金融市场的有效对接，这更加剧了国内金融法制的发展困境。对于从事金融法研究的学者而言，任重而道远。当然，恰逢这一转型之历史路口的吾辈，能直面历史之转折，兢兢业业，矢志科研;鉴前世之兴衰,考当今之得失;博观而约取,厚积而薄发。从另一个视角观之,这也是一种幸运。

"千淘万漉虽辛苦,吹尽狂沙始到金。"厦门大学法学院是全国较早开展金融法教学和科研的单位之一。早在2005年,厦门大学法学院便开始挂靠其他专业博士点招收"金融法"方向的博士研究生;2006年,厦门大学在获得法学一级学科硕士、博士学位授予权的基础上,设立经济法博士点,金融法学研究方向成为主要招生方向之一;2010年12月,厦门大学法学院正式成立金融法研究中心。近年来,厦门大学金融法研究中心的学术团队承担了大量国家级与省部级科研项目,并相继出版与发表了大量学术专著与专业论文,在国内开始产生一定的影响力。而今,厦门大学金融法研究中心日益壮大,已经形成一支"老中青结合"的优秀学术团队,并成为我国金融法高层次专门人才的重要培养基地之一。

"非学无以广才,非志无以成学。"为进一步推动厦门大学金融法研究中心的学科建设以及促进国内金融法研究的繁荣发展,2014年,我们决定编辑出版连续性的"厦门大学金融法学文库",期以"前沿意识、精品理念"为指导,以系列学术专著、译著的形式,集中展现我国金融法领域的专题研究成果,促进学术繁荣和理论争鸣。"盖文章,经国之大业,不朽之盛事。年寿有时而尽,荣乐止乎其身,二者必至之常期,未若文章之无穷。是以古之作者,寄身于翰墨,见意于篇籍,不假良史之名,不托飞驰之势,而声名自传于后。"诚如斯言,我们期以本文库作为思想传播之媒介,学术交流之平台,博学审问,慎思笃行,自由争辩,自察自省,通过严肃认真的学术讨论和学术批评,推动金融法研究的不断创新。

在法律出版社的支持下,2016年伊始,"厦门大学金融法学文库"正式更名为包容性更大的"金融法学文库"。本文库稿件来源不限于厦门大学金融法研究中心的学者、校友,而以最大的诚意广泛征集海内外金融法专著、译著。当然,我们亦知,就整个金融法学研究而言,本文库仅为沧海一粟。庙廊之才,非一木之枝,希望能与学界同人相濡相闻,砥砺共进。

是为序。

刘志云

2016年7月22日

目录

绪　论

一、选题背景与研究价值

（一）选题背景

1. 金融科技的迅猛发展开启了人工智能（AI）的黄金时代

金融与科技的关系由来已久，两者越发呈现出相互融合、共促发展的态势。尤其是2008年国际金融危机之后，金融科技迎来了崭新的发展契机。一方面，金融危机导致公众对金融机构的信任度大幅下降，各国监管部门纷纷加大对金融机构和金融创新的监管力度，传统金融机构之间的竞争日趋白热化，新兴科技公司也开始加入金融市场份额的角逐之中；①另一方面，跟随计算机一同成长的"千禧一代"逐渐成为社会主力，对科技、创新事物持开放、包容的态度，所有这些因素都助推着金融与科技的进一步融合。这一阶段最显著的特征是，科技不再只是降低金融服务成本、提高金融服务效率的辅助手段，而是变被动为主动，反向推动着金融行业的

---

① Arner, Douglas W., Barberis, Jànos Nathan & Buckley, Ross P., *The Evolution of FinTech: A New Post-Crisis Paradigm*, University of Hong Kong Faculty of Law Research Paper, 2015, p. 23.

创新与发展，金融科技开始向着科技主导金融的趋势发展。在这一趋势下，科技与金融深度融合，给整个社会带来了颠覆性的改变。这些改变不仅体现在银行、证券、保险等金融领域，还体现在人们的生活方式、消费方式、投资方式与理念等方面。同时，这些改变也冲击着现行法律制度，挑战着金融监管部门的能力与水平。最为关键的是，这种改变与趋势是已然发生，正在进行，且不以人的意志为转移的，各国唯有抓住机遇，致力于自身相关制度与规范的完善，才能跟上时代的步伐。

人工智能是当前金融科技领域耀眼的成果之一，是人类所拥有的强大的科学技术之一，各国政要、各企业领导人都深深意识到人工智能带来的重大机遇，都不约而同地致力于人工智能的发展规划。2017 年，我国国务院制定并印发了《新一代人工智能发展规划》，开启了我国人工智能的发展之门。① 美国也发布了一系列政策文件强调人工智能的战略意义。2016 年奥巴马政府发布了有关人工智能的第一个报告——《为未来人工智能做准备》，②奠定了美国人工智能发展的政策基础；2018 年美国特朗普政府开发了“美国人民的人工智能”网络平台，指出，“我们正在经历新的技术革命，它能够改善我们生活的方方面面，为美国工人和家庭带来巨大的财富，在科学、医疗、通讯等行业开拓新的领域”；③2019 年美国总统特朗普签署了《维持美国在人工智能领域的领导地位》（Maintaining American Leadership in Artificial Intelligence）的行政法令，④自此，美国人工智能计划全面开启。在欧洲，欧盟委员会于 2018 年发布了人工智能战略规划，指出，“如蒸汽时代和电力时代一般，人工智能正在改变我们的世界、我们的社会以及各个行业；计算机科技的发展、数据的可获得以及算法的进步共同作用，使得人工智能变成 21 世纪最具战略性的科技；我们对待人工智能的方式将重新定义

---

① 新华社：《国务院印发〈新一代人工智能发展规划〉》，载《人民日报》2017 年 7 月 21 日，第 1 版。

② The White House, Preparing for the Future of Artificial Intelligence, 2016.

③ The White House, *Artificial Intelligence for the American People*, https://trumpwhitehouse.archives.gov/ai/ai-american-values/, 2020 - 07 - 28.

④ The White House, Executive Order on Maintaining American Leadership in Artificial Intelligence, 2019.

我们生活的世界”。[①] 各行业领头人也认同人工智能的重大战略意义。时任亚马逊首席执行官杰夫·贝索斯(Jeff Bezos)认为,利用人工智能,人们能够解决曾经只能在科幻电影中才能解决的问题,人工智能时代已经到来。[②] 时任微软首席执行官萨塔雅·纳黛拉(Satya Nadella)认为,人工智能是“重新定义我们生存时代的技术”。[③] 世界经济论坛创始人兼执行主席克劳斯·施瓦布(Klaus Schwab)也认为,人工智能已经引发了第四次工业革命,它将改变商业和社会的方方面面。[④]

2. 智能投顾作为人工智能在金融领域的典型应用进入了快速发展轨道

随着人工智能技术的日益强大,人工智能的应用领域不断地拓展,从商品零售业到社交媒体,从电信行业到娱乐业,从金融领域到医疗领域,从制造业到航空业,人工智能无处不在,充分展现着它的强大生命力。在金融领域,人工智能最典型的应用就是智能投顾(robo-advice),它是人工智能与传统投资顾问业务深度融合的产物,凭借其低成本、高效率、个性化服务、人为因素干涉少等优势,迅速由美国向全球蔓延,呈现燎原之势。“统计学家”(Statista)数据库数据显示,截至 2017 年 4 月,全球智能投顾的数量达到 361 家,其中美国居首位,有 200 家智能投顾;德国 31 家;英国 20 家;中国 20 家;印度 19 家;法国 17 家;日本 14 家;加拿大 12 家;新西兰 12 家;新加坡 8 家;澳大利亚 8 家;[⑤]发达国家和发展中国家都有覆盖。可见,在金融科技开始主导金融行业创新发展的大背景下,智能投顾正迎来一个快速发展的黄金时期。

除自身优势外,智能投顾还有着非常强大的外部驱动力。第一,“千禧

---

① European Commission, Communication Artificial Intelligence for Europe, 2018.

② Kharpal, Arjun, *AI Is in a “Golden Age” and Solving Problems that Were Once in the Realm of Sci-fi, Jeff Bezos Says*, https://www.cnbc.com/2017/05/08/amazon-jeff-bezos-artificial-intelligence-ai-golden-age.html, 2020 – 07 – 28.

③ Clinch, Matt & Turak, Natasha, *Microsoft CEO Satya Nadella on the Rise of AI: “The Future We Will Invent Is a Choice We Make”*, https://www.cnbc.com/2018/05/24/microsoft-ceo-satya-nadella-on-the-rise-of-a-i-the-future-we-will-invent-is-a-choice-we-make.html, 2020 – 07 – 28.

④ Schwab, Klaus, *The Fourth Industrial Revolution: What It Means, How to Respond*, https://www.weforum.org/agenda/2016/01/the-fourth-industrial-revolution-what-it-means-and-how-to-respond/, 2020 – 07 – 28.

⑤ Statista, *Number of Robo-advisors Worldwide as of April* 2017, *by Country*, https://www.statista.com/statistics/795467/number-of-robo-advisors-by-country/, 2020 – 07 – 29.

一代”已经成长为社会主力，是智能投顾的主要目标群体。① “千禧一代”是被互联网浸润的一代，一方面，他们拥有互联网思维，对新事物有着开放、包容的心态，愿意尝试各种高新科技产品来拓展自己的视野，提升自己的能力。智能手机是当今世界最普遍的科技应用产品。据有关统计数据，2018年95%以上的美国人拥有手机，其中77%的人使用至少一个金融科技相关应用软件；②2018年加拿大移动电话的用户达到0.26亿人，预计2023年该数值将达到0.3亿人；③2018年我国智能手机的用户达到7.13亿人，当年全球智能手机的用户数量超过25亿人。④ 另一方面，他们的消费观念、投资理财观念、行为方式等也都打上了互联网的烙印。他们崇尚个性，但又相对理性，在投资理财领域有着明显的偏好，收益期待趋向平稳，更多关注符合自身需求的投资组合建议，而非追求绝对的高收益。⑤

第二，在西方国家，越来越多的中低收入人群开始通过个人投资来实现某种长远目标或者保障退休后的生活水准。在美国，制订退休规划的个人习惯由来已久，对多数美国人来说，投资和为将来储蓄是一项应该受到保护的权利，时任美国总统富兰克林曾说，“越来越多的年轻人开始考虑步入老年后的生活……虽然我们没办法确保所有人免于所有的生活意外，但是我们正在试图制定一项法律来保证普通公民和其家庭免于陷入失业和老年贫困的境地”。⑥ 然而，在美国只有富裕人群才能够获得专业的投资建议。通常，投资者的储蓄余额需达到25万美元至100万美元才会引起传统投资顾问的注意，传统投资顾问对账户余额太少的普通大众

① Cavaliere, Frank J., *Finances on the Web: Robo-Advisors*, Practical Lawyer, Vol. 62, No. 5, 2016, p. 11.

② Pew Research Center, *Internet and Technology Mobile Fact Sheet*, http://www.pewinternet.org/fact-sheet/mobile/, 2020-07-29.

③ Statista, *Mobile Internet Usage in Canada-Statistics & Facts*, https://www.statista.com/topics/3529/mobile-usage-in-canada/, 2020-07-29.

④ Statista, *Number of Smartphone Users in China from 2015 to 2020 with a Forecast until 2026*, https://www.statista.com/statistics/467160/forecast-of-smartphone-users-in-china/, 2022-10-31.

⑤ 相关研究报告表明，中国一半以上的新中等收入群体习惯采用自动化投资理财工具，在投资理财产品选择上，更倾向于稳健型产品。

⑥ Roosevelt, Franklin D., *Statement on Signing to the Social Security Act*, https://www.presidency.ucsb.edu/documents/statement-signing-the-social-security-act, 2020-07-29.

并不感兴趣。据英国金融行为监管局(Financial Conduct Authority,FCA)评估,仅在英国就有1600万的人群正处在所谓的“金融顾问缺位”(financial advice gap)的尴尬处境。[①] “金融顾问缺位”指的是为了实现某种长远目标而有意愿获得投资咨询的中低收入人群因不能支付咨询费用从而无法获得投资顾问服务的现象,[②]它影射出实践中有一个巨大的客户群体被金融服务行业所忽视。而且,随着人口老龄化的加剧,这一客户群体的投资需求更加强烈。[③] 这一现象引起了各国政府、金融监管部门、金融机构等的广泛关注,而且,这些主体越来越发现,智能投顾可能是解决这一问题的一个很好的选择,因为其在提升金融服务可获得性、可负担性等方面具有巨大的潜在优势。[④]

可见,人工智能技术的强力支撑以及广阔的市场需求使得智能投顾在全球范围内迅猛发展,智能投顾正迎来发展的黄金时期。从国际方面来看,以美国为领头羊,智能投顾进入快速发展轨道。据统计,2022年全球智能投顾的资产管理规模达到2.4万亿美元,为2018年0.3万亿美元的8倍,预估2023年至2027年该规模将持续增长,期末将达到4.5万亿美元。[⑤]

从国内方面来看,自2014年我国首个智能投顾平台上线以来,智能投顾就凭借其显著优势迅速在我国证券市场中占据一席之地,并且,从长远来看,智能投顾在我国的发展前景十分广阔,未来发展潜力巨大。这主要得益于以下几个因素:一是“人工智能+金融”成效显著,获得市场认可,未来应用前景良好。对于金融机构而言,应用AI技术,可以使金融机构的运转效

---

① FCA,Financial Advice Market Review,Baseline Report,2017,p. 13.

② Tew Imogen, *Advice Gap Widens Despite Rise in Robo-advice*, https://www.ftadviser.com/your-industry/2019/05/22/advice-gap-widens-despite-rise-in-robo-advice/,2020-07-29.

③ Strzelczyk,Bret E.,*Rise of the Machines: The Legal Implications for Investor Protection with the Rise of Robo-Advisors*,DePaul Business and Commercial Law Journal,Vol. 16,No. 1,2017,p. 69.

④ Schwinn Roland & Teo Ernie G. S.,*Chapter 21 – Inclusion or Exclusion? Trends in Robo-advisory for Financial Investment*,*Handbook of Blockchain, Digital Finance, and Inclusion*,Vol. 2,Academic Press,2018,p. 482.

⑤ Statista,*Assets under Management of Robo-advisors Worldwide from 2018 to 2027*, https://www.statista.com/forecasts/1262614/robo-advisors-managing-assets-worldwide, 2023-05-12.

率得到大幅提高，增加金融机构的业务收入。① 对于投资者而言，采用 AI 技术有助于每个投资者都获得定制的个性化投资理财服务，而且，自动化的服务提供方式能够使投资者的投资收益最大化。② 二是我国居民财富积累加速，个人可投资金融资产持续增长，个人财富管理需求旺盛。③ 同时，《中国私人银行 2019》也指出，我国居民个人财富依然保持增长势头，截至 2018 年年底，我国居民可投资资产总额达到 147 万亿元，个人可投资资产相比 2017 年增长了 8%，预计 2019～2023 年个人可投资资产年复合增长率为 11%，期末将达到 243 万亿元。④ 三是国家政策的支持为智能投顾的发展创造了良好的社会环境。2017 年，国务院印发了《新一代人工智能发展规划》，清晰阐释了发展人工智能的战略意义，指明了人工智能的发展方向；并且从国家层面正式提出了发展“智能金融”的方向，开启了我国金融行业从“互联网时代”向“智能化时代”过渡的新篇章。⑤

3. 智能投顾法律规制进展

随着智能投顾业务规模的迅猛发展，有关智能投顾的法律规制也取得了一定进展。从国际实践来看，鉴于技术的中立性，各国基本上都是在既有法律框架内对智能投顾法律关系进行调整、规范；同时，在此基础上，针对智能投顾的业务特征，出台专门的业务指南、研究报告、指导意见等以引导

---

① 相关调研数据显示，采用 AI 技术之后，各行业企业利润都出现了不同幅度的增长，其中，医疗保健行业增幅最大，金融服务行业增幅次之。参见安永平：《方正证券研究所证券研究报告》，2017 年，第 1 页。

② 以我国招商银行的摩羯智投为例，从 2016 年 12 月上线到 2017 年 7 月，半年多的时间内其资产管理规模就突破了 50 亿元，平均收益率达到 4.03%，投资组合波动率平稳，最大回撤控制良好，风险水平基本保持在客户的风险承受能力范围之内。参见巨灵数据：《中国智能投顾行业 2017 年 7 月发展月报》，2017 年，第 2 页。

③ 相关调查报告显示，我国 2018 年家庭人均财产约为 20 万元，且处于继续快速增长之中。参见中国经济趋势研究院家庭财富调研组：《〈中国家庭财富调查报告 2019〉发布：家庭人均财产超 20 万　房产占比仍居高不下》，载央视网 2019 年 10 月 31 日，http://news.cctv.com/2019/10/31/ARTIRrY1fTn27PCQFBIeAheA191031.shtml。

④ 波士顿咨询公司、中国建设银行：《中国私人银行 2019：守正创新匠心致远》，2019 年，第 12～14 页。

⑤ 此外，2020 年后，家庭资产配置的风险管理意识有所加强，投资偏好中低风险类资产，投资高风险类资产意愿相对较低；同时，家庭对线上投资方式的接受度提升，高收入群体的线上投资意愿更强。参见西南财经大学中国家庭金融调查与研究中心、蚂蚁金服集团研究院：《中国家庭财富指数调研报告（2020 年第 1 季度）》，2020 年，第 46～58 页。

智能投顾的业务发展。[①] 从整体来看，多数国家虽然在智能投顾一些基础性问题上形成了明确的监管政策，如市场准入、基本法律关系等；但是在一些其他重要问题上，尚未达成共识，还处于探讨阶段，如算法的规制、智能投顾平台的注意义务标准等。

我国智能投顾起步较晚，目前除了《关于加强对利用"荐股软件"从事证券投资咨询业务监管的暂行规定》和《关于规范金融机构资产管理业务的指导意见》与智能投顾的相关度较高外，尚未有其他有关智能投顾的法律制度和监管措施。对于智能投顾的业务属性、法律关系性质、市场准入等基础性法律问题尚且处于探讨阶段，其他重要问题更是没有形成定论。因此，对智能投顾法律规制的国际实践进行考察、分析，为我国智能投顾法律规制的健全完善提供有益借鉴，就显得尤为必要。这正是本书研究的重要旨趣。

（二）研究价值

人工智能时代的到来以及智能投顾的快速发展，为我们全面认识和思考有关投资顾问、人工智能、算法的运行机理和规制路径提供了契机，探究智能投顾法律规制的重点和难点问题，将有助于营造出更富有活力的资本市场竞争态势，充分调动金融科技公司与传统金融机构的创新积极性，推动金融行业向智能金融时代迈进。具体而言，本书研究主要包含如下价值：

第一，学术价值。目前，学界对智能投顾单一法律问题的研究虽然较多，但不够深入，例如，学界较多关注智能投顾市场准入研究、智能投顾投资者适当性问题研究等，尚未有从智能投顾不同发展阶段的整体视角来探

---

① 国外有关智能投顾的法律文件主要有：Australian Securities & Investments Commission, Regulatory Guide 255：Providing Digital Financial Product Advice to Retail Clients, 2016；Canadian Securities Administrators, Staff Notice 31 – 342：Guidance for Portfolio Managers Regarding Online Advice, 2015；European Supervisory Authorities, Joint Committee Discussion Paper on Automation in Financial Advice, 2015；IOSCO, Update to the Report on the IOSCO Automated Advice Tools Survey, Final Report, 2016；Monetary Authority of Singapore, Guidelines on Provision of Digital Advisory Services, 2018；HM Treasury & FCA, Financial Advice Market Review, Final Report, 2016；FCA, Finalised Guidance：Streamlined Advice and Related Consolidated Guidance, 2017；FINRA, Report on Digital Investment Advice, 2016；SEC, IM Guidance Update：Robo-advisers, 2017；BaFin, Big Data Meets Artificial Intelligence：Challenges and Implications for the Supervision and Regulation of Financial Services, 2018。

讨其法律规制问题的研究。这正是本书的学术价值所在。同时,国内外对智能投顾市场退出阶段法律规制的研究极为匮乏,而退出机制的健全与否对智能投顾的规范发展影响深远,因此,本书研究有助于弥补现有智能投顾法律规制学术研究的薄弱之处。

第二,实践价值。由于我国资本市场尚不发达,有关投资咨询、资产管理业务的现行法律法规还不健全,加之对智能投顾法律属性界定不清、专门针对智能投顾的法律规范的制度供给缺乏等,当前我国智能投顾的发展尚且处于"混沌"状态。本书研究内容涵盖了智能投顾市场准入、运作、退出的整个生命周期:一方面有助于提升智能投顾提供商的法律预期,为智能投顾规范运行提供制度指引;另一方面也有助于明晰我国智能投顾法律规制健全完善的原则与路径,进而在推进我国证券行业从"以牌照为中心"的通道型业务模式向"以客户为中心"的综合性财富管理模式转变、加强我国投资者教育、推动我国普惠金融发展等领域充分释放智能投顾的潜在作用。这正是本书的实践价值所在。

二、国内外研究文献综述

(一)国内外研究现状

国内外有关智能投顾法律规制的研究是随着智能投顾的产生与发展展开的。智能投顾兴起于2010年前后,有关智能投顾法律规制的研究文献肇始于2016年。近几年,随着智能投顾的发展,相关研究文献也显著增多。总体来看,国内外在智能投顾法律规制的研究侧重点上存在差异:一是有关智能投顾市场准入法律规制的研究主要集中在国内,国外鲜有发现;二是国外有关智能投顾法律规制的研究已经上升到社会伦理层面,如欧盟国家已将环境、社会等问题纳入智能投顾信义义务。国内外具体研究现状如下:

1. 有关"智能投顾法律规制的基础性问题"的研究现状

虽然人工智能广泛应用于投资咨询领域和资产管理领域是受到普遍认可的,但是,由于对"投顾"的不同理解,人们在智能投顾的概念与法律属性认定上存在一定的分歧。在国内,一方面,部分学者主张"投顾狭义说",例如,李文莉和杨玥捷认为,智能投顾属于我国证券投资顾问业务的范畴,应当遵守我国相关法律法规的规定;[①]袁淼英认为,我国智能投顾的业务范围应限于证券投资咨询,取得相应的证券投资咨询业务资格方可展业。[②] 另一方面,也有学者主张"广义投顾说"。比如,吴烨、叶林指出,智能投顾虽然源于证券投资咨询行业,却偏离了以证券投资咨询为核心的传统业务模式,演变为以资产管理为核心的新型业务模式,并主张重新定义智能投顾,将资产管理和投资咨询都涵盖在智能投顾的业务范围之内。[③] 李晴也认为,智能投顾涵盖了投资咨询、提供投资组合建议并执行交易指令等多项业务内容,主张借鉴美国做法,采用"广义投顾说"对其进行相应监管。[④]

在国外,汤姆·贝克、本尼迪克特·德拉特(Tom Baker & Benedict Dellaert)认为,智能投顾可以自动实现投资者与投资产品的适配、交易执行、投资组合再平衡等业务,并预测随着智能投顾的发展,大部分证券经纪商将会被投资顾问所替代。[⑤] 梅根·纪也认为,智能投顾是传统投资顾问的替代方式,通过算法驱动的线上平台向客户提供投资建议以及交易执行等服务,采纳的是广义的投资顾问说。[⑥] 梅勒妮·费恩(Melanie L. Fein)指出,智能投顾是通过线上向投资者提供投资咨询建议和全权委托资产管理服务的自动化服务平台,属于美国《1940 年投资顾问法》"投资顾问"范畴,适用所有投资顾问相关的法律法规。[⑦] 在英国语境下,菲利普·曼恩(Philipp Maume)则区分智能投资顾问和自动化资产管理服务,主张"投顾狭义说"。[⑧]

---

① 李文莉、杨玥捷:《智能投顾的法律风险及监管建议》,载《法学》2017 年第 8 期。

② 袁淼英:《我国证券智能投顾运营商市场准入制度的构建》,载《西南政法大学学报》2018 年第 3 期。

③ 吴烨、叶林:《"智能投顾"的本质及规制路径》,载《法学杂志》2018 年第 5 期。

④ 李晴:《互联网证券智能化方向:智能投顾的法律关系、风险与监管》,载《上海金融》2016 年第 11 期。

⑤ Baker Tom & Dellaert Benedict, *Regulating Robo Advice across the Financial Services Industry*, Iowa Law Review, Vol. 103, No. 2, 2018, p. 729.

⑥ Ji Megan, *Are Robots Good Fiduciaries: Regulating Robo-Advisors under the Investment Advisers Act of* 1940, Columbia Law Review, Vol. 117, No. 6, 2017, p. 1544.

⑦ Fein, Melanie L., *Robo-Advisors-A Closer Look*, https://ssrn.com/abstract = 2658701, 2020 - 10 - 23.

⑧ Maume Philipp, *Regulating Robo-Advisory*, Texas International Law Journal, Vol. 55, No. 1, 2019, p. 58.

国内外专门针对智能投顾法律规制正当性的论述鲜有发现，一些学者仅在智能投顾其他问题的论述过程中简要提及法律规制的作用与意义。比如，约翰·莱特本(John Lightbourne)指出，在现有法律框架内，智能投顾负有面向客户的信义义务，智能投顾能否以客户最佳利益行事直接关系投资者的合法权益保护。① 梅尔文·特乔恩·阿肯(Melvin Tjon Akon)在探讨智能投顾风险的过程中，指出对其进行法律规制能够有效识别、防范相关风险，降低发生系统性金融危机的可能性。②

在探讨智能投顾相关法律问题的过程中，国内一些学者会参考他国实践，尤其是美国、澳大利亚等智能投顾法律规制相对成熟完善的国家。③ 但是，这些考察结果只用作个别问题的论据，尚未发现对这些法律文本进行系统梳理的文献，更未发现对这些法律文本主要构成进行剖析的相关论述。

2. 有关"智能投顾市场准入法律规制"的研究现状

有关智能投顾市场准入法律规制的研究文献主要集中在国内，国外鲜有相关论述。这与我国禁止投资顾问从业人员代客理财的法律限制以及证券投资咨询业务牌照的停发密切相关。对此，有学者认为，我国目前不适合放开全权委托的禁令，应当按照分类监管思路，辨析智能投顾复杂业务的具体法律属性，分别适用投资咨询或者资产管理的牌照管理制度。④ 但是，也有学者持相反态度，如牛雪芳认为，我国禁止投资顾问接受客户全权委托代客理财的法律限制使得智能投顾平台面临非法经营的风险，应当通过修改相关证券法律来解决智能投顾接受全权委托的合法性问题。⑤ 陈娟、熊伟则进一步指出，对智能投顾的准入监管要区分长远目标和短期方案：从长远目标来看，建议构建包含投资咨询和资产管理业务的广义投资顾问监管体

---

① Lightbourne John, *Algorithms & Fiduciaries: Existing and Proposed Regulatory Approaches to Artificially Intelligent Financial Planners*, Duke Law Journal, Vol. 67, No. 3, 2017, p. 651.

② Tjon Akon Melvin, *Robo-Advisors: Regulation and Design Features for Risk Mitigation*, NY Business Law Journal, Vol. 21, No. 1, 2017, p. 62.

③ 比如，何明辉、邱晓庆：《论智能投顾的监管困境及其应对——以美国监管规则为借鉴》，载《科技与金融》2020年第9期；郭雳、赵继尧：《智能投顾发展的法律挑战及其应对》，载《证券市场导报》2018年第6期；等等。

④ 夏俊：《我国智能投顾市场准入监管研究》，载《西部金融》2020年第2期。

⑤ 牛雪芳：《论金融科技视角下我国智能投顾规制的法律路径》，载《黑河学刊》2018年第6期。

系;从短期方案来看,主张在辨清业务属性的基础上分别适用投资咨询业务或者资产管理业务的准入监管模式。①

目前,专门针对智能投顾市场准入条件设定问题的研究文献很少,相关问题仅零散出现在智能投顾其他问题的研究论述当中。其中,尤为值得关注的是智能投顾平台或者机器的资质以及资本门槛问题。对此,有学者提出,应当对智能投顾人工智能系统的能力进行测评,保证其能够完成各项业务内容;②也有学者指出,为减轻智能投顾提供商尤其是初创科技公司的经济负担,要适当降低资本门槛要求。③

此外,沙箱监管是与智能投顾市场准入法律规制紧密相关的一个问题,通过沙箱监管,可以适当放宽智能投顾法律适用标准,测试智能投顾运行过程中的各个具体环节,从而决定沙箱实体是否能够正常进入市场开展运营。对此,沃夫·乔治·林格(Wolf-Georg Ringe)和克里斯托弗·鲁弗斯(Christopher Ruof)指出,智能投顾因其固有缺陷可能无法充分履行投资者适当性义务,从而易引发系统性金融危机,但是欧盟现行法律框架无法解决这一问题;并进一步提出,可以将沙箱监管作为智能投顾正式进入市场的前置程序。④ 希拉里·艾伦(Hilary J. Allen)进一步指出,通过沙箱监管对智能投顾进行测试,可以有效促进金融创新,减少智能投顾申请市场准入许可的时间,保护投资者合法权益。⑤ 这些研究为我国通过沙箱监管探索智能投顾监管路径提供了有益借鉴。

3.有关"智能投顾市场运作法律规制"的研究现状

国内外针对智能投顾市场运作法律规制的研究主要集中在信义义务的

---

① 陈娟、熊伟:《智能投顾的业务属性和准入监管研究》,载《金融监管研究》2019年第4期。

② Keun Young Lee, Hun Yeong Kwon & Jong In Lim, *Legal Consideration on the Use of Artificial Intelligence Technology and Self-regulation in Financial Sector: Focused on Robo-Advisors*, Springer International Publishing, 2018, p. 23.

③ 邢会强等:《智能投顾时代的崛起——智能投顾法律问题研究》,中国金融出版社2020年版,第277~278页。

④ Ringe Wolf-Georg & Ruof, Christopher, *A Regulatory Sandbox for Robo Advice*, ILE Working Paper Series, No. 14, University of Hamburg, Institute of Law and Economics, 2018, p. 5.

⑤ Allen Hilary, *Regulatory Sandbox*, George Washington Law Review, Vol. 87, No. 3, 2019, p. 579.

履行、信息披露和算法监控三个方面。首先，关于信义义务的履行。智能投顾需要履行信义义务是得到国内外学者和实务界一致认同的，但是在智能投顾能否充分履行信义义务以及所适用的信义义务标准等方面存在一定的分歧。有学者认为，通过适当的技术设计，智能投顾是能够满足法律有关信义义务要求的；[①]但是，大部分学者认为，智能投顾囿于自身固有的缺陷，存在无法对客户提供的互相矛盾的个人信息进行适当处理等问题，从而难以满足针对传统投资顾问的信义义务要求，尤其是在注意义务方面。[②] 对此，一些学者指出，可以对信义义务规定作出特别解释，以便适用于智能投顾；[③]或者通过人机结合的混合智能投顾模式，来克服智能投顾的固有缺陷，从而满足信义义务的具体要求。[④] 其次，关于信息披露。国内外既有文献除了对智能投顾信息披露的内容（如算法逻辑与缺陷、相关利益冲突等）予以研究关注，还对信息披露的有效性进行了特别强调。比如，有学者指出，智能投顾向客户披露的信息过于烦冗、客户认知水平有限等因素，严重影响信息披露的效率，建议通过构建沟通式的披露方式来解决这一问题。[⑤] 最后，关于算法监控。有关算法监控的研究主要集中在算法公开、算法质量控制等方面。比如，刘沛佩认为，智能投顾效用的发挥依赖于特定的技术环境，因此，监管部门应当将智能投顾信息技术监管放在重要位置，且应将对算法有效性的监控作为重中之重，对算法技术源代码等进行备案的监管办法的制定也应提上日程。[⑥]

---

① Tjon Akon Melvin, *Robo-Advisors: Regulation and Design Features for Risk Mitigation*, NY Business Law Journal, Vol. 21, No. 1, 2017, p. 64.

② Litz Dominic, *Risk, Reward, Robo-Advisers: Are Automated Investment Platforms Acting in Your Best Interest*, Journal of High Technology Law, Vol. 18, No. 2, 2018, p. 367.

③ Barber Avery R., *Redefining Fiduciary in the Robot Age: How the Department of Labor's New Definition Will Encourage Robo-investment Platforms and Remove the Human Element from Investment Advising*, Wake Forest Journal of Business and Intellectual Property Law, Vol. 18, No. 2, 2018, p. 316.

④ Salampasis Dimitrios, Mention Anne-Laure & Kaiser Alexander O., *Wealth Management in Times of Robo: Towards Hybrid Human-Machine Interactions*, https://papers.ssrn.com/sol3/papers.cfm?abstract_id=3111996, 2020-10-12.

⑤ Iannarone Nicole G., *Rethinking Automated Investment Adviser Disclosure*, University of Toledo Law Review, Vol. 50, No. 3, 2019, p. 433.

⑥ 刘沛佩：《我国证券市场智能投顾发展的监管思考》，载《证券市场导报》2019年第1期。

此外，值得注意的是，随着社会的发展，人们对环境污染、气候变化、贫富差距等社会问题的关注越来越多，社会可持续发展、绿色金融、负责任投资等理念逐渐深入人心。与此同时，相关理念也引起了各国的高度关注，正在由理念向实践转变。相应地，这些理念也影响着有关智能投顾法律规制的学术研究，主要体现在国外的研究文献中。比如，有学者主张对信义义务的内涵进行扩张解释，将社会、环境等因素考虑在内，①并将信义义务贯穿整个投资价值链；②在负责任投资组织的倡导下，欧盟、英国、美国等已经将环境、社会、企业治理等要素纳入自身政策、法律制度的范畴。③ 同时，在人工智能、算法的法律规制问题上，欧盟国家已经将其上升至伦理道德层面，提出了"可信赖人工智能"的观念，并出台了配套的企业自我评估指标。④无疑，这对研究智能投顾法律规制，尤其是算法规制，将大有裨益。

4. 有关"智能投顾市场退出法律规制"的研究现状

目前，尚未发现针对智能投顾市场退出法律规制的研究文献。但是，市场退出是智能投顾存续周期的必经环节，对投资者权益保护和金融市场稳定起着重大影响，所以，应该纳入智能投顾法律规制的范畴。对此，本书考察了有关金融机构市场退出的相关实践与学术研究，以明晰智能投顾市场退出法律规制的思路以及需要关注的问题。通常，金融机构退出市场会产生较大的负外部性，由此引发的金融风险传染性很强，容易爆发系统性金融危机。⑤ 但是，完备的金融风险预警及应急处理机制能够有效防范化解金

① Becker Tobias, *The Integrability of ESG Investing into Robo Advising*, NOVA School of Business and Economics, 2019, p. 7.

② Johnston Andrew & Morrow Paige, *Fiduciary Duties of European Institutional Investors: Legal Analysis and Policy Recommendations*, University of Oslo Faculty of Law Research Paper, No. 2016 - 04, p. 15.

③ Principles for Responsible Investment & UNEP Finance Initiative, *Fiduciary Duty in the 21st Century (Final Report)*, https://www.unpri.org/download? ac = 9792, 2021 - 03 - 03.

④ See European Commission, High-Level Expert Group on Artificial Intelligence, *Policy and Investment Recommendations for Trustworthy AI*, https://ec.europa.eu/newsroom/dae/document.cfm? doc_id = 60343, 2021 - 03 - 03; European Commission, High-Level Expert Group on Artificial Intelligence, *The Assessment List for Trustworthy Artificial Intelligence for Self-assessment*, https://ec.europa.eu/newsroom/dae/document.cfm? doc_id = 68342, 2021 - 03 - 03.

⑤ Helwege Jean & Zhang Gaiyan, *Financial Firm Bankruptcy and Contagion*, Review of Finance, Vol. 20, No. 4, 2016, p. 1321.

融风险,[1]健全的投资者保护基金机制能够较大程度地降低投资者损失,[2]完善的金融机构破产制度能够维护金融市场的安全与稳定,[3]这些制度共同作用,能够有效维护投资者对金融体系的信心,防范系统性金融风险。因此,智能投顾也应当具备相应的制度安排,以规范、引导其有序退出市场,保护投资者的合法权益。

(二)国内外研究现状评析

总体来看,随着智能投顾的发展日趋成熟,对智能投顾法律规制的研究也逐渐深入,相关成果为本书研究提供了有力的参考与借鉴。但是,目前有关智能投顾法律规制的研究还存在一些缺陷与不足,这一方面是因为智能投顾兴起才十年之久,相关学术研究只有五六年;另一方面是因为人们缺乏规制、监管诸如智能投顾等金融科技产物的经验。具体而言,当前有关智能投顾法律规制的研究主要存在以下不足:

第一,缺乏系统性研究。既有研究文献多是就智能投顾法律规制的单个问题进行探讨,如"智能投顾的算法规制""智能投顾的信义义务履行""智能投顾的市场准入"等,鲜有从智能投顾整个存续周期的宏大视角出发,对其市场准入、运作、退出法律规制进行全面系统的研究。如此碎片化研究难以呈现智能投顾法律规制的整体面貌。

第二,研究深度不够。随着智能投顾的快速发展,有关智能投顾法律规制的研究逐渐增多,尽管成果丰富,但对相关问题的研究还不够深入。例如,关于"智能投顾市场准入法律规制"的研究,国内多数学者仅对澳大利亚、新加坡等国家的相关法律制度进行了考察,并未对其进行梳理归纳,更未深入探讨不同法律规制的成因。又如,关于"智能投顾算法法律规制"的研究,多数学者研究的侧重点在如何对算法进行规制上,而就算法法律规制的必要性研究还不够深入。

---

① Malz, Allan M., *Financial Risk Management: Models, History, and Institutions*, John Wiley & Sons, Inc., 2011, p. 477.

② Bloomenthal Harold S. & Salcito Donald, *Customer Protection from Brokerage Failures: The Securities Investor Protection Corporation and the SEC*, University of Colorado Law Review, Vol. 54, No. 2, 1983, p. 161.

③ Kaiser, Kevin M. J., *European Bankruptcy Laws: Implications for Corporations Facing Financial Distress*, Financial Management, Vol. 25, No. 3, 1996, p. 67.

第三,存在研究盲点。虽然国内学者对智能投顾信义义务法律规制做了较多的研究,但基本上还是停留在传统的信义义务内涵层面,对环境、社会、企业治理等的关注还不够,相关研究成果尚付阙如。同时,既有研究集中在智能投顾市场运作阶段的法律规制探讨,有关智能投顾市场退出阶段的法律规制研究缺失。但是,实践中,由于经营不善、竞争激烈的关系,一些智能投顾相继宣告倒闭、破产,对其法律规制予以深入研究实属必要。

上述研究缺憾,凸显了本书研究的必要性和重要性。鉴于此,本书将从市场准入、市场运作、市场退出三个阶段出发,综合运用规范分析、比较分析等多元研究方法,系统研究有关智能投顾法律规制的相关问题,深入挖掘细节问题,着重探讨盲点领域,此乃本书研究的初衷与旨意。

三、研究思路与方法

本书在总体上遵循"基础性问题—市场准入法律规制—市场运作法律规制—市场退出法律规制—我国法律规制问题与完善"的逻辑思路展开。具体而言,本书首先对智能投顾的概念与法律属性进行了界定,证成了对其进行法律规制的必要性与正当性,并且对其国内外相关法律文本进行了梳理,解构出智能投顾市场准入、市场运作、市场退出的法律规制主要构成;其次分别就智能投顾市场准入、市场运作、市场退出三个阶段的法律规制进行了详细探讨;最后依循前述逻辑,反思了我国智能投顾相关法律法规存在的问题,并提出相应的完善建议。

本书主要运用了规范分析、比较分析、历史分析等研究方法。

第一,规范分析方法。规范分析以制度规范,尤其是以法律规范为对象进行事物内涵与特征的诠释,通过对具体法律条文内涵的分析,明晰其规制理念与目的。本书对国内外智能投顾法律规制相关法律条文进行了详细的解读,总结归纳出各国规制思路及其主要目的,以为解决我国当前智能投顾法律规制困境提供可行方案。可以说,规范分析方法贯穿全文始终。

第二,比较分析方法。各国智能投顾法律规制实践既有相同之处,也有显著差别。对不同国家的法律规制实践进行比较分析,评判各种措施的优势与缺陷,是厘清智能投顾法律规制适当路径、完善我国智能投顾法律规制现状的必由之路。

第三,历史分析方法。任何政策、制度的形成与发展都有着深刻的历史根源。本书研究亦借助该方法。比如,在对美国、英国、澳大利亚、德国等国智能投顾市场准入牌照管理模式进行考察的同时,也对相关国家的金融经营体制和金融监管体系的历史变革进行了考察,以便对特定牌照管理模式的形成原因有更深层次的理解,明晰我国智能投顾牌照管理的完善路径。

四、创新之处与不足

(一)可能实现的创新之处

第一,研究框架具有一定的新颖性。本书从智能投顾存续的不同阶段出发,构建了“市场准入法律规制—市场运作法律规制—市场退出法律规制”的研究主线,并遵循从一般问题到特殊问题的逻辑,在对国际上智能投顾不同阶段法律规制进行考察分析的基础上,回归我国特殊问题的解决。目前,国内相关文献研究多是就智能投顾法律规制的局部问题进行探讨,或者对相关法律问题进行罗列分析,尚未出现类似研究路径,因此,本书在研究框架方面实现了一定程度的创新。

第二,研究内容具有一定的创新性。一方面,本书对智能投顾市场退出法律规制进行了详细探讨,弥补了当前国内外研究的不足;另一方面,本书结合现今国际社会的发展趋势,将可持续发展,负责任投资,可信赖人工智能以及环境、社会与治理(Environment,Society and Governance,ESG)等理念纳入研究范畴,以实现理念向法律制度的转化。此为在研究内容方面的创新之处。

(二)存在的不足

智能投顾是金融与科技相结合的产物,而无论是金融还是科技,都是专业性极强的领域。本书尽管通过实地考察、经验问询等途径试图对智能投顾运行模式有更为全面的了解,但无疑仍然存在一定的局限性,尤其是在算法运作逻辑和潜在风险的认知方面。因此,需要对该问题进行持续性研究,与时俱进,构建系统、完善的智能投顾法律规制体系。

第一章　智能投顾法律规制的基础性问题

智能投顾是算法、大数据、人工智能等技术在金融领域的典型应用，是对传统金融业务模式的颠覆式创新，堪称代表未来发展趋势的金融新业态。近年来，智能投顾在全球范围内迅猛发展，各国与之相对应的法律规制亦有了不同程度的进展。现实中，人们对于智能投顾的理解见仁见智，鉴于此，本章对智能投顾的概念与法律属性进行了廓清，对智能投顾的主要风险进行了剖析，在此基础上对智能投顾法律规制的正当性进行了证成，为全文论述的展开提供了理论支撑。此为深入探讨智能投顾法律规制的逻辑起点。

第一节　智能投顾的概念与法律属性

概念是事物本质属性与特征的反映，是认知事物的开端。[①] 对事物概念和属性的界定，是认识该项事物的

---

① 彭漪涟主编：《概念论——辩证逻辑的概念理论》，学林出版社1991年版，第35页。

基本前提。智能投顾在日常理解和业务实践中有不同的内涵与外延，厘清其概念，明确其法律属性，是讨论其法律规制的首要前提。

一、智能投顾的概念界定

智能投顾作为新兴事物，尚处于快速发展阶段。目前，智能投顾的概念在理论界和实务界尚未达成共识，这主要是各国法律制度和监管体系存在差异、证券市场发展水平和科学技术发展水平参差不齐等因素所致。

智能投顾的概念中包含两个关键词，即“智能”和“投顾”，明晰这两个关键词的含义，对界定智能投顾的概念大有裨益。

（一）“智能”的含义

“智能”，顾名思义，意为“智慧和才能”。① 理论上，对“智能”的理解可以划分为三类：广义说、狭义说和中间说。广义说强调工具本身，认为凡是利用计算机和互联网而发生的行为，即是智能。这种观点将“智能”等同于“计算机”，也就是说，只要金融服务应用到计算机，那么就可以被认定为智能。这种包罗万象的理解，有着明显的弊端：一方面，它很可能将智能投顾与其他互联网金融服务相混淆，诸如第三方支付、股权众筹等，均是以计算机或者手机等设备为载体，以互联网技术、信息通信技术等为依托的业态模式，二者界限难以区分。另一方面，由于这种学说的认定标准过于宽泛，极易滋生滥竽充数的现象，现实中部分互联网平台以“智能”为噱头，违规销售基金产品，②不利于金融秩序的稳定与维护。

狭义说侧重于技术层面，认为“智能”即“人工智能”，属于计算机科学的一个分支，该学科主要致力于利用计算机系统模拟人类智慧行为的研究。从这个意义上来看，智能就是机器模仿人类智慧行为的能力。③ 人工智能是计算机科学理论与实践发展到高级阶段的产物，侧重机器的自主学习、思考和执行的能力，而不是对指令的绝对执行，这是其区别于通用计算机的显

---

① 中国社会科学院语言研究所：《新华字典》（第10版），商务印书馆2004年版，第629页。

② 何晓晴：《证监会严查智能投顾违规销售 部分平台产品下架》，载《21世纪经济报道》2016年8月23日，第14版。

③ Merriam-Webster, *Artificial Intelligence*, https://www.merriam-webster.com/dictionary/artificial%20intelligence, 2020-07-15.

著特点。艾伦·图灵是人工智能领域的先驱,其提出的有关智能机器的设想对人工智能的发展有非常深远的影响。按照其设想,智能机器如同孩童大脑一般,除简单机制外一片空白,它能够依赖特定机制自主学习成长,最终和人在所有纯智力领域媲美。① 在此过程中,作为智能机器的教育者,人只能在一定程度上预测机器的行为,而不会过多干预。此后人工智能的发展基本上是对艾伦·图灵设想的实践。

值得注意的是,现在的人工智能还处于"弱智能"阶段,距离艾伦·图灵设想的"强智能"阶段还有很长的路程。② 虽然在过去几年内,人工智能领域已取得一些重大进展,比如语音识别,现有人工神经网络已经能够像人一样将人类对话转换成文本,甚至更加准确。③ 但是,正如 2018 年德国联邦金融监管局(Federal Financial Supervisory Authority,BaFin)发布的报告所述,计算机自动化更高层次的发展表现在机器的自主决策能力上,这一阶段的机器可以被称为软件代理或智能代理(software/intelligent agent),它能够代替人类自主执行更为复杂的行为,然而,实践中这类智能代理的应用还十分有限,目前只在计算机游戏领域有一定的发展。④ 可见,艾伦·图灵设想的强智能阶段还未到来。因此,如果将"智能"界定为狭义的人工智能,鉴于现阶段人工智能的发展程度,以及其在金融领域的有限应用,那么会将大多数智能金融排除在外,这与现阶段智能投顾发展现状和实践需求是不相符的,同时会给智能投顾法律规制的构建与监管带来不便,不利于全书讨论的展开。

区别于上述两种观点,中间说强调计算机发挥作用的环节和程度,要求业务的重要环节主要通过计算机完成,计算机代替人工,线上服务代替线下服务。从目前实践来看,各国(地区)一般采取中间说的做法。2016 年,美国金融业监管机构(Financial Industry Regulatory Authority,FINRA)发布的

---

① Turing, Alan M., *Computing Machinery and Intelligence*, Mind, Vol. 59, No. 236, 1950, p. 433.

② 王林:《胡郁:让人工智能走出"弱智能"瓶颈》,载《南方企业家》2016 年第 11 期。

③ Cf. Xiong et al., *Achieving Human Parity in Conversational Speech Recognition*, https://arxiv.org/abs/1610.0525, 2020-07-16.

④ BaFin, Big Data Meets Artificial Intelligence: Challenges and Implications for the Supervision and Regulation of Financial Services, 2016, p. 25.

《数字化投资顾问报告》指出，在管理投资者投资组合过程中，“数字化投资顾问工具”应当在一个或多个具体业务环节中起到支持作用。[①] 2016 年澳大利亚证券投资委员会（Australia Securities & Investments Commission，ASIC）发布的《第 255 号监管指南：向散户提供数字化金融产品建议》，采用了“数字顾问”的表述，指利用算法和科学技术提供自动化金融产品建议，自然人顾问不直接参与其过程。[②] 2015 年欧盟三大金融监管机构（three European Supervisory Authorities，ESAs）联合委员会发布的《关于金融顾问行业自动化的讨论报告》指出，客户利用“自动化金融顾问工具”以获取建议，从而进行金融产品或服务的购买与销售，无自然人员工参与或仅有有限参与，这类工具也被称为“自动化顾问”“机器人顾问”。这类工具具有显著的特征：一是客户直接利用自动化金融建议工具而无自然人参与，二是通过算法处理客户提供的信息从而生成建议。同时，该报告还指出，全自动化的金融建议服务目前仅在个别欧盟成员国实现，半自动化的金融建议服务广泛出现在银行、证券、保险等领域。[③] 国际证监会组织（International Organization of Securities Commissions，IOSCO）采用的是“自动化顾问”的表述，同欧盟做法类似。[④]

此外，还应注意到，各国（地区）在官方文件中对智能投顾的定义采用的是“数字化”（digital）、“自动化”（automated）的表述，并未采用“智能”（intelligent）、“人工智能”（artificial intelligent）的表述，这从文字角度影射了当前智能化程度还远未达到人工智能的高度。

综合来看，采用中间说来界定“智能”的含义，具有理论基础和广泛的实践基础。理论层面上，它突出了人工智能、算法等要素，彰显了其智能特性，将智能投顾与传统的人对人的投资顾问区分开来；同时，也契合了人工智能当前的发展水平，将“弱智能”投顾囊括在内，为该创新业务的整体规

---

① FINRA，Report on Digital Investment Advice，2016，p. 2. 这些具体业务环节包括：投资者画像、资产配置、投资组合选择、交易执行、投资组合再平衡、税损收割、投资组合再分析等。

② ASIC，Regulatory Guide 255：Providing Digital Financial Product Advice to Retail Clients，2016，p. 4.

③ ESAs，Joint Committee Discussion Paper on Automation in Financial Advice，2015，p. 12 – 13.

④ IOSCO，Update to the Report on the IOSCO Automated Advice Tools Survey，2016，p. 1.

范和有序发展提供了保障。实践层面上，它适应了智能投顾的未来发展趋势，即随着人工智能技术的提高，正朝着全智能、强智能的方向进阶；而且，各国（地区）相关监管部门也接受并采纳了这种做法，为该界定方式提供了现实支撑。

（二）"投顾"的含义

"投顾"的含义与其业务内容密切相关。从文义解释来看，"投顾"即投资顾问，通常指向客户提供与证券相关的建议从而获得报酬的个人或公司。[①] 然而，业务实践中"投顾"的含义并非仅限于投资咨询，还可能包括投资组合管理、交易执行、投资组合再平衡等内容，这与各国（地区）的证券法律制度和监管体系密切相关。理论上，对"投顾"的理解有广义说和狭义说之分。

狭义说认为，投顾的业务内容仅限于投资咨询建议。[②] 狭义说以欧盟为代表。欧盟三大金融监管机构认为，金融咨询业务的自动化是金融创新的一个显著表现，客户可以通过多种途径使用自动化工具（尤其是互联网）以获取金融建议，比如买卖金融产品的建议，在此过程中无自然人参与或仅有有限参与。[③] 英国、德国采用的就是狭义说。我国也是采用狭义说。2010 年出台的《证券投资顾问业务暂行规定》是专门规范证券投资顾问业务的法律规范，明确规定证券投资顾问业务仅限于向客户提供投资建议服务，禁止代客理财。[④] 可见，在我国，投资顾问的业务内容仅限于提供投资建议，而不涉及投资决策以及决策的执行。

广义说则认为，除投资咨询建议外，投顾的业务内容还包括投资组合管理、交易执行、投资组合再平衡等内容，投资咨询和资产管理都是其核心业务环节。[⑤] 广义说以美国为代表。依据美国《1940 年投资顾问法》（Investment Advisers Act of 1940），投资顾问指"为了获得报酬，或直接或通过出版刊物、书面文件等向他人提供有关证券价值或证券买卖的投资建议的任何人；

---

① 范健、王建文：《证券法》（第 3 版），法律出版社 2020 年版，第 263 页。
② 李文莉、杨玥捷：《智能投顾的法律风险及监管建议》，载《法学》2017 年第 8 期。
③ ESAs, Joint Committee Discussion Paper on Automation in Financial Advice, 2015, p. 4.
④ 中国证监会《证券投资顾问业务暂行规定》（2020 年第二次修正）第 2 条、第 12 条。
⑤ 吴烨、叶林：《"智能投顾"的本质及规制路径》，载《法学杂志》2018 年第 5 期。

或者为了获得报酬,作为常规业务的一部分,发表或出版有关证券的分析报告的任何人”。[①] 尽管从法律的字面含义来看,投资顾问的业务内容仅涉及证券的投资咨询建议或分析报告,但实践中其范围并非仅限于此。[②] 一方面,《1940 年投资顾问法》的调整范围包括投资公司的投资顾问、账户管理以及证券投资咨询等多种主体;投资公司是指为对个人投资者发行股票而组建的集合投资基金,共同基金是其最为常见的类型;而投资公司的发起人,一般情况下,均为投资顾问。另一方面,20 世纪六七十年代,美国居民财富迅速增长,随之而来的是对跨领域投资的需求增加,为适应市场需求,投资顾问业务延伸到理财规划领域。[③] 此外,FINRA 报告指出,数字化投资建议工具的主要业务内容也包括交易执行、投资组合再平衡等资产管理内容。[④] 由此可见,无论是传统意义上的投资顾问,还是当前的智能投顾,美国证券监管部门已将投资顾问的业务范围扩展至资产管理、理财规划等领域,相关服务提供者统一受《1940 年投资顾问法》的约束。

从本质上看,狭义说和广义说的差别其实是各国(地区)证券法律制度和监管体系在投资顾问业务中的反映。英国、德国采取的是投资咨询和资产管理分牌照管理的监管体系,因而英德语境下的智能投顾采狭义说。而美国则是投资顾问牌照涵盖了投资咨询和资产管理等广泛的业务内容,鉴于美国证券交易委员会(Securities and Exchange Commission, SEC)将智能投顾也认定为投资顾问,因而美国语境下的智能投顾采广义说。尽管如此,智能投顾业务的广泛性是各国一致认可的,在采取狭义说的国家,除智能投顾外,还有智能资产管理、智能交易执行等智能金融服务。

狭义说和广义说的区别还可以从实然和应然角度去理解。狭义说是从实然角度出发,受制于现行法律体系,智能投顾的主要业务仅包含投资咨询,若要延伸,则要修改相关法律。而广义说则是从应然角度出发,综合考

---

① USA, Investment Advisers Act of 1940, § 202(a)(11).

② Lovitch Fred B., *The Investment Advisers Act of 1940—Who is an Investment Adviser*, University of Kansas Law Review, Vol. 24, No. 1, 1975, p. 71.

③ 孟繁永:《美国证券投资顾问服务市场发展及借鉴》,载《证券市场导报》2012 年第 10 期。

④ FINRA, Report on Digital Investment Advice, 2016, p. 2.

量业务实践和未来发展趋势，将资产管理和投资咨询都纳入智能投顾的核心业务，并且包含了税损收割、投资规划等增值服务。从国际实践来看，智能投顾综合服务的发展趋势明显。2014 年 IOSCO 关于社交媒体和自动化顾问的调研报告指出，接受调研的全球 83 家中介机构中，36 家向客户提供自动化顾问平台，其中大部分并不提供自动化交易执行服务，只有 9 家提供投资组合再平衡、资产配置监测等服务，占比 25%。[①] 2016 年 IOSCO 针对自动化顾问作了进一步的调研，在接受调研的 17 个监管机构中，15 个监管机构称，自动化顾问在各自管辖区内提供咨询建议服务或者投资组合管理服务，或者两种服务都提供。其中，12 个监管机构称，在各自管辖区内的自动化顾问同时提供上述两种服务，范围不仅包括美国、英国、德国、澳大利亚等资本市场发达、智能投顾发展相对领先的国家和地区，还包括土耳其、墨西哥、西班牙、韩国等国家，占比 80%。[②] 此外，加拿大证券监管局（Canadian Securities Administratiors，CSA）指出，加拿大一些线上顾问向客户提供投资规划、税损收割服务；澳大利亚证券投资委员会表明，一些公司正在进行提供类似服务的开发运作；美国一家复合型自动化顾问平台在与 FINRA 交流过程中也提及其目标是开发一个综合性的金融服务平台。[③]

综上所述，从广义上对“投顾”的含义进行界定具有合理性，即投顾是指以投资咨询建议和资产管理为主，包含资产配置、投资组合管理、交易执行、投资组合再平衡、税损交割等服务在内的综合性金融服务。一方面，它依旧包含投资咨询建议这一基础性的投资顾问服务内容，与传统投资顾问相连；另一方面，它承认了智能投顾包含资产管理服务的必要性和必然性，而不是将其局限在投资咨询建议的框架内。此外，随着金融科技的发展，智能投顾的业务边界必然扩张，将投资规划、税损收割等增值服务囊括在内，既顺应了智能投顾的未来发展趋势，也顺应了社会的发展和市场的需求。

（三）“智能投顾”的含义

通过上述讨论，本书认为应该以中间说来界定“智能”的含义，以广义

---

① IOSCO, Report on the IOSCO Social Media and Automation of Advice Tools Surveys, 2014, p. 14.

② IOSCO, Update to the Report on the IOSCO Automated Advice Tools Survey, 2016, p. 7.

③ Ibid., p. 8.

说来界定"投顾"的含义,这样符合当前人工智能的发展水平,契合其综合业务实践的发展趋势。具体而言,智能投顾是指主要运用以算法、大数据、人工智能等技术为支撑的自动化工具,向客户提供投资咨询、投资组合选择、交易执行、投资组合再平衡、税损交割、投资规划等服务在内的自动化综合性金融服务。从其含义可以看出,智能投顾的本质是自动化的综合性金融服务。这样对智能投顾的概念进行界定,具有适当性与合理性。首先,它涵盖了传统投资顾问的业务内容,即以获得报酬为目的向客户提供有关证券投资的建议,为智能投顾适用现行法律制度提供了支撑。从国际监管经验来看,大多数国家或地区并未专门制定法律法规来规范智能投顾,而是沿用现有的投资咨询业务、资产管理业务的监管框架。[①] 其次,它顺应了智能投顾发展的前景,为该金融创新业态提供了充足的发展空间。从智能化程度来看,智能投顾还处于以算法、大数据、机器学习等计算机科技为依托的自动化阶段,随着人工智能水平的逐步提高,智能投顾也一定会朝着真正的智能方向迈进。[②] 从业务内容来看,智能投顾也并非限于投资咨询,即便是采纳"投顾狭义说"的国家或地区,也承认并实践着智能投顾向更宽泛的边界发展,而不是囿于现行法律制度,限制甚至拒绝其发展。最后,它能够进一步激发金融创新,以金融科技为驱动,拓展智能投顾的服务边界,更好地落实普惠金融的国家政策。各国(地区)对人工智能等发展的政策支持,[③]各监管机构的认可,以及各有针对性的政策文件的引导与规范,都有利于智能投顾有序、持续发展,进而最大限度地发挥智能投顾低成本、效率高、人为因素干预少、个性化服务等优势,为广大投资者尤其是中低收入投资者提供更好的金融服务。

值得注意的是,实践中,不同情景下的智能投顾有着不同的指代意义。它可以指自动化服务本身,也可以指提供自动化服务的工具或平台,亦可以

---

① Garver Genna & Davison Zach, *Rise of the Machines: SEC Issues Guidance on Robo-Advisors*, Banking Law Journal, Vol. 134, No. 5, 2017, p. 259.

② Magnuson William, *Artificial Financial Intelligence*, 10 Harvard Business Law Review, Vol. 10, No. 2, 2020, p. 337.

③ 比如,2017 年我国国务院印发了《新一代人工智能发展规划》,为人工智能的发展做了全面部署;2019 年美国时任总统特朗普签署了《维持美国在人工智能领域的领导地位》的行政法令,开启了美国人工智能计划。

指提供智能投顾服务的实体公司。为便于理解与区分,本书作以下限定:若为"智能投顾",则指自动化服务本身;若为"智能投顾平台",则指提供自动化服务的工具;若为"智能投顾提供商",则指提供智能投顾服务的实体公司。

此外,实务界和理论界对智能投顾的英文表述可以划分为"robo-adviser""digital advice tools""automated advice platform"三类。虽有学者指出,2015 年美国 SEC 和 FINRA 联合发布的《关于自动化投资工具的投资者警告》以及 2016 年 FINRA 报告中对自动化投资工具的界定,实际上表明"自动化投资工具范围最大,包含数字化投顾和智能投顾"①。但实际上,三者在意义上是等同的,数字化和自动化只有在技术层面才有区分的意义,在各国(地区)官方文件中,三者也是混用的、等同的。② 比如,2017 年 SEC 发布的《关于智能投顾的投资者公告》指出,自动化数字投资顾问服务通常被称为智能投顾。③ 2015 年 ESAs 报告也有类似表述,自动化工具被作为金融顾问来使用,通常指智能投顾。④ 因此,三种表述在使用上没有严格区分,在法律意义上也没有差别,不必作区分。同时,还应注意到我们将"robo-adviser"译为"智能投顾"其实是不准确的,字面直译的话,"机器人顾问"更为适当、准确。但是,我国业界普遍采用智能投顾的表述,故而,本书也沿用这一表述。

(四)相关概念辨析

实践中,智能投顾与一些概念界限模糊,容易混淆,极易误导投资者,不利于智能投顾健康、有序发展,易给金融市场的稳定带来潜在隐患。因此,有必要对这些概念进行区分,明晰其与智能投顾之间的差异,以规范市场秩序,保护投资者权益。

首先,智能投顾与其他互联网金融服务的区分。互联网金融是将传统金融业务与互联网技术相结合而形成的一种金融业务模式。⑤ 从一般意义上讲,智能投顾也属于互联网金融的范畴,都是利用计算机技术实现传统金

---

① 李文莉、杨玥捷:《智能投顾的法律风险及监管建议》,载《法学》2017 年第 8 期。

② Van Houweling & Molly Shaffer, *Atomism and Automation*, Berkeley Technology Law Journal, Vol. 27, No. 3, 2012, p. 1483.

③ SEC, Investor Bulletin: Robo-Advisers, 2017.

④ ESAs, Joint Committee Discussion Paper on Automation in Financial Advice, 2015, p. 6 – 7.

⑤ 朱崇实、刘志云主编:《金融法教程》(第 4 版),法律出版社 2017 年版,第 296 ~ 299 页。

融业务模式的创新。但是,二者也存在差异:一是在智能化程度上的不同。就大多数互联网金融而言,科技及相关设备在整个服务中只是起到辅助作用,虽打破传统金融的时空限制,具有便捷、高效率、低成本的优势,但人工在整个服务中还是起着主导作用。而智能投顾则强调业务主要环节均由计算机完成,无人工参与或仅有有限参与,它对科技的要求更高,是计算机等技术更高层次的应用。二是业务内容上的不同。如前所述,智能投顾的主要业务内容包括投资者画像、资产配置、投资组合选择、交易执行、投资组合再平衡、税损交割等,可以通过业务内容的比对来进行具体判断,严格预防打着智能投顾旗号违规销售证券基金产品的行为。

其次,智能投顾与量化投资、程序化交易的区分。简单来说,量化投资是指利用计算机技术,将数学模型与投资策略相结合,从而实现投资理念的一种投资方法。程序化交易是指通过既定程序或特定软件,自动生成或者执行交易指令的交易行为。[①] 从性质上来看,智能投顾是一项金融业务,包括投资咨询、资产管理等诸多服务;而量化投资是一种投资方法,运用科技将传统投资理念通过计算机实现,减少了人为因素对投资的影响;程序化交易则是一种证券交易方式,利用计算机等技术实现交易的便捷、高效,从而克服自然人在生理和心理上的缺陷。从智能化程度来看,虽然目前智能投顾还处于"弱智能"阶段,但随着人工智能等技术的发展必然会朝着"强智能"阶段过渡,机器自主思考和决策,而非对人指令的绝对服从;而量化投资、程序化交易的主要决策还是由人做出的,仍然属于传统计算机的范畴。

最后,智能投顾与智能理财、智能投研的区别。有学者指出,较之"智能投资顾问","智能理财顾问"的表述更为适当。[②] 智能理财顾问的业务范围不只限于投资领域,而是涵盖了财富管理的全过程。从智能理财顾问整个价值链来看,除投资环节外,还包括投资者教育、消费方式选择等前端环节,以及税收筹划、退休规划、遗产规划等后端环节。[③] 可见,从字面意义来看,

---

① 中国证监会2015年《证券期货市场程序化交易管理办法(征求意见稿)》,第2条。

② 邢会强等:《智能投顾时代的崛起——智能投顾法律问题研究》,中国金融出版社2020年版,第251~255页。

③ Lightbourne John, *Algorithms & Fiduciaries: Existing and Proposed Regulatory Approaches to Artificially Intelligent Financial Planners*, Duke Law Journal, Vol. 67, No. 3, 2017, p. 663.

智能理财与智能投顾的差别主要体现在业务范围上,智能理财范围更大。但是,不容忽视的是,智能投顾综合发展趋势是不可阻挡、不可逆转的,实践中已出现智能投顾提供上述或前端或后端的服务内容,欧盟官方直接采用"automated financial advice tools"而非"automated investment advice tools"的表述,[①]也表明了智能投顾广泛的应用领域。因此,在现阶段金融业混业经营、统一监管还未实现的情形下,可以将智能投顾与智能理财等同看待,不做区分。智能投研是指在金融市场数据支持的基础上,通过人工智能等技术自动处理和分析数据、事件等信息,为金融机构专业人员提供投资研究帮助,提高其工作效率。对比智能投顾的主要业务内容,二者的区别是显而易见的。

二、智能投顾的主要业务环节及其法律属性认定

概念反映事物的特征与属性。认定智能投顾的法律属性,要从智能投顾在不同国家或地区的不同内涵出发,具体分析其业务环节,进而从中抽象概括出其本质。目前,学界对智能投顾法律属性的认识存在分歧,主要有投资咨询说、资产管理说两种。[②] 这两种学说的主要分歧点在于智能投顾的业务范围是否包含资产管理业务,这与对"投顾"的理解密切相关,可以说二者是相通的。

(一)智能投顾的主要业务环节

通俗地讲,智能投顾的基本任务是对资金端和资产端进行智能匹配。就资金端而言,应全面了解投资者,做出精准度高的投资者画像;就资产端而言,要做好资产的风险和收益评估及管理。美国是全球智能投顾发展相对成熟的国家之一,一般情况下,智能投顾包括以下六个环节:投资者画像、资产配置、投资组合选择、交易执行、投资组合再平衡、税损交割。[③] 通过对这六个环节进行分析,可以将智能投顾的业务环节划分为四类,即准备性业务环节、咨询建议性业务环节、资产管理性业务环节以及增值性业务环

---

① ESAs, Joint Committee Discussion Paper on Automation in Financial Advice, 2015, p. 2.

② 陈娟、熊伟:《智能投顾的业务属性和准入监管研究》,载《金融监管研究》2019 年第 4 期。

③ FINRA, Report on Digital Investment Advice, 2016, p. 2. 需注意的是,在美国,自动化顾问工具一般分为两种:一种是面向客户的自动化顾问工具,这种是我们通常所说的智能投顾工具;另一种是面向专业人员的自动化顾问工具,多为金融专家所用,这类工具还包括投资组合分析功能。

节，这四类环节按照时间顺序依次递进，环环相扣，为客户提供一条完整的投资价值链服务。

1. 准备性业务环节：投资者画像

了解客户有关投资的基本信息，包括收入状况、投资经验、风险偏好等，从而获得投资者画像，是智能投顾业务环节的第一步，也是为客户提供适当投资建议的关键步骤。目前，获得投资者画像主要有两种途径：问卷调查和数据采集分析。大多数智能投顾平台通过问卷调查进行客户分析，问卷内容基本上分为个人基本信息、财务状况、投资目标、投资期限和风险承受能力五个方面。但需注意的是，不同的智能投顾平台在问题细化程度、侧重点等方面会存在差异，这对其提供的投资建议具有直接的影响，需要谨慎选择和对待。比如，美国改良（Betterment）——智能投顾行业的先驱——问卷设计就比较简单，调查内容仅包括客户的年龄、年收入状况、投资目标和投资期限，没有风险偏好方面的调查。① 而美国财富前线（Wealthfront）则需要客户提供金融资产规模和投资倾向等信息，以评估投资者的风险偏好和风险承受能力。② 美国嘉信智能投资组合（Schwab Intelligent Portfolios）要求客户回答包括年龄、收入、风险承担意愿、产品种类偏好等一系列问题，并且对问题答案设置分数，分值越高表明客户的风险承受力、风险承受意愿越强。③

获得投资者画像的另一种途径是数据采集分析。随着大数据、机器学习等技术的广泛应用、金融机构数字化发展的逐步深入，客户的消费、投资等行为都会以数据形式呈现，加之信息共享、数据共享，利用算法等技术对这些数据进行分析，从而实现对客户风险偏好和投资能力等方面的精准刻画，正在成为投资者画像的发展趋势。实践中，美国个人资本（Personal

① Betterment 成立于 2008 年，是一家位于美国纽约的线上投资公司，经 SEC 注册为投资顾问和经纪交易商，同时是 FINRA 会员，提供自动化投资顾问以及投资组合管理、税损收割等多种服务，是智能投顾行业的先驱者。See Betterment，https://www.betterment.com/，2020-07-24.

② Wealthfront 成立于 2008 年，最初是一家共同基金分析公司，后转变为自动化投资顾问公司。See Wealthfront，https://www.wealthfront.com/，2020-07-24.

③ Schwab Intelligent Portfolios，即自动化投资顾问，是美国最大投资公司之一的 Charles Schwab 旗下的业务。See Charles Schwab，Intelligent Portfolios，https://intelligent.schwab.com/，2020-07-24.

Capital）理财平台已经实现通过链接所有的银行和券商账户来分析客户的资产状况，再结合客户投资目标制订相应的投资计划。[①] 此外，应该注意到，智能投顾平台得出的投资者画像不一定是精确的；而且，客户的个人信息也会随着时间的推移而变化。所以，平台一般会要求客户定期更新个人信息资料，从而更精确地为客户提供个性化服务。

无论是传统的投资顾问还是智能投顾，也无论平台区别，投资者画像都是不可避免的一个环节，是一项准备性的业务环节，后续服务都要以此为基础展开，这样才能真正做到“了解你的客户”，才能满足适当性要求，向客户提供最适当的投资建议。

2. 咨询建议性业务环节：资产配置、投资组合选择

在获取投资者画像后，智能投顾平台会自动对客户进行分类和风险评级，同时，利用现代资产组合理论等进行大类资产配置，在此基础上，通过大数据、算法等技术自动生成投资组合建议，将适格的投资者与合适的投资标的匹配在一起。该业务环节充分体现了智能投顾中“智能”的要素。通常，智能投顾并不单纯地追求高收益，而是追求平衡收益和风险的最优组合。由于被动式投资组合在降低整体投资组合风险上的显著优势，目前，大部分智能投顾都遵循被动化投资、分散投资、长期投资的投资理念。[②]

与主动式投资组合相比，被动式投资组合标的数量多，标的数量的增加可以减少单一标的的波动对整体投资组合的影响，加之不同标的对市场风险的不同作用，从而可以更有效地降低整体投资组合的波动。所以，市场上智能投顾多选择交易型开放式指数基金（Exchange Trade Fund，ETF）作为投资标的。[③] 比如，Betterment 和 Wealthfront 的投资标的均是以 ETF 为主。[④]

---

① Personal Capital 于 2009 年成立，是一家在线金融顾问公司。See Personal Capital，https://www.personalcapital.com/，2020－07－24.

② 汤弦：《交易型开放式指数基金（ETF）产品设计问题研究》，载《金融研究》2005 年第 2 期。

③ ETF，是一种在交易所上市交易的、基金份额可变的开放式基金。参见梁忠辉编著：《证券投资基金运行与管理》（第 2 版），东北财经大学出版社 2011 年版，第 25 页。

④ 实践中，ETF 的种类很多，包括股票型 ETF、债券型 ETF、ETF 基金等，涵盖了股票、债券、房地产、自然资源等。参见孙思：《中国股票型开放式基金流动性价值研究》，暨南大学出版社 2013 年版，第 13 页。

必须指出,该业务环节仅限于提供有关证券投资的建议、意见,属于证券投资咨询业务。有别于传统的投资顾问,智能投顾由机器代替人工,自动生成投资组合建议。它是智能投顾的核心业务环节,也是客户寻求智能投顾的初级目标,是不可或缺的一环。至于投资组合建议是否被接受、是否被执行,则由客户自行决定,另行处理。

3. 资产管理性业务环节:交易执行、投资组合再平衡

在确定投资组合选择之后,就可以下单执行交易了。如果是客户自行操作进行交易,那么智能投顾的业务环节就停留在咨询建议阶段;如果是智能投顾继续自动执行交易,那么其业务属性就转变为资产管理了。此时,通常还涉及客户资金托管的问题。

投资组合再平衡在智能投顾业务环节中占有重要地位,是考验智能投顾平台能力的重要指标。[①] 再平衡是指根据市场环境变化,为客户提供再平衡策略、调仓以及风险提示服务。具体来说,一旦开始执行交易,智能投顾将对投资组合权重进行全天候的实时监控,根据市场变化趋势,自动调整资产组合中各类不同风险水平的资产比例,增加处于上升趋势的金融资产比例,减少处于下降趋势的金融资产比例。但是,每次调仓的成本比较高,所以再平衡的频率不宜太频繁,美国智能投顾再平衡的频率一般为半年一次或者一年一次。

4. 增值性业务环节:税损交割等

除上述普遍性的业务环节外,部分智能投顾还会根据市场需求,提供一些具有特色的增值性服务,如税损交割,主要应用在美国。资本利得税是对资本资产增值带来的收益所征收的一种税,[②]在美国由来已久。税损交割通过出售一种或几种证券,使产生的税收损失抵销资本利得,从而达到减少资本利得税的目的。所以,在美国,利用税损交割减少资本利得的市场需求相当普遍,这也反向刺激了市场供给。智能投顾通过将税损交割算法输入平台,在综合分析纳税人基本信息的基础上,对纳税人的资产进行优化配置,从而实现纳税人税

---

① Baker Tom & Dellaert Benedict, *Regulating Robo Advice across the Financial Services Industry*, Iowa Law Review, Vol. 103, No. 2, 2018, p. 729.

② [美]凯文·E. 墨菲、[美]马克·海根斯:《美国联邦税制》(英文版),东北财经大学出版社1998年版,第89页。

后投资收益最大化。美国多数智能投顾都提供税损交割服务，比如 Betterment、Wealthfront、Schwab Intelligent Portfolios，等等。此外，部分智能投顾还提供财务规划、退休规划等服务，比如加拿大的简易财富（Weathsimple）。

综上所述，投资者画像和投资组合选择是智能投顾最基础的两个业务环节，前者是智能投顾展开服务的起点，是准备性业务环节，是最终服务质量的决定因素之一；后者是智能投顾的核心业务环节，是智能投顾最基本内涵的表现。交易执行、投资组合再平衡则是智能投顾发展到高级阶段的必备业务环节，是智能投顾完整价值链上不可或缺的一环。税损交割等是智能投顾的增值性业务内容，是否提供该类服务并非认定某一平台是否为智能投顾的必要性因素，但是随着金融业混业发展以及统一监管的发展趋势，这类服务必成为智能投顾的主要业务内容之一，甚至有可能成为今后各个智能投顾之间竞相角逐的领域。

可见，智能投顾的业务模式是由简单到复杂、由单一到综合逐步递进发展的。智能投顾业务模式的发展可以划分为三个层次：第一层次是在投资者画像基础上仅提供投资组合建议；第二层次是在确定投资组合选择后，执行交易，并进行投资组合再平衡；第三层次是在完成基础价值链后又新增一些个性化功能，根据客户需求向其提供诸如税收规划、财务规划、退休规划等增值性服务。这种从低到高逐步向综合性发展的趋势，是和智能投顾在国际上的实践相符的，因此，在认定其法律属性时，既应考虑它在不同发展阶段不同的属性，也应从长远角度做出一个前瞻性的法律属性认定，为智能投顾的进一步发展提供制度保障。

（二）智能投顾的法律属性认定

智能投顾的法律属性与其概念、业务范围息息相关。有关智能投顾法律属性的认定，学界主要有两种学说，即“投资咨询说”和“资产管理说”。“投资咨询说”一般主张智能投顾的业务范围不仅限于提供投资建议，还包括资产管理等一系列综合性金融服务，服务提供商只需获得“大投资顾问”牌照即可，[①]与“广义投顾说”相对应。“资产管理说”一般主张智

---

① “大投资顾问”牌照，即只要申请投资顾问牌照，就可以开展投资咨询、资产管理等多项业务。

能投顾的业务内容仅限于投资咨询,需取得投资咨询牌照;若要扩展业务范围,那么还需要取得其他想用的许可,比如资产管理许可,与"投顾狭义说"相对应。

"投资咨询说"以美国、澳大利亚为代表,这些国家实施的是广义的投资顾问监管体系,认为投资顾问的业务范围涵盖了投资咨询与资产管理。在这些国家,智能投顾只需要申请投资顾问许可即可开展包括投资咨询、资产管理的多项金融服务。比如,美国 SEC 将智能投顾认定为投资顾问,需要遵循《1940 投资顾问法》等相关规定;[①]ASIC 认为,在澳大利亚,智能投顾需取得澳大利亚金融服务许可牌照(Australian Financial Services License,以下简称 AFS 牌照)或者成为 AFS 持牌主体的授权代表才能从事其《2001年公司法》中规定的金融服务(包含投资咨询和资产管理),除非能够适用《2001 年公司法》s911A 条的豁免规定。[②]

"资产管理说"以英国、德国、日本、韩国为代表,这些国家采取的是狭义的投资顾问监管体系,认为投资顾问的业务内容仅包括提供咨询建议,投资顾问与资产管理属于两类不同的管理体系。以日本为例,根据日本《金融商品交易法》,投资咨询与资产管理是相互独立的两项业务,欲从事投资咨询或者资产管理的个人或公司必须向日本首相分别提出注册申请。[③] 其中,"投资助言"是指双方以合同形式约定,一方以口头、书面等形式向另一方提供投资咨询建议,另一方为此支付报酬,[④]类似狭义上的投资顾问;"投资一任"是指一方接受另一方全权委托,代其管理账户,进行投资理财,[⑤]类似账户全权委托代理。在日本,智能投顾被称为"自动化的资产管理者",市场上有提供咨询建议服务和提供资产管理服务两种智能投顾公司。[⑥] 韩

---

① SEC,IM Guidance Update: Robo-advisers,2017,p. 1-3.

② ASIC,Regulatory Guide 255,Providing Digital Financial Product Advice to Retail Clients,2016,p. 9-10.

③ 朱大明:《日本金融商品交易法》,法律出版社 2015 年版,第 186~187 页。

④ 日本《金融商品交易法》第 2 条第 8 款第 11 项。参见朱宝玲:《日本金融商品交易法》,法律出版社 2016 年版,第 186 页。

⑤ 日本《金融商品交易法》第 2 条第 8 款第 12(b)项。参见朱宝玲:《日本金融商品交易法》,法律出版社 2016 年版,第 187 页。

⑥ Yanagawa Eiichiro,*Trends and Initiatives about Robo-advisers: Pioneering Unexplored Areas in Japan*,Journal of Digital Banking,Vol. 2,No. 1,2017,p. 56.

国的做法与日本类似，也是采用投资咨询与资产管理分别牌照监管体系，认为智能投顾是一种基于算法的互联网资产管理服务，因而，应取得资产管理资质许可。① 可以看出，狭义的投资顾问监管体系与智能投顾的综合业务属性并不必然冲突，实践中，智能投顾提供商可以通过交叉持牌的方式扩展其业务范围。

由此可以看出，“投资咨询说”和“资产管理说”本质上是各国(地区)的不同法律体系和监管框架在智能投顾领域的反映，这也是两种学说差异的根本原因所在。因为无论哪种学说，都承认提供资产管理服务是智能投顾向高层次发展的必然要求和应然之义。因此，在认定智能投顾法律属性的问题上，本书认为应从实然和应然两个角度分别展开讨论。从实然角度来看，采用具体问题具体分析的方法，尤其是在采纳投顾狭义说的国家或地区，对智能投顾的各项业务进行具体分析，明晰其业务范围，进而认定其法律属性。这种做法的意义在于为讨论智能投顾如何适用现行法律制度和监管体系提供便利。从应然角度来看，智能投顾本质上是具有投资咨询和资产管理双重属性的自动化综合金融服务。该法律属性定位符合智能投顾的综合服务特性，符合金融行业统一监管的发展趋势。② 下文若不做特殊说明，均是对应然视角下的智能投顾做探讨。

在概念和法律属性业已明确的情况下，对智能投顾法律规制的研究就可以自然展开了。

第二节　智能投顾的主要风险以及法律规制的问题提出

任何事物都具有两面性，是价值与风险的统一体。智能投顾固然有成本低、效率高、服务对象覆盖面广、人为因素影响小、个性化服务等优势，但是，也包含一系列风险。这些风险的存在不仅影响智能投顾的正常运行和

① 吴烨、叶林：《“智能投顾”的本质及规制路径》，载《法学杂志》2018 年第 5 期。

② 孙振峰：《国际金融混业经营趋势与中国金融业的发展》，载《世界经济研究》2000 年第 5 期。

持续性发展，而且威胁投资者的合法权益，极易引发系统性金融风险，不利于金融市场和整个社会的稳定发展，亟须构建完善的法律规制框架以规范、引导智能投顾的发展。

一、智能投顾的主要风险剖析

（一）智能投顾市场准入阶段的主要风险

智能投顾市场准入阶段的风险主要体现在全权委托方面。无论是从国际实践还是国内实践来看，都有部分智能投顾向客户提供投资组合管理服务；而且，从发展趋势来看，提供包含投资组合管理在内的综合服务是智能投顾未来发展的方向。智能投资组合管理属于接受客户全权委托，代理客户从事证券投资的业务。从合法性上来看，智能投顾提供商在获得特定行政许可的前提下，是可以合法提供投资组合管理业务的。但是，智能投顾提供商从事投资组合管理业务可能违背我国现行的证券法律制度，因为我国一直以来都禁止证券经纪业务人员、证券投资咨询业务人员从事证券投资业务，比如，1997 年发布的《证券、期货投资咨询管理暂行办法》第 24 条、2019 年修订的《证券法》第 134 条和第 161 条、[①]2020 年第二次修正的《证券投资顾问业务暂行规定》第 12 条等都有明确规定。这与一些证券从业人员为个人利益而侵犯投资者合法权益的事件有很大的关系。[②]

可见，受既有法律法规的限制，智能投顾提供商接受客户全权委托开展投资组合管理业务可能会面临一定的合规风险，但是，这并不会改变智能投顾作为一项综合金融服务的本质。并且，智能投顾的运行模式是预设的，最终投资建议由机器作出，如果能够对机器的算法进行有效监控，防止出现决策实际上由人作出的情形，那么是可以减少甚至避免证券从业人员道德风

---

① 2019 年《证券法》第 134 条第 1 款规定："证券公司办理经纪业务，不得接受客户的全权委托而决定证券买卖、选择证券种类、决定买卖数量或者买卖价格。"《证券法》第 161 条规定："证券投资咨询机构及其从业人员从事证券服务业务不得有下列行为：（一）代理委托人从事证券投资……"《证券投资顾问业务暂行规定》第 12 条第 1 款规定："证券公司、证券投资咨询机构向客户提供证券投资顾问服务，应当告知客户下列基本信息：……（五）证券投资顾问不得代客户作出投资决策。"《证券、期货投资咨询管理暂行办法》第 24 条规定："证券、期货投资咨询机构及其投资咨询人员，不得从事下列活动：（一）代理投资人从事证券、期货买卖……"

② 朱伟一：《论券商经纪业务的若干法律问题》，载《法学家》2003 年第 5 期。

险引发的损害投资者合法权益的事件的。因此,智能投顾开展投资组合管理业务是必然的,应扫清禁止全权委托的相关法律障碍。

(二)智能投顾市场运作阶段的主要风险

1. 信义义务履行不当的风险

投资者适当性管理是证券法律制度中的一项重要内容,[①]智能投顾亦应遵守相关法律法规的规定。在智能投顾运作过程中,投资者的适当性管理主要体现为对信义义务的履行和遵守,而能否满足信义义务的要求,是智能投顾在市场运作阶段面临的主要风险之一。一般而言,信义义务包含忠实义务和注意义务。[②] 其中,忠实义务是指受托人应忠实于委托人的利益,善意地为委托人行事,不得滥用权力为自己或他人谋取利益,应避免与委托人之间的利益冲突,具体要求包括禁止自我交易和禁止双方代理。但也有例外规定,在委托人同意的情形下,受托人是可以不遵守忠实义务的。几乎所有的投资顾问(包括智能投顾)都在与客户签订的合同中约定了诸多的利益冲突和自我交易免责条款,这种权利的放弃是十分常见的,并且是法律所允许的。但是,受托人善意地为委托人行事的义务是不能豁免的,受托人非善意的行为还是可能构成对忠实义务的违反。可见,在实践中,智能投顾通过充分的披露以及事先取得客户对相关利益冲突事项免责的同意,是可以做到遵守忠实义务要求的。

但是,信义义务则不然。信义义务是指受托人在为委托人行事时要勤勉尽责,不能疏忽懈怠。具体而言,受托人要充分了解客户,满足投资者适当性要求,提出符合客户最佳利益的投资建议。投资者适当性管理的首要要求即做好客户画像,对客户有全方位的了解。但是,实践中,智能投顾了解客户的方法通常为电子调查问卷,由此得出的客户画像实际上与客户真实情况差距甚大,原因主要有以下几方面:一是大部分调查问卷都是选择题类型,并不允许客户对所列出的"问"与"答"作出修改,也没有向客户提供补充额外信息的途径;二是调查问卷收集的答案,很多情况下是客户主观选择的结果,而非客户基于自身整体实际情况作出的客观判断;三是多数智能

① 瞿艳:《投资者适当性制度研究》,中国编译出版社2017年版,第30~32页。

② [英]D. J. 海顿:《信托法》(第4版　中英文本),周翼、王昊译,法律出版社2004年版,第83页。

投顾并未将客户在其他金融机构的资产状况考虑在内，在这样的情形下，智能投顾无法将客户在不同金融机构的所有投资组合作为一个整体进行衡量，所生成的投资组合建议很可能达不到投资标的多样化、符合客户最佳利益的要求；四是智能投顾的预设程序中并没有尽职调查的功能，即它无法对客户通过调查问卷提供的信息进行核查，也不具备如同专业投资顾问般对客户信息进行整体综合分析的条件与能力，最终得出的投资建议是否符合投资者适当性管理要求，是否满足投资者最佳利益原则，是存在很大疑问的。换言之，智能投顾自身固有的缺陷，导致其很难履行勤勉尽责的注意义务，投资者画像的质量堪忧，即使智能投顾在法律上被认定为受托人，也很难保证其在运作过程中能够切实履行注意义务、满足投资者适当性管理的要求。

2. 信息披露不充分、无效率的风险

不同于传统投资顾问，智能投顾与客户之间主要是人机互动，缺乏人与人之间的交流，在这样的情形下，通过充分的信息披露来保障客户的知情权就显得尤为重要。有效的信息披露应该符合以下四个要素：一是真实准确，披露主体应当以客观事实为依据，使用准确贴切、通俗易懂的文字，如实陈述，是信息披露最基本的要求；二是完整性，披露的信息应该包括业务模式、服务范围、算法、费用、利益冲突、人工参与度、紧急措施、权责归属等在内的全面的信息；三是及时性，机器、市场、提供者、投资者等的任何变动都应及时地以适当的形式告知客户；四是可理解性，披露的信息一定要保证投资者能够理解。实践中，一方面，算法通常被视作机密而不披露或少披露，算法黑箱问题严重，同时，权责归属界定不清，或者根本没有规定等现象较为普遍；另一方面，智能投顾又习惯向客户提供十分庞杂的信息披露，而多数客户对投资相关知识不甚了解，加之机器不会自行向客户提供提醒注意、解释说明的服务，客户并不能理解这些信息的具体含义，很多时候会直接忽略解释而全盘接受，为后续维护自身权益埋下了隐患。除给投资者权益保护带来隐患外，信息披露的不充分还给监管机构带来了挑战，有着不可估量的潜在风险。

3. 算法引发的风险

算法是智能投顾的核心驱动，在智能投顾运作过程中，由算法引发的风险主要包括：算法黑箱风险、算法同质化风险以及算法不科学风险。

(1)算法黑箱风险

黑箱,通常被用于计算机、工程学等领域,是指一种系统或者设备,人们只知道其输入输出关系,而不了解其内部结构及运行逻辑,属于控制论中的概念。[①] 由于技术本身的专业性和复杂性,以及技术公司等相关单位的商业隐私政策等关系,人们对算法知之甚少,并不清楚它背后的原理与逻辑,也无法获悉算法设计开发者、实际控制者等人员之间的责任归属等信息,如同一个"黑箱",无知与疑惑困扰着使用者和监管者。

于智能投顾而言,算法黑箱的危害更为严重:一方面,它加深了投资者与智能投顾之间的信息不对称,侵蚀着投资者与金融机构之间的信赖关系,投资者无法在知情的情况下做出合理决策,投资者的合法权益无法得到充分保障;另一方面,算法的隐蔽性使得其极易被不法分子利用,滋生利益输送等违法违规行为,严重威胁着金融市场的稳定,不利于智能投顾行业的健康、有序发展。

(2)算法同质化风险

算法同质化是指因采用相同或类似算法而生成相同或类似结果的现象。在智能投顾运作过程中,算法同质化风险是指因算法相同或相似而生成相同或相似的投资建议或投资决策,并且由此引发市场同向波动的风险。在股票市场实践中,曾发生过因采用相同交易策略而导致市场短期同向波动的实践。[②] 智能投顾的算法同质化是否会导致市场同向波动的风险也是实务界和理论界讨论较多的问题。与股票市场的程序化交易不同,智能投顾以现代资产组合理论为理论基础,以资产分散配置为原则,长于大类资产配置,而且注重投资者适当性管理,从理论上来看,算法同质化引发市场风险的可能性似乎较小,但是实践中,智能投顾能否生成"千人千面"的个性化建议、资产分散配置的理念能否落实、投资者适当性管理是否到位、直接

---

① 张淑玲:《破解黑箱:智媒时代的算法权力规制与透明实现机制》,载《中国出版》2018 年第 7 期。

② 比如,1987 年 10 月 19 日的"黑色星期一"事件,在当时的市场状况下,交易者采取了类似的组合保险策略,在程序化交易的共同作用下,股市急剧下跌。See Culp, Christopher L., *The Brady Report-Threat to Stock Market Stability*, https://fee. org/articles/the-brady-report-threat-to-stock-market-stability/,2020 - 08 - 03.

投资于股票的资产规模及比例大小,都隐藏着潜在的风险。事实上,因算法同质化问题,智能投顾饱受投资者质疑,严重打击着投资者对智能投顾的信心。① 因此,在智能投顾模式下,算法同质化风险是现实存在的,应当采取相应的措施予以规制,防患于未然。

(3)算法不科学风险

通常,从事证券行业工作的人员都应该具备一定的资质,或者通过特定考试以获得某种从业资格,或者具备一定年限的工作经历,传统自然人投资顾问也不例外。但是,在智能投顾模式下,机器代替自然人,如何评估机器的业务能力和水平,考验着投资者与监管者的聪明才智。算法是人设计的,而人是不完美的,所以,算法存在缺陷甚至错误,是难以避免的。比如,算法对数据的均值回归、数据的历史波动周期等特性的依赖很大,对市场变化的敏感度低,当市场发生变化时,算法若不能做出及时调整很可能会导致投资策略失效,给投资者带来损失。如果算法采用的理论假设与实际情况之间存在较大偏差,其生成的投资建议是不可能符合投资者最佳利益的;在算法错误的情形下,提供的投资组合也很可能跟投资者的风险承受能力不相匹配,对投资者的合法权益造成潜在威胁。因此,算法不科学问题也是现实存在的,如何应对该问题,对投资效果和投资者保护有着重大影响。

(三)智能投顾市场退出阶段的主要风险

不同于一般工商企业,智能投顾作为金融业的组成部分,其市场退出的影响范围更广,影响程度更深。其中,智能投顾能否有序退出市场,投资者能否得到妥善安置,是智能投顾市场退出阶段面临的主要难题与风险。智能投顾多以中低收入人群为主要客户,如若智能投顾出现危机走向倒闭、破产,这类群体首当其冲。实践中,即将关闭的智能投顾可能会选择出售客户的投资,并将资金退还客户;②也可能会选择将客户的投资转向托管公司旗

---

① 欧阳剑环、林婷婷:《模型同质化严重 智能投顾直面"业绩杀"》,载《中国证券报》2018年8月3日,A6版。

② 比如,瑞银集团 UBS 于 2018 年 8 月在关闭其面向英国市场的智能投顾平台 SamrtWealth 时对客户投资做出的安排。See GlobalData Financial, *UBS SmartWealth Closure Proves Prematurity of Robo Advice*, https://www.privatebankerinternational.com/comments/ubs-smartwealth-shutdown/,2020-07-16.

下的自主账户,①无论何种选择,都很可能降低客户的整体投资效益。② 同时,诸如P2P网贷平台等金融平台恶意退出事件时有发生,一旦出现客户投资无法收回、损失惨重等情形,极易引发社会动乱,影响整个行业乃至整个金融市场的稳定。

目前,由于激烈的市场竞争和业务模式缺陷等因素,一些智能投顾已经退出市场,还有一些正处于退出边缘,如何应对上述风险,降低其潜在威胁,是为当务之急。

二、智能投顾法律规制的问题提出

鉴于智能投顾在市场准入、运作、退出三个发展阶段均存在重大风险,严重威胁着金融市场的稳定和投资者权益的保护,因此,有必要对智能投顾进行法律规制以规范其发展,降低其风险带来的负面影响。规制是对目标对象活动的有意识的干预行为,是"制定权威性规则,并辅之以相应机制来推动并监督这些规则得以实施"的行为。③ 法律规制,通俗地说,就是由立法机关或者相关机构修改、补充、制定相关法律法规,并以此引导、监督目标对象行为,从而实现某种特定目的的行为。法律规制具有规范性、引导性、监督性、惩罚性、保障性等诸多价值属性,在规范事物发展、降低事物风险等方面,起着举足轻重的作用。所以,对智能投顾进行法律规制,是引导智能投顾规范、健康、可持续发展的必由之路,具有合理性与必要性。

智能投顾在市场准入、运作、退出等不同发展阶段的潜在风险属于金融风险的范畴。简而言之,金融风险,是指意外因素导致经济主体在各种金融活动过程中享受额外收益或者遭受损失的可能性。④ 金融风险普遍存在于金融行业之中,贯穿各项金融服务的始终,除具备风险的一般特征外,还具有

---

① 比如,美国智能投顾平台Hedgeable在2018年8月关闭时对客户投资做出的安排。See Kim, Crystal, *A Robo-Advisor Bites the Dust*, https://www.barrons.com/articles/a-robo-advisor-winds-down-1531324524, 2020-07-16.

② Magnuson William, *Financial Regulation*, Vanderbilt Law Review, Vol. 71, No. 4, 2018, p. 1203.

③ [英]克里斯特尔·库普、[英]马丁·洛奇:《何谓规制? 跨学科的概念分析》,载沈岿主编:《行政法论丛》(第25卷),法律出版社2020年版,第131页。

④ 吴腾华、吕福来主编:《现代金融风险管理》,中国经济出版社1999年版,第4~5页。

自身独有的特点:第一,具有渗透性和传导性。信用是金融市场正常运转的基础,信用危机是引发金融风险的首要危害。但是,当下社会经济体系交织日益复杂,某一个信用机构是无法独自存在于整个信用体系的,故而,单个信用机构的信用危机很容易就会传导至其他信用机构甚至整个信用体系。第二,具有隐蔽性。通常,创造信用是金融机构的一项特殊功能,金融机构可以通过该项功能掩盖或者补救已经发生的损失,但也可能因为长期的风险累积而引发系统性金融危机。第三,具有潜伏性和突发性。金融风险的潜伏性更多地发生在传统金融活动中,而金融风险的突发性则更多地出现在融合了多种科学技术的现代金融活动中。第四,具有可管理性。金融风险虽然是客观存在且不以人的意志为转移的,却是可以管理的。金融机构可以通过加强内控和合规管理,增加资本金、调整风险资产比例等来防控风险;监管机构、行业自律组织等可以通过完善金融监管体系来防范金融风险;等等。①

因金融风险的特有属性,其危害往往也是巨大的、难以预测的。从可量化的物质性后果来看,金融风险带来的损失通常数额较大,比如,2015 年股灾在短时间内给股市造成了约 20 万亿元的损失,近 3 万个余额 500 万元以上的账户消失。② 从不可量化的意识性后果来看,金融风险带来的危害通常是不易察觉、潜移默化的,需要一定的时间才能显现,主要体现在人的思想观念以及对市场的信任程度上。2008 年国际经济危机造成了广大投资者对金融机构的失望与不信任,这种心态影响了投资者的投资意愿、风险偏好、投资方式的选择等多个方面。然而,金融风险的危害远不止于此,这些物质性、意识性的危害还会进一步对金融市场乃至整个经济市场,对社会经济结构、人口贫富程度,对法律制度、监管理念,对人们生活方式、生活态度等带来深远的、难以估量的影响。

因此,金融风险管理是必要的,不可或缺的。金融风险管理一般是指人们通过一系列的措施安排来防范金融风险的发生,从而减少或者消除其可能带来不利影响的行为。按照管理主体的不同,金融风险管理可以分为两

---

① 温红梅、姚凤阁、王岩伟主编:《金融风险管理》(第 2 版),东北财经大学出版社 2009 年版,第 4 ~6 页。

② 卧龙:《中国股市:股灾五周年纪念》,载《股市动态分析》2020 年第 13 期。

类：一类是内部风险管理，主要是指金融机构通过内部控制和合规管理等方式来防范风险；[①]另一类是外部风险管理，主要指行业自律管理和政府监管，前者指金融行业自律组织对其成员进行风险管理，后者指金融监管机构对包括金融机构在内的整个金融市场的风险进行监控和管理。[②] 内部风险管理可以看作主动型风险管理，是针对具体企业而言的，属于企业管理的范畴，不是本书讨论的重点，故略而不述。外部风险管理，强调的是国家干预，对企业而言，是被动型风险管理，针对的是金融市场的所有参与者，它以国家权力为后盾，具有强制性与权威性，在整个金融风险管理体系中占据主导地位。其中，由立法机关以及其他相关机构制定法律法规，出台管理办法、业务细则、操作指引等规范性文件，是外部风险管理最常用的手段，换言之，外部风险管理是通过法律规制来进行风险管理。

智能投顾作为一项新兴金融业态，在市场准入、市场运作、市场退出阶段均存在一定的风险。同时，这些风险的隐藏性、突发性更为突出，风险管理应当被置于企业管理和政府监管的首要位置。由此可见，对智能投顾进行法律规制，防范、化解各种金融风险，尤为必要。

第三节　智能投顾法律规制的正当性分析

法律规制是国家干预经济的一种手段，它以国家强制力为后盾，要求各个市场主体无条件遵守，否则会受到法律制裁。法律规制的强制性与惩罚性，要求其必须具备充分的正当性基础，以发挥法律的正向作用，实现法律的价值追求。具体地讲，对智能投顾进行法律规制具备如下正当性事由。

一、矫正智能投顾中的市场失灵

市场是资源配置的最有效方式，通过供求机制、价格机制、竞争机制以

---

① 当然，内部风险管理的主体并非仅限于金融机构，还包括投资者等市场主体，比如投资者通过学习相关投资理财知识，提高自身风险防范意识等。

② 温红梅、姚凤阁、王岩伟主编：《金融风险管理》（第2版），东北财经大学出版社2009年版，第9～10页。

及奖惩机制等协同运作，推动着社会资源在不同部门、不同领域之间流动，从而实现资源的最优配置。新古典经济学认为，在完全理想的状态下，通过市场的调节可以实现资源配置的"帕累托最优"。① 但是，现实中并不存在这样的完美状态，一旦资源实现不了最优配置，就会触动市场失灵。市场失灵最早由庇古（A. C. Pigou）引入经济学，②随着巴托（Francis M. Bator）《市场失灵的剖析》一文的发表被广泛接受，人们通常把市场失灵定义为"市场均衡状态偏离帕累托最优配置"③。

市场失灵是市场经济条件下触发国家干预的最主要原因，也是规制经济学的主要理论依据。④ 市场失灵有狭义和广义之分，前者是就微观经济层面而言，体现为信息不对称等因素导致资源配置的无效率；后者是就宏观经济层面而言，将经济不稳定、社会不公平与微观经济无效率都囊括在内。美国经济学家科勒曾指出，市场失灵的具体表现具有三个鲜明的特征，即不公平、无效率、不稳定；⑤萨缪尔森和诺德豪斯进一步指出，垄断、寡头代表着无效率，市场周期性波动、投机泡沫、金融危机代表着不稳定，收入不平等代表着不公平。⑥

智能投顾作为金融市场中的一种行业，也存在市场失灵的现象。特别是智能投顾发展时间较短，尚未经历过完整的市场周期，各国有关智能投顾的各项制度也还不健全。在这种特殊背景下，智能投顾发展过程中的市场失灵主要表现在以下几个方面：第一，市场主体的逐利心理使得大量自动化平台涌入智能投顾市场，鱼龙混杂，这在损害投资者权益的同时，也扰乱了

---

① 帕累托最优，指资源分配的一种理想状态，即假设固定的一群人和可供分配的资源，从一种分配状态到另一种分配状态的过程中，在没有任何人情况变坏的前提下，使得至少一个人情况变得更好，它是博弈论中的重要概念，并广泛应用于经济学、社会学等领域。参见侯荣华主编：《西方经济学》（第 2 版），中央广播电视大学出版社 2007 年版，第 77 ~ 79 页。

② Pigou, Arthur Cecil, *The Economics of Welfare*, 4th ed., Mac Milan, 1948, p. 129.

③ Bator, Francis M., *The Anatomy of Market Failure*, 72 Quarterly Journal of Economics, Vol. 72, No. 3, 1958, p. 353.

④ Dempsey, Paul Stephen, *Market Failure and Regulatory Failure as Catalysts for Political Change: The Choice between Imperfect Regulation and Imperfect Competition*, Washington and Lee Law Review, Vol. 46, No. 1, 1989, p. 2.

⑤ 马云泽：《规制经济学》，经济管理出版社 2008 年版，第 64 页。

⑥ Samuelson, Paul Anthony & Nordhaus, William, *Economics*, 19th ed., McGraw-Hill Education, 2009, p. 23.

金融市场秩序。实践中,一些平台只是传统金融业务的线上版本,甚至存在不少打着智能投顾旗号销售基金产品的平台,这些实际上都不能被称为智能投顾。第二,智能投顾提供商与投资者之间有关算法、利益冲突等信息存在严重不对称,很容易出现逆向选择和道德风险,侵蚀着投资者对智能投顾的信赖,大大降低了金融效率。通常,算法作为智能投顾提供商的核心机密,不透明、不公开,算法黑箱问题突出;出于私人利益等因素的考量,有关利益冲突等关键信息披露不充分的现象严重。并且,这类信息的专业性很强,披露效率也是智能投顾备受关注的一个话题,若放任市场自由发展,"柠檬市场模型"则会出现,①即投资者希望得到高质量的投资建议,而机器仅提供低质量的投资组合选择。第三,过度的自由竞争会导致金融垄断,影响金融创新和金融效率,甚至威胁整个金融体系的稳定与安全。随着智能投顾迅速发展,越来越多的金融机构开始加入竞争行列,尤其是一些传统大型金融机构,凭借其在客户资源、资本、技术、数据等方面的先天优势,正在逐渐演变为智能投顾的主力军。随之而来的是一系列智能投顾企业的倒闭、破产,或者被收购。

可见,在智能投顾领域,市场失灵也是难以避免的,这就为国家干预智能投顾的运行提供了正当性与合理性。为矫正智能投顾发展过程中的市场失灵,各国相关部门有必要对智能投顾进行适当的法律规制,比如建立和完善有关法律法规、出台专门法律文件、制定专项自律规则等,对智能投顾的准入、运作和退出进行适度干预与调控,以解决智能投顾发展过程中的信息不对称、过度竞争、公共物品供给不足等问题,②降低市场失灵程度,平衡好金融自由、金融安全、金融效率之间的关系。具体而言,法律规制可以通过以下三方面来矫正智能投顾中的市场失灵:一是确立智能投顾市场准入的

---

① 在美国俚语中,"柠檬"是"次品"的意思,"柠檬市场模型"也被称为"次品市场模型",英文为"the market for lemons"。参见[美]保罗·萨缪尔森、[美]威廉·诺德豪斯:《经济学》(第18版),萧琛、蒋景媛等译注,人民邮电出版社2007年版,第162页。

② "信任"是金融市场最重要的公共物品,对金融市场的信任是金融市场功能正常发挥的基本条件。但是,由于缺乏有效的激励机制,市场对信任的供给是不足的,而信任又是智能投顾与投资者之间建立法律关系的基础,因此,只能依靠国家干预来生产出信任了。参见卞志村主编:《金融监管学》,人民出版社2011年版,第49页;Blank, Rebecca M. & McGurn William, *Is the Market Moral? A Dialogue on Religion, Economics and Justice*, Brookings Institution Press, 2003, p. 32。

管理制度，设定智能投顾市场准入的具体条件，比如对智能投顾市场准入采取统一牌照管理，并对其资本、资产管理规模、从业人员、内部控制系统等作出具体要求，以便将不合格甚至违法违规的平台排除在市场之外；二是课以智能投顾信息披露、信义义务等法定义务，以国家强制力保证其履行，以解决智能投顾运行中的信息不对称问题，保证投资者的知情权，维护投资者对智能投顾以及整个金融体系的信任；三是通过强制性法律遏制智能投顾行业的过度自由竞争、恶意竞争，在维持金融效率的同时，保证整个金融体系的相对安全与稳定。

诚然，法律规制并不总是有效的，也有失灵的时候；而且，它不能替代市场成为资源配置的最主要手段。只有二者协调配合，才能促进智能投顾健康、有序、可持续地发展。

二、消除智能投顾中的负外部性

外部性（externality），也称“溢出效应”，最早由新古典经济学创始人马歇尔（Alfred Marshall）于1890年提出，指市场主体的行为对其他市场主体或者社会造成影响却没有负担相应义务或者获得相应回报。[①]“外部不经济”（diseconomics externality）的概念由英国经济学家庇古提出，与“外部经济性”一起，是为外部性的组成部分。[②] 也就是说，外部性既包括正外部性，也包括负外部性。对于金融行业而言，外部性主要表现为金融活动中私人成本或收益向与金融活动无关的第三方溢出的效应：当私人收益低于社会收益时，为正外部性；当私人成本低于社会成本时，为负外部性。[③] 同时，由于金融的脆弱性、金融风险的扩散性、金融在国民经济中的重要地位等自身特点，与其他市场相比，金融市场的负外部性更为突出。

置身于金融市场之中，智能投顾运行过程中的负外部性问题十分突出，不容忽视。智能投顾的负外部性主要体现在两个方面：一是智能投顾具有多重潜在风险，一旦出现问题，很可能传染、扩散到其他金融领域，引发金

---

① Marshall Alfred, *Principles of Economics*, Revised ed., Macmillan, 1920, p. 143.

② Pigou, Arthur Cecil, *The Economics of Welfare*, 4th ed., Macmillan, 1932, p. 84.

③ Foster George, *Externalities and Financial Reporting*, Externalities and Financial Reporting, Vol. 35, No. 2, 1980, p. 523.

融系统性危机;二是智能投顾若因经营不善等倒闭、破产,不仅会使智能投顾提供商遭受损失,而且广大的客户也会蒙受不同程度的损失,此外,还涉及职工安置等问题,如果处理不当,也会对社会产生负面影响。

实践证明,智能投顾的潜在风险较传统投资顾问更大,隐蔽性更强,一旦防范不利、化解不当,极易走向倒闭、破产,打击投资者对智能投顾乃至整个金融体系的信心,从而引发连锁效应,危及整个经济社会的安全与稳定。但是,科斯定理从交易成本的视角证明,市场调节是不可能消除金融的负外部性的。① 所以,必须借助外部其他力量来消除智能投顾不同发展阶段的负外部性。以国家强制力为保障的法律规制正好满足这一需求。一方面,各国相关部门可以通过具体的法律法规、规章制度对智能投顾的内部控制、合规管理、风险管理及应急处理安排、信息技术管理系统等作出详细要求,以规范智能投顾的行为,防范各类金融风险,保证智能投顾稳健的运行。另一方面,各国还要为问题智能投顾有序退出市场做好相应的法律安排,比如,明确智能投顾市场退出的具体条件和程序,畅通智能投顾市场退出的渠道,建立健全金融机构破产、投资者保护基金等配套法律制度,以最大限度地减少投资者损失,减弱问题智能投顾的负外部性影响。

三、保护智能投顾中的投资者权益

康德的道德哲学指出,应该把人看作目的而非工具,每个人的存在本身就是目的,是具有价值的。② 以人为本是法律的根本宗旨之一,它贯穿立法、执法、司法、守法的整个过程。具体到金融法,以人为本的宗旨体现为保护投资者的合法权益。

投资者,是证券市场的基石,是证券市场得以运行的最基本要素。保护投资者,既是证券法律产生的主要驱动力,也是证券法律的核心目的。对此,各国是高度统一的。美国《1933 年证券法》有两个基本目标:一是要求在证券公开发行之前保证投资者获得与发行证券相关的所有重要信息;二

---

① Naoyuki Kaneda, *Experiment for Positive Externalities: Is Coase Theorem Applicable to the Positive Externalities?*, Gakushuin Economic Papers, Gakushuin University, Faculty of Economics, Vol. 47, No. 1, 2010, p. 4.

② 谢鹏程:《基本法律价值》,山东人民出版社 2000 年版,第 10～11 页。

是禁止证券买卖中的虚假陈述、欺诈等行为。[①] 该法是在1929年至1933年经济大萧条之后颁布的，综合考虑其出台时间节点和上述两个基本目标，可以发现，其最终目的就是保护投资者。我国《证券法》第1条也明确规定，我国证券法的目的是保护投资者。[②]

之所以要保护投资者，是因为证券市场中存在欺诈、虚假陈述、市场操纵、内幕交易等行为，由于专业知识缺乏、投资经验不足、信息资源渠道匮乏、信息严重不对称等，投资者处于明显弱势地位，若对证券市场中的行为不加以干预，因人性弱点而引发的道德风险会给投资者带来重大损失。同时，无论是市场失灵还是金融行为的负外部性，投资者都将首当其冲。这些问题的根源在于人性的弱点、市场的缺陷、金融的特性，依靠证券市场本身是无法解决的，必须由国家站在公共利益的立场对证券市场进行干预，法律规制即是行之有效的最佳选择。

具体到智能投顾，在其发展过程中也存在诸多侵害投资者合法权益的可能。比如，智能投顾提供商没有如实揭示算法的具体功能、缺陷、潜在风险，误导投资者使用其服务工具；没有充分披露相关利益冲突信息，在投资者不知情的前提下作出有损投资者利益的投资决策建议；没有对投资者做充分的尽职调查，不能提供符合投资者最佳利益的适当投资建议；不具备完善健全的内部控制和风险管理制度，不能有效防范化解风险进而最终损害投资者利益；等等。因此，为保护投资者合法权益不受侵害，必须对智能投顾进行法律规制，以克服人性弱点、市场缺陷，遏制、打击各种违法犯罪行为，保证智能投顾的合法合规运行，维护金融市场的稳定。在智能投顾发展过程中，通过法律规制保护投资者合法权益的逻辑为：第一，要保护投资者的知情权，对智能投顾提供商信息披露作出强制性规定，除要求披露内容真

---

① SEC, *The Laws That Govern the Securities Industry*, https://www.sec.gov/answers/about-lawsshtml.html, 2020-10-23.

② 2019年《证券法》第1条规定："为了规范证券发行和交易行为，保护投资者的合法权益，维护社会经济秩序和社会公共利益，促进社会主义市场经济的发展，制定本法。"有学者指出，"'规范证券发行和交易行为'实为证券法的内容，'维护社会经济秩序和社会公共利益，促进社会主义市场经济的发展'并非证券法所特有的，没有体现证券法的本质特征，只有'保护投资者'才是证券法区别于其他法律的特有目的"。参见朱锦清：《证券法学》(修订本)，清华大学出版社2019年版，第109页。

实、准确、完整外,还要着重强调对披露形式的要求,以保证披露的有效性;第二,要强调智能投顾提供商对算法质量控制的首要责任,建立健全内部控制和风险管控机制等,保证平台的正常运行和服务质量;第三,要通过法律法规强调监管部门和智能投顾提供商对投资者的教育责任,提高投资者的风险意识和自我保护能力。

当然,矫正市场失灵、消除金融负外部性、保护投资者合法权益并不是绝对独立、完全分离的,三者相互作用,对智能投顾法律规制而言,既互为原因,亦互为目的,共同为其提供正当性基础。

第四节　智能投顾法律规制的国内外立法概况及主要制度构成

随着智能投顾的快速发展,各国有关智能投顾的法律规制也有了一定程度的进展。在对智能投顾法律规制国内外立法进行梳理的基础上,分析其主要构成,为后续从各个维度对智能投顾法律规制予以论述奠定基础。

一、智能投顾法律规制的国内外立法概况

由于技术在法律上的中立性,智能投顾并未改变金融业务的本质属性,所以,国际上对智能投顾进行法律规制的基本路径还是沿用现行有关证券投资咨询、资产管理业务的法律制度和监管框架。①

美国作为智能投顾的发源地,其智能投顾无论是在数量上还是在资产管理规模上,均居世界首位。② 相应地,美国有关智能投顾的立法也相对成熟、完善。同时,澳大利亚、新加坡的智能投顾也起步较早,相关立法也比较

---

① ASIC, Regulatory Guide 255: Providing Digital Financial Product Advice to Retail Clients, 2016, p. 87; SEC, IM Guidance Update, 2017, p. 1 – 2; CSA, Staff Notice 31 – 342: Guidance for Portfolio Managers Regarding Online Advice, 2015, p. 1; IOSCO, Update to the Report on the IOSCO Automated Advice Tools Survey, Final Report, 2016, p. 14; Ferguson Bob, *Robo Advice: an FCA Perspective*, https://www.fca.org.uk/news/speeches/robo-advice-fca-perspective, 2020 – 08 – 22.

② Statista, *Number of Robo-advisors Worldwide as of April 2017, by Country*, https://www.statista.com/statistics/795467/number-of-robo-advisors-by-country/, 2020 – 07 – 30; Statista, *Robo-Advisors, United States*, https://www.statista.com/outlook/337/robo-advisors, 2020 – 07 – 30.

健全。此外,国际证监会组织和欧盟三大金融监管机构也就智能投顾出台了相关文件。这些法律文本为各国智能投顾法律规制提供了有益借鉴。

(一)美国

目前,美国规制智能投顾的最主要的法律文本为《1940年投资顾问法》,该法是专门规制投资顾问的联邦法律。在美国,智能投顾被认定为投资顾问,适用该法所有规定,受SEC监管。① 该法规定了智能投顾需要遵守的基本要求,主要包括向SEC注册、向投资者提供信息披露手册、反欺诈等内容。具体如下:

第一,该法第203条规定了投资顾问的注册义务,即"任何未按照本条款注册的投资顾问,开展投资顾问业务的,都是非法的"。智能投顾符合该法第202条关于"投资顾问"的定义,因此,只有在依法注册之后方能开展业务。一般情况下,符合该法第202条的定义并且资产管理规模在1亿美元之上的,应当向SEC申请注册为投资顾问;资产管理规模在1亿美元以下的,应当向州证券监管机构申请注册为投资顾问。此外,投资顾问在某一州的客户数量超过最低数值时,应当向该州证券监管机构申请注册;如果投资顾问已经在15个或者更多的州证券监管机构注册,那么它可以向SEC申请注册,以减轻其合规负担,提高监管效率。② 但是,SEC于2012年发布的203A-2(e)规则[Rule 203A-2(e)]规定,通过交互式网络向客户提供投资建议的投资顾问,如智能投顾,可以在不满足资产管理规模要求的情况下直接向SEC申请注册,旨在减轻完全通过网络运营的投资顾问向多个州证券监管机构注册的负担。③

第二,该法通过第206条反欺诈条款规定了投资顾问作为受托人的信义义务。虽然该法并未涉及投资顾问作为受托人的内容,④但是,依据该法第206条反欺诈条款,联邦最高法院和SEC通过解释确立了投资顾问是受

---

① SEC,IM Guidance Update:Robo-Advisor,2017,p. 8.

② Staff of the Investment Adviser Regulation Office,Regulation of Investment Advisers,2013,p. 8.

③ SEC, Release IA-2091,2002,Rule203A-2(e).

④ 实际上,《1940年投资顾问法》整个文本"受托人"(fiduciary)一词只出现了两次,而且是用来描述银行实体的,并非用来描述投资顾问或者经纪交易商。

托人的法律地位,从而施加给投资顾问以信义义务。[1] 在“美国证券交易委员会与资本利得研究机构案”(SEC v. Capital Gains)中,联邦最高法院解释道:“《1940 年投资顾问法》一方面表明议会已经意识到投资顾问的受托人本质,另一方面也反映了议会想要消除,或者至少披露所有可能导致投资顾问提供不公平建议的利益冲突的意图。”[2]这确认了投资顾问受托人的法律地位。尽管该案件主要涉及投资顾问作为受托人的忠实义务,但是 SEC 却对其进行了扩张解释,将以客户最佳利益行事的注意义务也纳入其中,SEC 进一步指出,投资顾问未满足受托人义务标准,可能构成对客户的欺诈。[3] SEC 还指出,同其他投资顾问一样,智能投顾也应当履行作为受托人的信义义务,[4]尽管其具体内容和范围尚不确定。[5]

第三,该法第 203(f)条还对 SEC 撤销投资顾问注册的情形作了规定:“针对投资顾问以下情形:故意对重要事实作出虚假、误导性陈述,故意省略被要求的重要事实说明,在提交注册申请之日前 10 年或者之后因犯罪被处以 1 年以上有期徒刑,被永久或暂时禁止从事投资顾问、经纪交易商等业务,故意违反《1933 年证券法》《1934 年证券交易法》《1940 年投资公司法》及其他相关法律法规,故意教唆、协助他人不遵守上述法律规定,或未采取适当监督义务导致他人违反上述法律规定,等等,SEC 有权撤销其投资顾问注册。”此外,SEC 规则第 203－2 条(Rule 203－2)还对投资顾问撤回注册作了规定,在停止担任投资顾问、满足豁免注册要求的条件、不再具备向 SEC 注册的资质等情形下,投资顾问可以通过提交“注册撤回申请表”(Form ADV-W)撤回注册。

值得注意的是,《1940 年投资顾问法》并未提供一个全面的针对投资顾问的监管框架,而是对投资顾问的行为提出了原则性指引,主要依靠投资者

---

① Fein, Melanie L., *How Are Robo-Advisors Regulated*?, https://ssrn.com/abstract=3028232,2020－10－05.

② See SEC v. Capital Gains Research Bureau, Inc., 375 U.S. 180 (1963).

③ SEC, *Information for Newly-Registered Investment Advisers*, https://www.sec.gov/divisions/investment/advoverview.htm,2020－10－24.

④ SEC, IM Guidance Update: Robo-Advisor, 2017, p. 2.

⑤ Kara M. Stein, *Surfing the Wave: Technology, Innovation and Competition*, Remarks at Harvard Law School's Fidelity Guest Lecture Series, 2015.

自我保护。[①] 并且,该法制定时并未将智能投顾考虑在内,智能投顾能否直接、完全适用这些规定是存在争议的。[②] 除该法外,智能投顾可能适用的联邦法律还有《1934 年证券交易法》(Securities Exchange Act of 1934)、《1940 年投资公司法》(Investment Company Act of 1940)、《1974 年雇员退休收入保障法》(Employee Retirement Income Security Act of 1974)。

同时,针对智能投顾,SEC 和 FINRA 还相继出台了一些专门文件,旨在就智能投顾的一些特殊问题作出回应,以规范、引导智能投顾的运行。这些文件主要包括:2015 年 SEC 和 FINRA 发布的《关于自动化投资工具的投资者警告》(Investor Alert: Automated Investment Tools)、2016 年 FINRA 发布的《数字化投资顾问报告》(Report on Digital Investment Advice)、2017 年 SEC 发布的《关于智能投顾的投资者公告》(Investor Bulletin: Robo-Advisers)以及《智能投顾监管指南更新》(Guidance Update: Robo-Advisers)。这些法律性文件主要聚焦以下几个方面:一是算法规制;二是智能投顾在具体业务环节中的具体义务要求,尤其是信息披露义务和向客户提供适当的符合客户最佳利益建议的信义义务;三是智能投顾提供商内部的合规管理、风险控制体系、信息技术管理安排等要求。

此外,美国一些州针对智能投顾的法律规制也有一定的进展,其中,最为积极的是马萨诸塞州,该州有关智能投顾信义义务的主张比 SEC、FINRA 更为超前。2016 年马萨诸塞州证券监管机构发布的《关于智能投顾和州投资顾问注册的政策声明》(Policy Statement: Robo-Advisors and State Investment Adviser Registration)指出,全自动化智能投顾,按照目前的运作模式,可能无法履行作为州投资顾问所负有的信义义务。同时,该政策声明对投资顾问注意义务的具体标准作出解释,并说明了智能投顾不能满足这一标准的原因。随后,该州证券监管机构又发布了《关于州注册投资顾问使用第三方智能投顾的政策声明》(Policy Statement: State-Registered Investment Advisers' Use of Third-Party Robo-Advisers),该声明实为针对使

---

① Investment Advisers Act Release No. 2711, 73 Federal Register 13958, 2008.

② Carney, Caelainn, *Robo-Advisers and the Suitability Requirement: How They Fit in the Regulatory Framework*, Columbia Business Law Review, Vol. 2018, No. 2, 2019, p. 593.

用第三方智能投顾的州注册投资顾问的监管指南，规定了这类投资顾问向客户提供资产组合和投资交易服务时需要满足的最低标准，包括事前告知客户其使用的是第三方智能投顾提供服务以及该服务的局限性、服务收费标准等。从这两项声明可以看出，在马萨诸塞州完全智能投顾是被禁止的。

（二）澳大利亚

澳大利亚有关智能投顾的法律文本主要分为两类：一类是联邦法律；另一类是 ASIC 发布的文件，如监管指南、报告等。与美国不同，澳大利亚没有专门的证券法律，有关智能投顾的法律文本主要为《2001 年公司法》（Corporations Act 2001）。关于智能投顾的有关规定主要体现在该法第 7 章“金融服务和市场”中，该章旨在通过充分的信息披露保证投资者的知情权，构建公正、有序、公开的金融市场，减少系统性金融危机。[①] 具体来说：一方面，该法第 7 章第 7.6 部分规定智能投顾需要获得 ASIC 许可或者成为 AFS 牌照持牌者方可展业；并且对申请许可所需满足的条件，比如，具备充足的资本、技术和人力资源，具备完善的风险管理体系，以及许可变动、中止或者取消的原因和程序等作出具体要求。另一方面，该法第 7 章第 7.7A 部分第 2 分节规定了智能投顾持牌者需要遵守的一系列的义务要求，包括一般义务要求、披露义务要求和客户最佳利益义务要求等。

同时，为对公司法具体条款进行解释、细化，ASIC 还专门出台了针对特定问题的监管指南，与规制智能投顾密切相关的监管指南主要有：《第 255 号监管指南：向散户提供数字化金融产品建议》《第 36 号监管指南：许可——金融产品建议和交易》《第 104 号监管指南：许可——满足一般性义务要求》《第 175 号监管指南：许可——金融产品顾问之行为与披露》。[②] 其中，第 255 号监管指南是规范、引导智能投顾的专门性文件，除第一部分概

---

① Australia, Corporations Act 2001, Chapter 7: Financial Services and Markets, 760A: Object of Chapter.

② 几项监管指南分别为：Regulatory Guide 255: Providing Digital Financial Product Advice to Retail Clients (RG 255); Regulatory Guide 36: Licensing: Financial Product Advice and Dealing (RG 36); Regulatory Guide 104: Licensing: Meeting the General Obligations (RG 104); Regulatory Guide 175 Licensing: Financial Product Advisers—Conduct and Disclosure (RG 175)。此外，RG 1、RG 2、RG 3、RG 126、RG 146、RG 167、RG 168、RG 179、RG 221、RG 244，也适用于智能投顾。

述外，主要包括三部分，分别就数字化建议平台的许可安排、一般义务、以客户最佳利益行事义务作出详细规定，尤其强调了对数字化建议平台在风险管理体系、人力资源、技术资源、赔偿安排等方面的要求。

此外，随着智能投顾相关法律文件的出台，ASIC 还专门成立了创新中心（ASIC's Innovation Hub）以及数字金融建议委员会（Digital Finance Advisory Committee），以便为智能投顾等金融科技创新企业提供法律咨询，帮助其申请业务许可、了解相关监管要求，更好地合规发展。

（三）英国

在英国，有关智能投顾法律规制的法律文本主要有《金融市场与服务法案》、《金融工具市场指令二》（Markets in Financial Instruments Directive Ⅱ，MiFID Ⅱ）。鉴于技术中立的原则，智能投顾作为一项金融服务，也应当遵守这些法律的相关规定，尤其是有关注册、适当性管理等方面的规定。同时，英国财政部和 FCA 于 2016 年发布了《金融顾问市场调研报告》（Financial Advice Market Review Final Report，以下简称 FAMR 报告），随后 FCA 又于 2017 年发布了《最终指南：精简顾问服务及相关综合指南》（FG 17/8：Streamlined Advice and Related Consolidated Guidance）。虽然这些并非专门针对智能投顾的文件，但部分内容与智能投顾直接相关，正如上述指南所述，"精简顾问服务可能包括自动化的智能投顾服务，我们意识到很多金融服务将会走向自动化，所以，本指南将此考虑在内"。①

具体而言，FAMR 报告在对金融顾问服务的可负担性、可获得性进行调研分析的基础上指出，自动化金融顾问服务可能是解决目前金融服务缺位的一个突破口，建议 FCA 设立专门的金融顾问部门来帮助企业开展自动化顾问服务。为此，2016 年 5 月，FCA 设立了金融顾问部门（Advice Unit），便利了与金融顾问企业之间的沟通交流，为智能投顾合规发展提供了支持与帮助。此外，还创立了沙箱监管制度，鼓励智能投顾通过沙箱监管试验，来解决对金融科技企业的监管难题。

（四）新加坡

《证券和期货法》（Securities and Futures Act）和《金融顾问法》

---

① FCA，Finalised Guidance 17/8：Streamlined Advice and Related Consolidated Guidance，2017，p. 4.

(Financial Advisers Act)是新加坡规制智能投顾的主要法律文本。此外，新加坡金融监管局(Monetary Authority of Singapore,MAS)依据《证券和期货法》第321条、《金融顾问法》第64条出台的《关于提供数字化顾问服务的指南》(Guidelines on Provision of Digital Advisory Services),是有关智能投顾法律规制的专门性法律文件，在规范、监管智能投顾发展方面起着举足轻重的作用。

该指南主要由两部分构成：第一部分是有关智能投顾展业许可的规定，指出智能投顾在新加坡开展基金管理、提供金融顾问服务等业务都必须获得相应的许可，许可类型取决于智能投顾的运作模式。同时，还对智能投顾豁免许可的情形作了规定。第二部分是有关智能投顾的具体监管要求，主要包括算法的管理和监督、技术风险管理、反洗钱反金融恐怖主义、算法和利益冲突等重要信息的披露要求、适当性建议等。其中，MAS指出算法是智能投顾的核心构成要素，强调了智能投顾提供商的董事会及管理层对算法监管负有主要责任。

(五)中国

我国目前可适用于智能投顾的法律法规主要有1997年的《证券、期货投资咨询管理暂行办法》,2012年证监会发布的《关于加强对利用"荐股软件"从事证券投资咨询业务监管的暂行规定》,2018年中国人民银行、中国银保监会、中国证监会、国家外汇管理局联合发布的《关于规范金融机构资产管理业务的指导意见》,2019年修订的《证券法》以及2020年修正的《证券投资顾问业务暂行规定》。受制于我国资本市场发展水平、市场主体和监管部门的认知水平等，我国有关智能投顾的法律制度和监管措施存在一定的缺陷与不足，因此，有必要对资本市场发达、证券法律制度成熟完善的国家的相关实践进行考察并予以借鉴，以厘清我国智能投顾法律规制的完善思路。

二、智能投顾法律规制的主要制度构成

通过对国内外智能投顾法律规制相关法律文本的分析梳理，可以发现，有关智能投顾的法律规制主要由三部分构成：市场准入的法律规制、市场运作的法律规制、市场退出的法律规制。

具体而言,智能投顾市场准入法律规制主要是对智能投顾展业是否需要经过特别许可、需要获得何种许可、申请许可的条件及程序等方面的规定。比如,在美国,智能投顾在向 SEC 或者州证券监管机构申请注册为投资顾问之后即可开展投资咨询和资产管理等业务;而在英国,智能投顾开展投资咨询和资产管理业务则需要分别取得 FCA 的相应业务许可。同时,申请许可或者注册的智能投顾还必须满足一定的条件,包括注册资本或资产管理规模、从业人员配置、经营场所、业务设施、信息技术管理系统、风险管理安排等。

智能投顾市场运作法律规制主要是对智能投顾进入正式运行阶段的行为进行规范引导与监督管理。比如,对智能投顾信息披露的内容、形式、时间等作出详细规定;对算法质量的控制与监督作出具体要求;对智能投顾忠实义务和注意义务的标准及其履行作出规定;对智能投顾营销、客户资产托管、合规管理、客户信息和数据保护等行为提出具体要求;等等。

智能投顾市场退出法律规制主要是对智能投顾因经营不善或者其他原因主动或者被动退出市场行为的干预。目前,各国主要是依据现行法律文本中有关撤销、注销、撤回智能投顾注册或许可的规定,尚未就其市场退出作出专门的说明或指南。此外,金融机构市场退出会涉及多方面利益,负外部性明显,投资者合法权益保护的问题突出,因此,一些国家,尤其是资本市场发达国家,都会制定专门的金融机构破产法律制度以及相应的保障性制度,如风险预警及应急处理机制、投资者保护基金制度等。智能投顾当然也适用这些法律制度。

综上所述,智能投顾法律规制是一个环环相扣的完整体系,市场准入规制将不合格智能投顾排除在市场之外,市场运作规制保障着智能投顾的正常运营,市场退出规制引导着问题智能投顾有序退出市场,旨在保护投资者权益,维护金融市场稳定,防范系统性金融危机。

本章小结

金融与科技的结合,催生了无数的创新,给人类社会的方方面面带来颠覆性的改变。智能投顾就是在科技引领金融发展、主导金融创新变革的大背景下产生的，是当前金融领域备受关注的金融与科技成功结合的新业态。从本质上来看，智能投顾是一项自动化的综合性金融服务，这是从应然角度对智能投顾的概念与法律属性进行的界定，既符合当前人工智能的发展水平，也顺应其综合业务实践的发展趋势，更与全球金融统一监管的大方向趋同。

任何事物都是矛盾的复合体，都具有两面性，智能投顾亦是如此。智能投顾凭借低成本、低门槛、便捷高效、个性化服务等优势，在提高金融服务的可获得性、可负担性、便捷性等方面发挥着重要作用。但是，由于其独特的业务模式，智能投顾在市场准入、市场运作、市场退出阶段均存在一定的风险，亟须对其进行法律规制，以防范、化解风险，维护金融稳定。同时，对智能投顾进行法律规制在矫正市场失灵、消除负外部性、保护投资者权益等方面发挥着重要作用。由此，证成了对智能投顾进行法律规制的必要性与正当性，此为全书展开智能投顾法律规制讨论的逻辑起点。

在此基础上，对国内外有关智能投顾法律规制的实践进行考察，通过梳理相关国家规制智能投顾的主要法律文本，总结归纳出智能投顾法律规制的主要制度构成，进而为下文从市场准入、市场运作、市场退出三个环环相扣的完整维度展开智能投顾法律规制的论述奠定基础。

第二章　智能投顾市场准入的法律规制

金融自由是提高金融效率、促进金融发展的保证,①维护金融自由是金融法的主要宗旨之一。但是,过分地追求自由,很可能导致金融市场的恶性竞争,从而破坏金融市场秩序,甚至引发系统性金融危机。② 作为一种金融新业态,智能投顾已彰显出了顽强的生命力,无论是资产规模还是平台数量,都处在快速增长的轨道上。这必然导致大量资源涌入这一领域,而资源的过度膨胀与市场竞争的加剧,极易造成金融市场的不稳定与不安全。因此,需要国家干预来弥补市场调节的缺陷,而采用行政手段,对市场主体的准入资格进行必要的规制,是各国对智能投顾进行事前干预的重要手段。在平衡市场自由与国家干预二者关系并将其制度化的过程中,法律起着至关重要的作用。

---

① Mankiw, N. Gregory, *Priciples of Economics*, 5th ed., Cengage Learning, 2008, p. 203.

② 吴志攀:《金融法概论》(第5版),北京大学出版社2011年版,第12页。

第一节　智能投顾市场准入法律规制的理论证成

随着现代社会经济的发展，市场准入所涉及的社会关系更加复杂，需要综合多个法律部门予以规制。① 从本质上看，市场准入是为了克服市场失灵、信息不对称等问题而采取的国家干预经济的一种重要手段，符合经济法规制性、经济性等特点，相较于民商法、行政法而言，市场准入所涉及的社会关系更多地属于经济法范畴。从作用上看，经济法意义上的市场准入是国家对市场参与主体的初始干预，②对资质严格把关，在规避各种金融风险、提高金融运作效率、保护投资者合法权益、维护金融市场稳定方面起着至关重要的作用。

一、智能投顾市场准入法律规制的本质探究

通常，市场准入是国际贸易领域的常用术语，指市场主体或交易对象可以自由地进入他国市场，是世界贸易组织（World Trade Organization，WTO）在法律框架内确立的一种国际贸易法规则。③ 然而，该术语在被引入我国后，内涵与外延都有了扩展，逐渐演变为国家规制市场主体进入特定市场领域的一种制度或机制。④ 对智能投顾实施市场准入法律规制是国家干预市场经济的重要手段，在防范市场失灵、维护金融市场稳定方面起着重大作用。

（一）智能投顾市场准入是保障市场自由的内在需求

卢梭在《社会契约论》中指出："人是生而自由的，却无往不在枷锁之

---

① 戴霞：《市场准入的法学分析》，载《广东社会科学》2006 年第 3 期。

② 赵万一教授认为："作为市场主体必须具备的基本条件和要求，有赖于民商事法律制度的确认，并不属于经济法的作用范围。"参见赵万一：《对经济法若干基本理论问题的重新思考》，载《现代法学》2002 年第 4 期。本书认可赵万一教授的观点，并且，本书对市场准入的讨论基本上是建立在经济法视角上的。

③ 详见 WTO《服务贸易总协定》第 3 部分"具体义务"第 1 项"市场准入"。

④ 张建民主笔：《中国服务贸易市场准入研究》，中国财政经济出版社 1998 年版，第 34 ~ 36 页。

中。"①该思想延伸到经济领域,就产生了市场自由与国家干预之间的争论。市场自由与国家干预之间的关系,是经济学领域长久不衰的话题。②

市场自由是指金钱、货物的流动完全依据市场的变动而进行,以"市场主导"为原则,政府不予干涉。自由市场是一个政府干预和调控最小化的市场,在该市场体系下,由价值规律自发地调节经济的运行,通过供求关系来实现资源的优化配置。这种仅由市场这只"无形的手"调节的经济体系固然具有显著优势,比如能够通过价格的变动及时反映市场供求关系的变化,准确传递市场信息;能够调动市场主体的积极性和主观能动性,从而推动技术创新和社会进步;等等。

但是,完全依靠市场调节的自由经济是存在缺陷的,因为市场调节并不是万能的,除具有上述优势外,它还具有自发性、盲目性、滞后性等弊端,容易导致个人利益与社会利益的对立,诱发社会分配不公,使得贫富差距日益悬殊等。可见,仅靠市场调节的、完全的市场自由并非完美,还需要国家"有形的手"进行干预与调节。正如萨缪尔森所说:"市场是没有心脏和大脑的,故而不能指望市场自身能够自觉地意识到它所带来的严重的社会不平等,更不能指望市场来纠正这种不平等。"③

作为人工智能、算法等科技在金融领域的前沿应用,智能投顾彰显着强大的生命力,它在世界范围内的迅猛发展引起了行业内的竞相角逐。诚然,市场自由下的竞争能够激发企业的创造力,推动科技和金融市场的进一步发展。但是,过度的、盲目的竞争则会引发投机取巧等行业乱象,甚至出现违法违规等现象,严重威胁金融市场的稳定,不利于投资者合法权益的保护。实践中,部分平台打着智能投顾的旗号进行违规基金销售的案件频发,严重阻碍了智能投顾行业的健康发展,亟须相关部门予以打击治理。因此,对智能投顾实施市场准入规制,设定严格的市场准入条件与标准,是在市场自由条件下保障智能投顾合规、健康、可持续发展的内在需求。如此方能将不合格企业筛选出去,引导良性竞争,推进智能投顾行业的理性、健康发展。

---

① [法]卢梭:《社会契约论》,何兆武译,商务印书馆2003年版,第9页。

② 徐强胜:《经济法和经济秩序的建构》,北京大学出版社2008年版,第34页。

③ [美]萨缪尔森、[美]威廉·诺德豪斯:《经济学》(第19版上册),萧琛等译,商务印书馆2012年版,第112页。

（二）智能投顾市场准入是国家干预的重要方面

市场调节并不是万能的，完全的市场自由会引发恶性竞争等乱象，最终导致市场失灵。为弥补市场缺陷、防范市场失灵的发生，需要国家对经济予以干预，以提高资源配置的效率，维护金融市场的稳定，保证公平与正义的实现。国家干预是一个极为广泛的概念，就干预主体而言可以分为国家权力机关的干预、国家行政机关的干预、国家司法机关的干预以及经国家授权的相关机构的干预，就干预受体而言包括了国家机关、企事业单位以及公民，就干预范围而言包括了政治干预、经济干预、文化干预、社会干预，等等。[①] 国家干预经济不是近代才出现的，而是随着国家的产生和社会经济的发展而出现的，在不同国家的不同时期，国家干预经济的方式、范围、目标、价值取向等有所不同。国家干预经济的手段有很多种，主要包括政策、行政手段、经济手段和法律手段等。各种手段各有优劣，选择何种手段，对干预经济的效果有着显著的影响。

政策是以国家的名义制定并发布的，能够对经济活动的方向和经济总量产生影响的，指导人们行为的活动准则。[②] 政策是统治阶级意志的反映，主要由原则性的规定构成，强调经济运行方向而非具体行为准则；它主要靠宣传教育来保证实施，难以保证所有社会成员都能够践行；除根本性的政策具有较强的稳定性外，大量的政策是随着社会经济形势的发展而随时调整的，具有及时性和灵活性，但时效性强，稳定性弱。行政手段是国家行政机关通过行政命令、决定、指令等对社会经济运行进行调控的一种干预方式，具有权威性和强制性。[③] 行政手段在特定时期针对特定的对象有着特殊的作用；但是，过多的行政手段干预，会导致产权关系模糊，市场主体内驱力疲软、竞争力减弱，同时会在部分行政官员中滋生权力滥用的现象。经济手段是以客观经济规律为基础，综合运用利率、汇率、税收、价

---

① 李昌麟：《论经济法语境中的国家干预》，载《重庆大学学报（社会科学版）》2008年第4期。

② ［英］Pete Alcock、［英］Margaret May、［英］Karen Rowlingson主编：《解析社会政策（上）：重要概念与主要理论》，彭华民等译，黄叶青等校，华东理工大学出版社2017年版，第24页。

③ Sahni, Pardeep & Vayunandan, Etakula, *Administrative Theory*, PHI Learning Private Limited, 2010, p. 12.

格、补贴、经济奖惩等方法，推动社会经济朝着一定方向发展的一种方式。它是国家通常采用的间接调控宏观经济的手段，具有很强的灵活性与适用性。其中，尚未上升到法律层面的经济手段，如补贴，主要依靠利益机制的驱动来实现，落实不到位的情形时有发生；已上升为法律法规的经济手段，如税收，主要依靠国家强制力来保证实施，此时，该类经济手段属于法律手段范畴。①

法律手段即法律规制，是指通过立法、执法、司法、守法来实现对社会经济生活规制的一种方式。法律本身具有的普遍性、规范性、可预测性、国家强制性特征，使得法律手段在国家干预经济的方式中占据重要地位。首先，法律手段具有强制性，它以国家权力为后盾，以法律、条例、规章等形式规定人们在社会经济生活中的行为准则，人们须无条件遵守，否则会受到制裁，它是整个国家干预体系的保障。其次，法律手段具有系统性，一方面它能够将国民经济各个部门都纳入法律规制，另一方面它能够综合运用刑法、民法、行政法等对市场经济活动进行规制。再次，法律手段具有效益性，法律尤其是经济法律的目标之一即提高经济效益，这与国家干预经济的目的是一致的。此外，法律手段还具有制约性，它可以通过立法来实现对市场经济活动的鼓励或者限制，从而确保国民经济宏观目标的实现。最后，法律手段还具有适应性，它可以根据经济形势的变化，进行相应补充、修改或者重新制定，通过立、改、废使法律的内容适应经济发展的客观需要。

由上述分析可以看出，国家干预经济是综合运用政策、行政手段、经济手段、法律手段的一种机制：根据干预对象的不同，选择适用不同的干预手段，是实现干预目标的首要前提。由于市场调节的固有缺陷，智能投顾在发展过程中隐藏着过度竞争、恶意竞争等不良现象，严重威胁着投资者合法权益的保护与金融市场的稳定发展，抑制了智能投顾普惠大众优势的发挥，智能投顾市场也难以实现公平正义。因此，需要国家从一开始就进行干预，而市场准入正迎合了这种干预需求。国内法意义上的市场准入是市场主体规

① Sahni, Pardeep & Vayunandan, Etakula, *Administrative Theory*, PHI Learning Private Limited, 2010, p. 46.

制法律制度的一部分,[①]是指政府对市场主体进入某一行业领域进行规制的一种机制或制度,属于国家干预行政手段的范畴。同时,需要立法机关或经授权的相关部门将市场主体进入某一行业的具体条件和程序性要求通过法律法规的形式呈现出来,将市场准入上升至法律制度的高度,赋予其国家强制力,以保证市场主体的普遍遵守和实行,这属于国家干预法律手段的范畴。可见,市场准入是国家干预经济多种手段综合运用的结果,通过将其法律化,在保证市场主体普遍遵守的前提下,克服了权力滥用的弊端,具有权威性与强制性;它不像经济手段缺乏足够的驱动力,能够保证在全社会范围内的遵守和实行。从这一角度来看,市场准入法律规制是国家干预智能投顾发展的一个重要方面,是一种事前的、预防性的制度安排,为智能投顾的合规、健康发展做好铺垫。

二、智能投顾市场准入法律规制的价值分析

任何一项制度安排都是人们有意识的行为,承载着制定者的主观意愿和价值追求,选择市场准入这一制度安排就包含着这样的主观目的。智能投顾是对传统金融业务模式的颠覆,对它实行市场准入沿袭了传统金融业规制的做法,所追求的价值目标亦与传统金融业无异。

(一)提高金融效率

经济学上的效率通常是指投入与产出之间的关系,即以最少的资源投入获得最大的价值产出。[②] 对智能投顾实行科学合理的市场准入规制对提高金融效率起着至关重要的作用。

首先,市场是资源配置的有效形式,但并非唯一形式,企业和政府在资源配置中也发挥着不可忽视的作用。企业之所以存在,最重要的原因就在于它能够节约交易成本,提高经济效率。政府就如同一个"超级企业",在特定情形下,政府可以使用比企业低得多的成本来完成某件事。在交易成本过高或者交易不能时,市场资源配置的效用减弱,政府将取代市场发挥其资源配置的作用。就市场准入而言,政府通过干预市场主体进入特定行业,

---

① 张建民:《中国服务贸易市场准入研究》,中国财政经济出版社 1998 年版,第 78 页。

② 王毅武、康星华编著:《现代市场经济学》,经济管理出版社 2009 年版,第 32 页。

以法律规制手段取代市场,在一定程度上,能够有效地提高金融效率,更好地实现社会经济发展的目标。其次,效率在层次、序位上的差异表现为个体效率和整体效率,从辩证法来看,整体效率依赖于个体效率,但并非个体效率的叠加;个体效率也离不开整体效率,影响着整体效率的实现。但在现实中,即使是在最理想的状态下,交易的整体效率也不一定是最高的,这就需要政府的干预,以解决个体理性与整体理性之间的冲突。市场准入作为一项具有普遍性和强制性的制度安排,既关注个体效率的提高,也能够着眼于整体效率的提高,从而提升整个行业的效率。最后,竞争是自由市场的本质要求,但过度的竞争最终只会造成资源的浪费。如果某一行业参与主体的数量和竞争程度大大超过了市场所能承受的范围,那么,市场资源配置的机制将会被扭曲,市场秩序将不复存在,市场效率也会大大降低。市场准入能够从初始阶段进行干预,严格限制进入某一领域的市场主体数量,限制过度竞争,是市场效率的保障。

由此可见,市场准入在提高市场效率方面起着举足轻重的作用。就智能投顾而言,实行市场准入是其节约成本、提高运作效率的前提保障,也是智能投顾行业和整个金融业效率的保障。一方面,政府将市场主体进入智能投顾行业的具体条件和程序性要求以法律法规的形式传达给所有社会成员,所有事项清晰明了,节约了相关企业进入该领域的时间成本和金钱成本,能够将更多的资源投入技术开发和服务完善,使得个体资源得到最优配置。另一方面,通过市场准入这一筛选机制,将不符合条件的企业剔除,以政府名义整合所有社会资源,包括技术支持、法律支持、政策支持等各项资源,促进合格企业的逐步发展壮大,从而实现社会资源的最优配置。个体资源和社会资源都得以最优配置,效率的提高自然就有了保障。

(二)保障金融安全

维护金融市场的稳定与安全,是政府干预的首要目标,也是市场准入法律规制的又一价值追求。安全是秩序的核心内容,法律是秩序的体现,也是建立和维护秩序的手段,[①]对智能投顾实行市场准入,是维护金融秩序、保障金融安全的第一道屏障。

---

① 张文显:《法哲学范畴研究》(修订版),中国政法大学出版社2001年版,第195页。

政府对不同行业不同领域设置不同的市场准入标准，限制不具备专业资质的企业、人员、产品进入，主要目的就是促进市场的稳定发展，保障投资者的合法权益，维护社会经济的安全。一方面，市场准入是对自由进入市场的必要限制。在市场经济条件下，应该充分发挥市场的调节作用，遵循意思自治原则，自由进入市场；但是，“没有责任，自由就会变成无政府状态，而人的权利就会成为无限制的任性”，①因此，市场准入不仅对市场主体进入某一行业做了具体的条件限制，而且还对违法违规进入该行业的行为进行了惩罚性规定，即不符合资质要求的市场主体违法进入某一领域要承担相应的法律责任，付出违法代价。另一方面，市场准入是构建有序市场的保障。秩序与自由并非绝对相悖，有约束的自由才能实现真正的秩序；有秩序的市场才能保证更大的自由，二者之间的桥梁即法律。具体到智能投顾，政府通过对进入该领域的市场主体进行限制，将不符合条件的企业剔除，为智能投顾创造一个良好的市场竞争环境，保障智能投顾个体企业以及整个行业的健康、可持续发展，从而维护整个金融市场的稳定与安全。

（三）促进金融公平

公平，也就是平等、正义。平等是一个内涵极其丰富的概念，既可以指政治权利、收入分配的平等，也可以指弱势群体的法律地位和社会地位平等，还可以指机会的平等、法律待遇的平等、权利与义务的对等，等等。正义是社会的永恒追求，也是法律的价值追求，法律是实现和维护正义的工具与手段。

在市场准入法律规制中，所有的市场主体都是平等的，监管机构同等对待所有的市场主体，这样从起点上智能投顾即一视同仁，为公平竞争提供保障。此外，市场准入还会对政府的权力予以约束，市场准入的法律责任不仅是针对市场主体而言的，更是针对相关行政机关、司法机关、执法机关而言的，通过制裁、补偿救济等功能，矫正不当适用市场准入而导致的不公平后果，彰显法律所追求的公平理念。智能投顾的参与主体很多，有专业的智能投顾创业公司，也有科技水平很高的金融科技公司、互联网金融平台，还有

---

① ［美］穆瑞·罗斯巴德：《自由的伦理》，吕炳斌等译，复旦大学出版社2008年版，第213页。

传统的大型金融机构,它们在资产规模、客户资源、数据资源、技术水平、资质、信誉等诸多方面存在差异,例如,创业公司在很多方面很难媲美传统金融机构,若被卡在资质牌照问题上,将很容易扼杀其金融创新的积极性,难以实现资源的最优配置,不利于智能投顾行业的健康、可持续发展;而且,若不加约束,很容易出现恶性竞争,不利于金融市场的稳定,更无法实现金融公平的价值理念。因此,通过实行市场准入规制,从法律上保障各市场主体的平等地位,让所有符合条件的市场主体都有机会进入该领域,以平等的身份参与市场竞争,充分发挥自身优势;其在创造自身价值的同时,也让社会成员尤其是中低收入人群共享科技进步所带来的福利,从而最终实现真正意义上的公平。

换言之,市场准入不仅能够保证各市场主体平等地参与市场竞争,而且还能够使得智能投顾充分发挥其普惠金融的特性,让更多的社会成员享受这一金融服务,从而实现更广泛意义上的金融公平。

综上,对智能投顾实行市场准入,在提高金融效率、维护金融安全、促进金融公平方面发挥着不可替代的作用。值得注意的是,在实行市场准入的过程中,要协调好金融效率、金融安全、金融公平三者之间的关系,不能为了提高金融效率而放任市场自由,对金融安全与金融公平造成负面影响;也不能过分强调金融安全而抑制金融创新,影响金融效率的提高;更不能过分地追求金融公平,损害市场主体的自主权和积极性,造成"金融压抑",使金融效率和金融安全受到影响。本书认为,要把金融安全放在首位,在安全的前提下,致力于金融效率的提高和金融公平的实现,为智能投顾的发展创造良好的制度环境。

第二节　智能投顾市场准入的不同牌照管理模式及比较分析

鉴于投资顾问在不同法律制度中的不同内涵,智能投顾在各国(地区)的法律属性也存在差异,这种差异在智能投顾市场准入的牌照管理模式中表现得尤为突出。目前,智能投顾市场准入的牌照管理模式主要有两种:一种是以美国、澳大利亚为代表的统一牌照管理模式,另一种是以英国、德国为代表的分别牌照管理模式。两种模式深受各国(地区)不同法律制度和监管体系的影响,在规范、引导智能投顾健康发展上发挥着各自的效用。

一、智能投顾市场准入的不同牌照管理模式及其评析

出于技术中立性的考量,各国普遍认为智能投顾并没有从实质上改变传统投资顾问的法律关系,因此,智能投顾仍需沿用传统投资顾问的市场准入法律规制。① 部分国家出台的专门针对智能投顾的监管文件也确认了这一点,比如,美国 SEC 出台的《智能投顾监管指南更新》明确指出,在注册成为投资顾问之后,方可开展智能投顾业务。②

(一)统一牌照管理模式的考察及评析

统一牌照管理模式,是指无论智能投顾的业务范围是否将投资咨询和资产管理都涵盖在内,智能投顾提供商只申请一个牌照即可,无须针对不同的业务分别申请不同的牌照。这种做法普遍出现在实行广义投顾说的国家或地区,以美国和澳大利亚为代表。

1. 统一牌照管理模式的考察

(1)美国

美国拥有世界上最大的资产管理市场,经过多年的发展,逐渐构建了较为完善但也较为复杂的资产管理法律制度和监管体系。美国在历经 2008 年次贷危机之后,资产管理行业的法律监管制度发生了很大的变化,改变了以往机构型监管为主、功能型监管为辅、综合监管不足的做法,增加了宏观审慎的监管要求,尤其是强化了登记注册和信息披露制度,加强了各部门间的协调监管,以防范系统性金融风险、保护金融消费者的合法权益。在考察美国智能投顾牌照管理模式之前,有必要对美国资产管理行业的牌照管理体系有一个整体认识,这对理解 SEC 对智能投顾的界定以及市场准入规制措施将大有裨益。

---

① Maume, Philipp, *Regulating Robo-Advisory*, 55 Texas International Law Journal, Vol. 55, No. 1, 2019, p. 5.

② SEC, IM Guidance Update: Robo-advisers, 2017, p. 1 – 3.

在20世纪30年代之前,美国资产管理行业主要以各州的蓝天法监管为主;[①]在经历20世纪20年代末30年代初的世界经济大危机之后,美国证券行业开始步入规范发展的轨道,联邦法监管占据主导地位。[②] 其中,《1940年投资公司法》和《1940年投资顾问法》是美国资产管理行业最为重要的两部法律。但是,在20世纪70年代之前,美国资产管理行业的准入制度相当宽松甚至混乱;直到70年代中后期,资产管理行业的牌照管理体系才逐步建立起来,到90年代已经形成了一套较为完整的牌照管理体系。之后,随着1999年《金融服务现代化法案》的颁布和2008年次贷危机的发生,针对金融混业经营、协调监管等问题,美国又对资产管理行业牌照管理法律制度做了相应的修改完善,从而形成了现在的牌照管理体系。美国从事资产管理行业的主体主要有两种:一种是投资公司,另一种是商品基金管理者。依据《1940年投资公司法》第3节第(a)(1)条的规定,投资公司主要是指通过发行股票募集资金从事投资、再投资、证券交易的实体,主要受《1933年证券法》《1934年证券交易法》《1940年投资公司法》《1940年投资顾问法》规制,需向SEC注册,受SEC统一监管。商品基金管理者主要是投资于大宗商品期货、期权等的基金管理者,应向商品期货交易委员会(Commodity Futures Trading Commission, CFTC)申请注册,受CFTC管辖。值得注意的是,随着金融混业经营的逐渐深入,SEC和CFTC经过多番协调,对各自的管辖范围重新作了划分,以避免经纪交易商承担重复注册的成本,这也从侧面反映了统一监管、协调监管的发展趋势。

提及投资公司,就不得不提投资顾问。大多数情形下,投资顾问是成立投资公司的发起人,主要负责投资公司的投资管理事项。根据美国投资顾问协会(Investment Adviser Association, IAA)统计,投资公司的绝大部分资产都是由投资顾问来管理的。[③] 依据《1940年投资顾问法》第202节(a)

---

① [美]路易斯·罗思、[美]乔尔·赛里格曼:《美国证券监管法基础》,张路等译,法律出版社2008年版,第23页。

② [美]莱瑞·D.索德奎斯特:《美国证券法解读》,胡轩之、张云辉译,法律出版社2004年版,第137页。

③ 黄辉:《资产管理的法理基础与运行模式——美国经验及对中国的启示》,载《环球法律评论》2019年第5期。

(11)条,投资顾问是指“为了获得报酬,或直接或通过出版刊物、书面文件等向他人提供有关证券价值或证券买卖的投资建议的任何人;或者为了获得报酬,作为常规业务的一部分,发表或出版有关证券的分析报告的任何人”。所以,提供投资建议并因此获得直接或间接的报酬,是认定投资顾问的两大要素。然而,实践中,投资顾问的含义已经远远超过了提供投资建议的法定界限,资产管理、理财规划等早已被视为其常规业务内容;相应地,从事账户管理、理财规划、资产管理等的服务机构及其从业人员均需申请注册为投资顾问,受《1940 年投资顾问法》规制。美国兰德公司的一份美国投资顾问市场调研报告指出,截至 2006 年,在 SEC 注册的一万多家投资顾问公司中,95% 的公司提供投资组合管理或者全权委托账户管理服务,约 50% 的公司提供理财规划服务,约 20% 的公司提供养老金咨询服务。[①] 可见,美国投资顾问牌照几乎涵盖了证券市场的所有投资咨询和资产管理服务。换言之,在美国,无论是投资咨询业务,还是资产管理业务,都被纳入投资顾问的监管范畴,相关服务提供商及其从业人员只需申请投资顾问一个投资顾问牌照即可。

但是,这并非意味着所有满足上述两大要素的主体都被认定为投资顾问,《1940 年投资顾问法》第 202 节(a)(11)条还规定了 8 项例外情形,将经纪交易商提供与其经纪业务相关的投资建议但不对此另外收取报酬的情形,以及会计师、律师执业过程中偶然提供投资建议等情形排除在投资顾问范围之外。此外,《1940 年投资顾问法》第 203 节(b)条还规定了 8 项豁免注册的情形,诸如客户只包括保险公司的投资顾问、外国籍私人投资顾问等有权豁免注册,但是仍需遵守该法以及其他规制投资顾问的法律法规。

通常,智能投顾以高新科技为依托,通过基于算法的互联网平台向客户提供投资咨询和资产管理服务并从中获取报酬,符合投资顾问定义的两大要素,所以,SEC 将智能投顾认定为投资顾问,并指出,智能投顾受《1940 年

---

① 孟繁永:《美国证券投资顾问服务市场发展及借鉴》,载《证券市场导报》2012 年第 10 期。

投资顾问法》所有条款的约束。[1]《1940 年投资顾问法》是专门规制投资顾问的联邦法律,既然被认定为投资顾问,那么智能投顾若要运营,就需要按照该法的具体规定向 SEC 或州证券监管机构申请注册为投资顾问,即取得投资顾问牌照。一旦经 SEC 审核批准获得投资顾问牌照,智能投顾就能够开展包括投资咨询、投资组合管理、交易执行、投资组合再平衡、税收规划等在内的一系列综合性服务,而无须考虑某项业务的开展是否需要其他授权,这节约了合规成本,有利于资源的优化配置。当然,并不是所有智能投顾都既提供投资咨询也提供资产管理,不同提供商各有专长,但这并不能表明统一牌照管理模式的不完美,相反,它为各类不同的提供商提供了充分发挥自身优势的制度空间,推动着智能投顾进一步发展。这也从侧面反映了美国监管者对资产管理行业的一个态度,即设置较低的资产管理行业准入门槛,让多种多样的资产管理机构加入进来,激发市场活力和竞争力,从而促进整个资本市场的发展。

(2)澳大利亚

针对金融市场的监督管理,澳大利亚采取的是双峰型金融监管体制。根据 1997 年沃利斯委员会针对金融体系调查报告的建议,[2]1998 年澳大利亚审慎监管委员会(Australian Prudential Regulatory Authority,APRA)成立,并与 ASIC、澳大利亚储备银行(Reserve Bank of Australia,RBA)、澳大利亚财政部共同构成了澳大利亚金融监管主体框架。[3] 同时,为了不同监管机构之间的沟通与协调,上述机构共同组建了金融监管理事会(Council of Financial Regulators)。其中,APRA 是独立的审慎监管机构,旨在防范系统性金融风险,维护金融市场的安全与可持续发展;ASIC 是行为监管机构之一,负责对整个金融市场和金融服务提供商的监管,保障金融消费者的合法权益,二者是澳大利亚资本市场主要的政府监管机构,构成了双峰型金融监管体制的“双峰”。澳大利亚《2001 年公司法》是对金融市场监管的主要法律依据,

---

① SEC, IM Guidance Update: Robo-advisers, 2017, p. 1 – 10.

② Parliament of Australia, *The Wallis Report on the Australian Financial System: Summary and Critique*, https://www.aph.gov.au/About_Parliament/Parliamentary_Departments/Parliamentary_Library/pubs/rp/RP9697/97rp16, 2020 – 08 – 17.

③ 李博楠:《澳大利亚金融监管概况》,载《河南金融管理干部学院学报》2003 年第 2 期。

在此基础上,ASIC 会针对特定问题发布一系列的监管指南、报告、征询意见书、信息汇总等文件,为金融服务提供商合法合规展业提供具体操作指引。

依据《2001 年公司法》第 911A 条,在澳大利亚开展金融服务,应当取得 AFS 牌照;否则,将构成违法。① 同时,依据《2001 年公司法》第 910A 条,AFS 牌照持牌者可以授权他人以其名义提供金融服务,任何以 AFS 牌照持牌者名义行事的人被称为"代表"。② 其中,金融服务业务涵盖了单一的投资组合建议以及综合性的理财规划、账户全权委托管理。与美国相同,澳大利亚《2001 年公司法》也规定了 AFS 牌照豁免情形,比如,作为 AFS 牌照持牌者授权代表或者作为 AFS 牌照豁免主体的授权代表而提供金融服务的提供商,有权豁免持有 AFS 牌照,但仍需遵守《2001 年公司法》第 911B 条的规定等。③

所以,如果在澳大利亚开展金融服务业务,如提供金融产品建议,那么就必须持有 AFS 牌照或者成为 AFS 牌照持牌者的授权代表,除非适用豁免条款。④ 但是,如果只是向客户提供事实信息,则服务提供商不需要获得 AFS 牌照或成为 AFS 牌照持牌者的授权代表。⑤ 如果服务商向客户提供金融产品建议,那么就属于《2001 年公司法》中的金融服务,服务提供商应当取得 AFS 牌照或者成为 AFS 牌照持牌者的授权代表,除非适用豁免条款。⑥ 依据《2001 年公司法》第 766B(3)条,所有的金融产品建议,无论是一般性建议,还是个性化建议(personal advice),⑦相关服务提供商均须满足牌照要求。

在澳大利亚,智能投顾习惯被称为"数字化建议"(digital advice),指利

---

① Australia, Corporations Act 2001, Section 911A (1), Division 2. 另外,RG 36.13 和 RG255.18,均对澳大利亚《2001 年公司法》该条款作了相关说明。

② Australia, Corporations Act 2001, Section 910A.

③ Australia, Corporations Act 2001, Section 911A (2), Division 2.

④ ASIC, Regulatory Guide 255.13.

⑤ ASIC, Regulatory Guide 255.20. 其中,"事实信息"是指客观的、可供查询的、真实性和准确性不会受到合理怀疑的信息。See ASIC, RG 255.21.

⑥ ASIC, Regulatory Guide 255.23. 其中,"金融产品建议"是指服务提供商向客户提供的旨在影响客户就某一金融产品或金融产品组合的决策,或者吸引客户对上述内容的注意的建议或者建议报告。See ASIC, RG 255.24.

⑦ "个性化建议"是指专门为某一客户定制的金融产品建议,该建议是在服务提供商已经考虑该客户投资目的、经济状况、个人需求等一个或多个事项的基础上做出的,或者一个理性人可以合理推断该建议是在上述基础上做出的。See ASIC, RG 255.25-26.

用算法和科技提供自动化金融产品建议而无自然人顾问直接参与的金融服务模式,既提供一般性建议,也提供个性化建议,业务范围从投资建议到账户全权委托代理。鉴于法律在技术层面上是中立的,提供传统金融产品建议和提供数字化建议所需遵守的法律规范也是相同的,澳大利亚对数字化建议的监管基本上沿用已有法律规范,并未新设相关规范。因此,依据相关规定,若开展数字化建议服务,那么从运营当日起,服务商就必须取得 AFS 牌照或者成为 AFS 牌照持牌者的授权代表,除非适用豁免条款。[①]

目前,在澳大利亚提供数字化建议服务的市场主体主要有既有 AFS 牌照持牌者以及新设立的金融科技公司。对于既有 AFS 牌照持牌者而言,不需要牌照方面的特殊变动安排即可提供数字化建议服务;但是,需要审查其业务安排是否符合《2001 年公司法》第 C 条和 ASIC 的 RG104 号监管指南的规定;而且,还必须拥有至少一名满足投资顾问最低能力水平和从业经验要求的自然人责任经理。[②] 对于新设立的金融科技公司,既可以选择自己申请 AFS 牌照,也可以选择成为 AFS 牌照持牌者的授权代表。ASIC 的《AFS 牌照申请指南汇总》对 AFS 牌照的具体申请流程和可能需要提交的资料做了详细说明。[③] 此外,根据实际业务需要,也可以选择申请有限的 AFS 牌照,如提供有关自我管理的退休基金的投资建议等。[④] 当然,还可以取得 AFS 牌照持牌者出具的书面授权书从而成为 AFS 牌照持牌者的授权代表。此时,有两个问题需要特别关注:一是新设金融科技公司计划提供的金融服务的具体类型,二是 AFS 牌照持牌者拥有的授权许可种类是否满足其开展相关业务的需求。需要说明的是,AFS 牌照持牌者还必须获得授权许可才可以向客户提供金融产品建议;如果提供证券交易、账户全权委托代理服务,也需要获得授权许可。[⑤] 可见,并非成为任何一家 AFS 牌照持牌者的授权代表都可以顺利开展金融服务,只有 AFS 牌照持牌者同时具有相应服务授权许可时,新设金融科技公司才能顺利展业经营。

---

① ASIC, Regulatory Guide 255. 31.

② ASIC, Regulatory Guide 255. 36.

③ 《AFS 牌照申请指南汇总》指 ASIC 发布的 1 号至 3 号监管指南。

④ ASIC, Regulatory Guide 255. 44.

⑤ ASIC, Section B of RG 36 & RG 2. 59; RG 2. 80 – 81 & RG 179.

此外,还应注意的是,随着金融全球化的发展趋势,以及金融科技的助推,跨国金融服务商日益活跃,外国金融服务商在境内展业的监管问题逐渐引起了各国(地区)监管机构的注意。一直以来,澳大利亚都因其严格规范的金融市场监管体系而享有盛誉,在对外国金融服务商的监管问题上,ASIC 也有相对成熟的举措,主要体现在《第 176 号监管指南:外国金融服务商》中。根据该指南,外国金融服务商向专业投资者提供金融服务必须取得经修改的 AFS 牌照,或者“外国籍 AFS 牌照”。[①] 所以,外国金融服务商如果欲在澳大利亚提供数字化建议服务,那么就需要获得特殊的外国籍 AFS 牌照,以便对其实行有效监管。但无论如何,都证实了这样一点,即在澳大利亚开展数字化建议服务,无论是只提供投资建议,还是开展账户全权委托代理,都只需要申请一个 AFS 牌照。

2. 统一牌照管理模式的评析

通过上述对美国和澳大利亚智能投顾市场准入的实践考察,可以看出,二者既有共同之处,也有些许差异。共同之处体现在,两国的智能投顾提供商均只需申请一个牌照即可展业,而无需考虑具体业务范围,属于统一牌照管理模式。差异则体现在智能投顾提供商申请的具体牌照不同,在美国申请的是投资顾问牌照,而在澳大利亚申请的是 AFS 牌照。这是因为,在美国,投资顾问的内涵已经拓展至资产管理领域,甚至可以说,投资顾问涵盖了整个金融市场的服务行为,监管机构也将包括投资咨询和资产管理的市场主体全部纳入投资顾问的监管范畴;而在澳大利亚,服务不分具体类型,全部纳入金融服务这一综合范畴,不同类型的金融服务提供商都被纳入统一监管,实行 AFS 统一牌照制度。这实际上是全球金融统一监管改革的一个缩影。

近年来,随着金融全球化、金融自由化的发展,各国(地区)积极探索金融统一监管的具体模式,为金融创新、金融科技的发展创造良好的法律制度环境。在美国,自 1933 年至 1999 年,一直采取的是证券、银行、保险分业监管,联邦和州两级相关部门实行的双层多头金融监管体系。在此之后,美国于 1999 年颁发了《金融服务现代化法案》,该法案除确认金融混业经营的

---

① ASIC, Regulatory Guide 176: Foreign Financial Services Providers, 2020, p. 1 – 4.

合法性外,还推动了之后由机构型监管向功能型监管转变的金融监管体系改革。2008 年国际金融危机的爆发,引起了人们对金融混业经营的质疑;但也有人指出,混业经营并不是 2008 年国际金融危机的原因,金融监管体系自身存在的问题才是,正如美联储前主席伯南克所言,“全球金融体系已经变得复杂化、一体化了,而我们的监管体系还没能跟上这些变化”,“为维护金融市场的稳定,必须调整金融监管体系,以适应金融现代化、混业化的趋势”。[①] 故而,2009 年美国出台了《金融监管改革》白皮书,并于 2010 年通过了《多德 – 弗兰克华尔街改革与消费者保护法案》,旨在改革现有金融监管制度,以防范系统性金融危机,保护消费者合法权益。虽然这次改革并未改变分业监管的体系,但是,它一方面明确规定金融控股公司由美联储监管,强化了美联储作为伞式监管的综合监管机构职责,其他金融控股公司的子公司按照业务功能划分由不同行业监管机构进行管理;另一方面成立了金融稳定监管委员会(Financial Stability Oversight Council,FSOC),进行跨部门的系统性风险监测,以及各监管部门之间的职责协调。由此可见,美国正在由分业监管向统一、综合型监管转变的金融监管体系改革道路上做着积极尝试。

在澳大利亚,在 1979 年坎贝尔委员会对澳大利亚金融体系展开全面调查之前,基本上也是以机构型监管为中心的分业监管模式;[②]在此之后,澳大利亚放松了对金融市场的管制,混业经营加速了金融服务的整合,继而推动了金融监管体系的改革,逐渐形成了双峰型金融监管体系。[③] 有学者指出,澳大利亚的双峰型监管模式是一种不完全的统一监管模式,是对完全统一监管模式和完全分业监管模式的改造,有利于降低多重监管机构相互协调的难度、避免监管真空或者监管重复的现象。[④] 所以,在一定程度上,澳大利亚的双峰型金融监管体系也是对统一金融监管模式的有益探索。

---

① [美]本·伯南克:《行动的勇气:金融风暴及其余波回忆录》,蒋宗强译,中信出版集团 2016 年版,第 410 页。

② The Campbell Report, Australian Financial System-Final Report of the Committee of Inquiry, 1981, p. 1.

③ 吴云、张涛:《危机后的金融监管改革:二元结构的“双峰监管”模式》,载《华东政法大学学报》2016 年第 3 期。

④ 王子立、罗莹、杨洁:《金融混业监管模式比较研究》,载《财会月刊》2011 年第 17 期。

综上所述,对智能投顾实行统一牌照管理模式,是在两国金融统一监管改革的大背景下,对金融创新进行规制的必然选择。从微观角度来看,统一牌照管理模式简化了智能投顾提供商进入该行业的程序,节约了合规成本,使得提供商能够将有限的资源更多地应用到技术的开发和服务的提升上,从而提高个体效益,增强市场竞争力。从宏观角度来看,统一牌照管理模式是一种相对简易的市场准入机制,能够吸引更多的新兴科技公司和金融机构加入智能投顾的行列,促进行业竞争,从而激发市场活力,推动金融进一步创新,促进整体金融效率的提升;同时,它还能反过来推动金融业进一步交叉融合,更好地满足消费者对金融服务和金融产品的多样化需求,将制度优势带来的金融福利普惠大众,从而实现金融公平正义的价值追求;最后,这种统一牌照的监管模式,实际上是实行统一金融监管的一项具体措施,它的有效运作,能够推动更广范围、更深层次的统一金融监管改革,从而在整体上更有效地防范系统性金融风险,保护金融消费者合法权益,维护金融市场的稳定与安全。

(二)分别牌照管理模式的考察及评析

分别牌照管理模式是指依据智能投顾所提供的具体业务内容,判断其业务的法律属性,根据属性不同适用不同的牌照管理制度。该实践主要出现在采取投顾狭义说的国家或地区,以英国、德国为代表,主张投资咨询与资产管理分属两个不同的管理体系,智能投顾应按照其所提供的服务类型,分别申请相应的牌照。

1. 分别牌照管理模式的考察

(1)英国

英国拥有庞大的、高质量的理财顾问市场,①对理财顾问的标准和专业化水平要求相当高,加之其他因素作用,理财顾问的数量逐年减少。同时,理财顾问的费用相当高,这对金融消费者,尤其是资金少、需求简单的消费者而言,寻求理财顾问以获得理财规划、建议是不划算的;而且面对面服务的成本也很高,这对理财顾问公司或个人而言,向资金少的客户提供服务也是不经济的。这就导致了理财顾问缺位的现象,而且该现象还处于扩散的

---

① 理财顾问市场,对应英文为“financial advice market”。

状态。[①] 随着信息技术的日益进步，科技与金融紧密结合催生了大量的金融创新业态，英国财政部和金融行为监管局都意识到可能解决上述问题的机会已经到来，它们认为智能投顾可能是解决理财顾问缺位问题的突破口：一是因为智能投顾成本低、效率高的特点能够将之前未享受或未充分享受金融服务的人群，如中低收入人群等，涵盖在内；二是智能投顾的健康发展也能促进竞争的良性循环，从而进一步推动金融创新，为解决金融服务缺位以及其他经济社会问题提供更多方案。因此，FCA 组建了创新中心，专门针对创新型金融企业提供帮助与支持，以促进其发展，更好地服务于消费者。该创新机构主要通过三种途径来支持、鼓励创新型金融企业的发展，即沙箱监管（regulatory sandbox）、理财顾问部门（advice unit）、个性化支持（direct support）。[②]

虽然“robo-advice”的表述广泛出现在英国媒体中，并被牛津英语字典收入；[③]但监管实践中，FCA 将其按照业务内容划分为自动化顾问（auto adviser）和自动化全权委托资管经理（automated discretionary investment manager），二者所提供的服务统称为自动化投资服务（automated investment services）。2018 年 FCA 对两类服务商分别做了调查：自动化顾问只通过自动化渠道提供建议，客户并不直接与人工顾问联系，这类建议通常是一次性的；与自动化顾问不同，自动化全权委托资管经理接受客户全权委托，在与客户约定的条件范围内，代表客户持续地进行与投资相关的活动。[④] 目前，

---

① 理财顾问缺位，对应英文为“financial advice gap”，有时也被表述为“advice gap”“financial service gap”，可以统称为“金融服务缺位”，指消费者，尤其是中低收入人群等弱势群体，无法以其可负担的费用来获得金融服务的现象；也指受地理位置、设备设施、消费者文化水平和思想观念等因素的限制，没有适当途径或方法获得金融服务的现象。See Kim Wonil, Lee Myung Soo & Lee Ju Yong, *Bridging the Gap*, International Financial Law Review, Vol. 36, No. 4, 2017, p. 52.

② FCA, *Innovation*, https://www.fca.org.uk/firms/innovation, 2020-08-20.

③ 尽管通常被称为“robo-advice”，但 FCA 发现，许多新兴数字化建议平台实际上并不提供金融建议，而是提供相对简单的指引，或许，被称为“robo-guidance”更为准确。目前，“robo-guidance”的表述仅在合规顾问和监管者之间使用。See Hastings, Daniel Tammas, *The Financial Conduct Authority Asks Robo-advisors for More*, https://blogs.lse.ac.uk/businessreview/2018/05/25/the-financial-conduct-authority-asks-robo-advisors-for-more/, 2020-08-21.

④ FCA, *Automated Investment Services-Our Expectations*, https://www.fca.org.uk/publications/multi-firm-reviews/automated-investment-services-our-expectations, 2020-08-22.

在英国一半以上的自动化投资服务公司属于第二类。

在 FCA 看来，一方面智能投顾具有独特的价值优势，能够帮助那些中低收入群体等弱势群体享受获得金融服务的权利，促进金融市场的竞争，从而进一步推动创新，形成竞争的良性循环；另一方面，与传统的面对面的投资顾问相比，智能投顾并没有什么特殊之处，只是向客户提供理财建议服务的另一种方式，法律在技术、手段层面是中立的，二者适用的法律法规是一样的。[①] 因此，FCA 明确指出，虽然自动化投资服务是一个新兴的市场，但仍需遵守现有规范和准则；尽管这类服务商运营过程中出现一些问题，可能会损害消费者合法权益，但是可以通过采取适当的监管措施，包括早期干预、执法检查等，促进该行业合规、健康发展。[②] 可见，英国也是在既有法律制度和监管体系框架内对智能投顾进行规制，并未创立新的法律规则。智能投顾提供商应该根据其欲开展的具体业务内容来判断是否需要取得授权，取得何种授权，从而开展业务。

依据相关规定，在英国只有开展受监管的业务活动才需要向 FCA 申请授权，FCA 牌照主要有以下四种：全牌照（authorised）、授权代表（appointed representative）、欧盟牌照（EEA authorised）、支付牌照（see full details）。[③] 其中，欧盟牌照只允许持牌者在英国开展相应业务，但不能持有客户资金，客户也无法享受金融服务补偿计划（Financial Services Compensation Scheme，FSCS）的保护；而且，实际上其并不受 FCA 管辖，而是受公司所在国监管机构管辖。支付牌照主要是针对支付公司而设的，若经纪商提供支付业务，那么也需获得该牌照。这两种牌照与本书探讨内容关系不大，故不做赘述。

全牌照可细分为投资咨询牌照、直通式处理（Straight through Processing，

---

① Ferguson Bob, *Robo Advice: an FCA Perspective*, https://www. fca. org. uk/news/speeches/robo-advice-fca-perspective,2020－08－22.

② FCA, *Automated Investment Services-Our Expectations*, https://www. fca. org. uk/publications/multi-firm-reviews/automated-investment-services-our-expectations,2020－08－22.

③ James Scott & Lucia Quaglia, *The UK and Multi-level Financial Regulation: from Post-crisis Reform to Brexit*, Oxford University Press, 2020, p. 39. 需要注意的是，依据开展业务内容的不同，金融服务提供商还可能需要向审慎监管局（Prudential Regulation Authority，PRA）申请授权。

STP)牌照、做市商(Market Maker,MM)牌照。[①] 持有投资咨询牌照的公司只能向客户提供投资咨询服务,无权持有客户资金,更无权管理客户账户进行投资活动。需要注意的是,2018年《受监管行为指令》第53款被修改,规定大多数提供投资建议的受监管公司将被豁免拥有许可,除非提供个性化建议。[②] 这意味着如果是提供一般性的投资建议,将不再需要FCA特别许可;而提供个性化的投资建议,则必须获得FCA许可。根据FCA监管手册相关规定,一般性投资建议是指不指向特定投资,也不满足任何受监管投资建议特征的意见或信息;[③]个性化投资建议是指在充分考虑客户自身情况的基础上提出的,适合该客户的有关投资的意见或者有关退休津贴权益转化的意见。[④] 持有STP牌照的公司可以以客户名义保管、持有客户资金,但无权使用该项资金进行借贷或者交易自己的账户,其客户有权享受FSCS的保护。MM牌照可以说是含金量最高的FCA牌照,持有该牌照的公司不仅能够持有客户资金,而且可以交易资金的账户,其客户也有权享受FSCS保护,是授权最全面的牌照类型。

授权代表是指自身不具有FCA牌照,但取得了FCA牌照持有者的书面授权,可以以持牌公司的名义开展相应业务,包括介绍型授权代表(Appointed Representative-introducer,IAR)和独立型授权代表(Appointed Representative,AR)两种。前者不可以持有客户资金,而应将客户介绍给持牌公司;后者可以持有客户资金并进行交易。作为FCA牌照持有者的授权代表,其客户同样可以享受FSCS保护。通常,授权代表并不是FCA的直接监管对象,而是由持牌者对其资质进行审查,受持牌者监督。

综上所述,智能投顾若在英国运营,首先要对照FCA受监管行为列表,

---

① 投资咨询牌照,即50k license。直通式处理,是外汇经纪商的一种业务管理模式,STP牌照,也称为Matched Principal Broker 125K license,即"撮合委托经纪人牌照"。MM牌照,即Market maker 730k license。See Holt Stephen, *UK Financial Regulation*, Chartered Inst for Secur., 2016, p. 197.

② UK, Regulated Activities Order as Amended, Article 53(1) to 1(D).

③ FCA Handbook, *PERG* 8.26, https://www.handbook.fca.org.uk/handbook/PERG/8/26.html, 2021-03-03; FCA Handbook, *PERG* 8 *Annex* 1, https://www.handbook.fca.org.uk/handbook/PERG/8/Annex1.html, 2021-03-03.

④ FCA Handbook, *PERG* 8.30*B*, https://www.handbook.fca.org.uk/handbook/PERG/8/30B.html, 2021-03-03.

判断自身业务是否需要获得授权许可。如果只是提供一般性的投资咨询服务，那么就不需要获得 FCA 授权；但如果是提供个性化的投资咨询服务（或自动化顾问），或者进一步提供交易执行、账户全权委托代理（或自动化资产管理）等，则必须拥有 FCA 授权，至于何种授权，须根据公司业务实际需求和公司规划决定。除了自身获得 FCA 牌照，公司还可以成为 FCA 牌照持有者的授权代表，此时一定要注意，持牌者拥有的许可类型是否涵盖了自身业务内容。此外，既有 FCA 牌照持有者若想开展智能投顾业务，也需要审查自身拥有的许可是否包含欲提供的智能投顾服务内容。换言之，在英国开展智能投顾业务，要根据业务的具体内容分别申请不同的牌照授权，其市场准入采取的是分别牌照管理模式。若有任何疑问，还可以向 FCA 理财顾问部门和个性化支持部门寻求帮助，以节约合规成本，提高资源配置效率。当然，还可以申请沙箱监管实验，在一个相对宽松、包容的环境内充分发挥智能投顾的特有优势，探索业务模式，寻求最适合的合规策略。

（2）德国

德国是全球实行金融混业经营的典型国家之一，作为混业经营主要形式的全能银行在德国金融体系中占据主导地位。据统计，截至 2021 年年末，德国共有 1446 家银行机构，资产管理规模达 9.2 万亿欧元；其中 1401 家属于全能银行，资产管理规模占比达 78.8%。[①] 通常，全能银行是单一法人，但持有多块牌照，可开展银行、保险、证券、信托等几乎所有种类的金融服务。与混业经营相对应，德国采取的是统一的金融监管制度，由 BaFin 对金融市场实行统一监管。BaFin 的主要职责包括对境内新设公司或者既有公司进行资格审查，并授予相应业务许可，以及对受监管公司的日常经营活动进行审查。其中，第一项职责就是市场准入制度的具体落实。依据相关法律法规，在德国，开展不同金融业务所需要的牌照是不一样的，应该严格按照业务属性分别申请不同的牌照。

近年来，随着数字化应用的普及，越来越多的金融机构开始在线上提供金融服务。德国出现了一批提供自动化金融服务的金融科技公司。按照所需授权许可的不同，BaFin 将这些自动化金融服务大致分为三类：智能投顾、

① 华西证券：《他山之石系列：德国银行业的模式特征以及启示》，2022 年，第 17 页。

自动化交易(automatic trading)、自动化投资组合管理(automated portfolio management)。并且,BaFin指出,适用于通过线下机构或者电话提供金融服务的法律法规,应该同样适用于上述自动化金融服务。

①智能投顾/投资咨询

一般情况下,智能投顾提供的自动化金融工具建议,属于投资建议的法律范畴,依据《德国银行法》第32(1)条,"任何人或者商业公司在德国从事商业性金融服务,必须取得联邦金融监管局的书面许可,除非是在其他欧盟经济区国家运营",[①]应当取得BaFin颁发的许可。如果未取得BaFin许可,也不满足《德国证券交易法》以及《德国商业法则》相关许可规定,那么,该智能投顾提供商可能会面临法律风险。[②] 因此,为追求效益而在未满足相关法律规定的情形下开展智能投顾业务将会面临合规风险;相反,智能投顾提供商应该充分利用科技带来的机遇,在取得BaFin许可并接受BaFin监管的前提下提供全面的投资建议服务,从而创建一个消费者友好的市场环境。

智能投顾提供商是否需要取得BaFin许可取决于其所提供的建议是否构成法律意义上的投资建议。依据《德国银行法》第1(1s)(2)(1a)条,投资建议是指"在考虑客户个人情况的基础上,向客户提供的有关特定金融工具交易的、适合该客户的个性化建议;并且,该建议不能通过信息宣传渠道提供,或者,不能提供给一般大众"。[③] 同时,BaFin认为,提供商声称所提供建议并不构成投资建议的免责条款是无效的,并不影响是否构成投资建议的认定标准。[④] 为了更好地阐释投资建议的认定标准,BaFin将市场上智

---

① Germany, German Banking Act, Section 32 (1). See BaFin, *Notice on the Granting of Authorization to Provide Financial Services Pursuant to Section 32 (1) of the German Banking Act*, https://www. bafin. de/SharedDocs/Downloads/EN/Merkblatt/WA/dl _ fidierlaubnis _ buba _ en. html? nn = 8249098, 2020 - 08 - 21.

② BaFin, *Robo-advice-Automated Investment Advice in Supervisory Practice*, https://www. bafin. de/SharedDocs/Veroeffentlichungen/EN/Fachartikel/2017/fa_bj_1708_RoboAdvice_en. html, 2020 - 08 - 21.

③ Germany, German Banking Act, Section 1(1s) sentence 2 No. 1a.

④ BaFin, *Robo-advice-Automated Investment Advice in Supervisory Practice*, https://www. bafin. de/SharedDocs/Veroeffentlichungen/EN/Fachartikel/2017/fa_bj_1708_RoboAdvice_en. html, 2020 - 08 - 21.

能投顾的通用业务模式划分为三个步骤,通过对每一步骤进行具体分析,来说明监管实践中是如何认定投资建议的。第一步是投资者画像。通常,智能投顾首先要收集客户信息,主要包括个人基本信息和投资相关信息等,以便通过算法生成建议。投资建议是个性化的建议,必须建立在对客户"个人情况"评估基础之上。然而,智能投顾提供商收集的客户信息并不一定构成投资建议法律界定意义上的个人情况。依据 MiFID Ⅱ的相关规定,个人情况是指客户必须被问询的,能够作为最终建议是否适当的相关评估事项,包括客户的知识储备、经验积累、投资目的、经济状况、风险偏好、风险承受能力以及其他可能会对投资建议产生影响的事项。同时,BaFin 认为,询问客户问题的数量与是否构成投资建议无关。第二步是生成建议,即在收集客户信息之后,智能投顾平台会通过算法对客户信息进行处理,从而得出建议,该建议必须是"个性化"的"建议",才能满足法律意义上的投资建议标准。提供商以中立者的身份向客户提供的信息,并不构成建议,如按照预设条件通过搜索引擎得到的信息。建议与信息之间的区别是,前者是经过特别加工的,能够帮助客户做出投资决策的信息。而且,建议还必须是个性化的,即建议必须是建立在客户个人情况基础之上的,或者是适合客户的。第三步是建议的内容,法律意义上的投资建议必须与"特定金融工具"的"交易"有关。购买、销售、交换、赎回、包销特定金融工具,持有特定金融工具,执行或不执行所持有特定金融工具的权利等,都被视为交易。有关特定基金或者个人股份的建议通常被认定为与特定金融工具相关的建议;但是,仅提及产品类别的,如仅提及"股票""基金"等产品类别,不被认定为个性化建议。此外,投资建议将公共性质的建议排除在外,如果建议是通过信息宣传渠道提供的,尤其是通过媒体或者其他方式向公众提供的,则不构成投资建议。①

综上所述,投资建议的认定标准主要包括五点,即建立在客户"个人情况"基础上的、有关"特定金融工具""交易"的"个性化""建议"。值得注意

---

① BaFin, *Robo-advice-Automated Investment Advice in Supervisory Practice*, https://www.bafin.de/SharedDocs/Veroeffentlichungen/EN/Fachartikel/2017/fa_bj_1708_RoboAdvice_en.html, 2020-08-21.

的是,虽然智能投顾通过计算机等系统工具来提供建议,但其提供的建议是个性化的,因为,从技术角度来看,智能投顾的客户提供个人信息以生成建议的过程已经构成个性化行为了,其所生成的建议当然是只针对客户个人的个性化建议。在明晰投资建议认定标准之后,通过对智能投顾提供商的业务内容和业务模式进行具体分析,可以判断其服务内容是否构成投资建议;若是,则必须取得 BaFin 有关提供投资建议服务的许可。

②自动化交易

除提供投资建议外,有些智能投顾平台还提供交易执行、投资经纪、投资组合管理等服务,所以,无法将智能投顾仅界定为某一个许可之下的行为,应该根据自动化平台的业务模式设定以及与客户达成的协议来进行监管。有些智能投顾平台在生成投资建议之后,还能直接通过平台执行该投资建议,此时该平台提供商扮演的是投资经纪的角色,依据《德国银行法》第 1(1a)(2)(1)条,平台执行需要取得 BaFin 的授权许可。作为投资经纪商的智能投顾提供商,只是起到通道作用,客户仍须以自己的名义自行决策、自行交易。[①]

③ 自动化投资组合管理

根据客户与智能投顾提供商达成的协议,提供商还可能在客户全权委托的授权下,直接管理客户投资账户,代表客户自行决策、自行交易。此时,提供商扮演的是资产管理经理的角色,通常,它不能持有客户资金或者证券,客户资金或证券账户必须由托管银行或者其他托管公司保管。[②] 与仅提供投资建议服务的智能投顾平台不同,在这种情形下,通过算法生成的建议并非一次性、固定的投资建议,而是根据提供商和客户达成的影响因素的变化随时调整的投资组合建议。投资组合的任何变动都是由算法生成的,但是相关交易的执行通常是由人工完成的。大多数情况下,投资组合的标的都是 ETF,它能够使客户的投资目标、风险偏好与投资组合的风险特征在一个持续的时间段内相匹配。依据《德国银行法》的相关规定,投资组合管

---

① BaFin, *Robo-advice and Auto-trading-platforms for Automated Investment Advice and Automatic Trading*, https://www. bafin. de/EN/Aufsicht/FinTech/Anlageberatung/anlageberatung_node_en. html,2020 - 08 - 22.

② 欲保管客户资金或证券账户,则必须取得其他相关许可。

理是指依据客户的指令管理其个人投资组合,该投资组合包含一个或多个金融工具,该管理服务是一对一、单个进行的;[①]提供自动化投资组合管理服务需要取得 BaFin 的授权许可。[②] 因此,如果智能投顾提供商被全权委托代表客户自行决策,那么就可以认定该提供商从事的是投资组合管理业务,就必须取得 BaFin 的许可。[③]

综上所述,在德国,投资顾问、证券经纪、投资组合管理/资产管理分属不同的业务类型,依据智能投顾平台提供的服务种类的不同,需要分别取得相应的 BaFin 许可。同时,在进行资质审查过程中,应该坚持具体问题具体分析的原则,不能对所有自动化金融服务一概而论,要对每个平台的业务内容与业务模式进行具体分析,判断服务类型是否符合投资建议、证券经纪、投资组合管理的认定标准,从而判断该提供商是否需要取得 BaFin 的授权许可,以及取得哪种许可。

2. 分别牌照管理模式的评析

通过对英国、德国监管实践的考察可知,在智能投顾市场准入的规制问题上,两国采取的都是分别牌照管理模式,即根据所开展业务法律属性的不同,分别适用不同的许可管理规定。两国都是金融混业经营的典型国家,除银行、保险、证券等不同行业的业务交叉融合外,行业内部的业务交叉现象也相当突出。为适应混业经营发展的实际需求,两国均采取统一金融监管模式。然而,在本书看来,该统一监管仅是就隶属于不同金融行业的金融机构受同一个监管机构监管而言的,在同一行业不同业务交互融汇的监管问题上,还是持分别监管的思路。在两国法律制度中,投资咨询和资产管理有着严格的区分和认定标准,分别适用不同的法律规定和监管要求。对智能投顾市场准入实行分牌照管理模式,实际上是对两国既有法律制度和监管思路的沿袭。从之前的监管实践来看,该模式在防范系统性金融风险、维护金融市场稳定方面成效显著;但从智能投顾的未来趋势和金融市场的长远发展来看,也存在一定的弊端。对两国金融经营体制和金融监管体系的了

---

① Germany, German Banking Act, Section 1(1a) sentence 2 No. 3.

② Germany, German Banking Act, Section 32(1).

③ BaFin, *Automated Portfolio Management*, https://www.bafin.de/EN/Aufsicht/FinTech/Finanzportfolioverwaltung/finanzportfolioverwaltung_node_en.html, 2020-08-23.

解有助于上述问题讨论的展开。

英国和德国在金融领域有着诸多共同之处，虽然历史上也有分业经营的经历，但在20世纪之后，两国一直坚持金融混业经营的体制。银行业在两国国民经济中均占据绝对的主导地位，随着银行业竞争的日益加剧，由大型银行演变成的金融集团或者全能银行，不仅能够经营商业银行、保险、投资银行等各行业领域的业务，为消费者提供贷款、证券发行交易、投资咨询、资产管理、财产保险、信托等全方位的金融服务，而且还能够进行实业投资，是两国混业经营最主要的表现形式。良好的金融市场秩序离不开国家干预，为应对金融混业经营带来的监管挑战，两国政府都积极探索适合自身情况的金融监管制度。

就英国而言，金融监管体系经历了从分业监管到统一监管的变迁过程。在1997年之前，英国实施的是金融分业监管体系，共有9家金融监管机构分别对银行、证券、保险、房地产等行业进行监管。[①] 随着时代的发展，分业监管体系的弊端逐渐暴露：一方面，各监管机构职能错综复杂，协调成本高，监管混乱，监管效率低；另一方面，国内混业经营程度越来越高，分业监管无法应对混业经营导致的新问题、新风险，金融市场面临潜在的系统性金融危机。1995年，因一名员工进行超额交易投机失败，英国巴林银行损失惨重，最终倒闭。[②] 该事件助推了1997年的金融监管改革。1997年，英国成立了金融服务监管局（Financial Services Authority，FSA），作为金融市场的统一监管机构，直接对英国财政部负责。2000年英国议会通过了《金融服务和市场法》（Financial Services and Markets Act），从法律上正式确认了统一的金融监管体系。但是，FSA作为统一监管机构，权力过于集中，分散了英格兰银行、英国财政部的金融监管职能。为解决上述问题，英国联邦政

---

① 这9家金融监管机构分别是：英格兰银行审慎监管局、证券与投资监管局、私人投资监管局、投资监管局、证券与期货监管局、房屋协会委员会、互助会委员会、友好协会注册局、财政部保险董事会。参见李木子：《英国金融监管从分业到双峰：变迁与启示》，载中国发展观察网2020年6月20日，http://www.chinado.cn/? p=9569。

② 高建立、岳瑞科、马继伟：《从内部控制缺失看巴林银行倒闭的成因》，载《商业研究》2003年第23期。

府发布了金融监管改革的具体方案，该方案的主要改革内容包括：[①]一是FSA被两个新设立的机构取代，即FCA和PRA。其中，PRA主要负责宏观审慎监管，尤其是针对系统性重要金融机构，以维护金融市场的稳定；FCA则负责所有其他金融机构的经营活动的监管和审慎监管，以及上述系统性重要金融机构的经营活动的监管，以保护消费者权益，提升金融市场信心。二是在英格兰银行内部成立了金融政策委员会（Financial Policy Committee，FPC），主要负责宏观审慎监管，专注于监测、识别、管理系统性金融风险，并向FCA和PRA提供监管建议。自此，英国形成了双峰式的统一金融监管体系，为金融市场健康、有序发展提供了坚实保障。

就德国而言，其金融市场也经历了从分业监管到统一监管的历程。但与美国不同的是，德国政府尤为注重各行业统一的金融监管，即便在分业监管时期也是如此。在2002年之前，德国一直处于金融混业经营、分业监管的状态，对证券、银行、保险行业的监管分别由联邦证券监管局、联邦银行监管局、联邦保险监管局负责。然而，2002年5月，根据《金融监管一体化法案》成立的BaFin，取代了之前的三个监管机构，负责对所有金融机构进行统一监管。此外，还有两点值得注意：一是德国中央银行在金融监管体系中扮演着不可或缺的角色，是BaFin的重要合作伙伴。具体而言，金融机构需每月向德国银行及其分支机构报送各类统计报表，BaFin所需的大多数金融信息都由中央银行提供；德国各州并不设立BaFin分支机构，而是由中央银行的分支机构代为履行金融监管职责。[②] 二是为落实欧盟金融监管体系的具体要求，德国于2013年成立金融稳定委员会，其成员由德国财政部、德国中央银行以及BaFin的成员代表构成，负责全国金融机构的宏观审慎监管。从这一角度来看，德国的金融监管体系也具有“双峰”的特点，但这并不影响其统一监管的整体框架。

---

① Shearman & Sterling LLP, *Reforming the Framework for Financial Regulation in the UK*, https://www. shearman. com/ ~ /media/files/newsinsights/publications/2011/04/reforming-the-framework-for-financial-regulation _ _/files/view-full-memo-reforming-the-framework-for-finan _ _/fileattachment/fia040511reformingtheframeworkforfinancialregula__. pdf, 2020 - 08 - 24.

② 王宇：《德国金融体系和监管体系：主要构成与基本特征》，载《金融纵横》2016年第2期。

智能投顾这一创新金融业态就是在上述金融混业经营和统一监管的大背景下产生的。在两国实践中,智能投顾有着多种不同的业务模式,相关称谓也不尽相同。在英国,常见的称谓有自动化投资顾问、自动化资产管理;在德国,主要称谓有机器人投顾、自动化交易和自动化投资组合管理,统称为自动化金融服务。[①] 虽然在两国法律制度中,投资顾问和资产管理是两项严格区分的金融服务;但是,在实践中,只要满足相应的许可要求,同一金融服务提供商可以同时经营上述多种业务。换言之,自动化金融服务提供商可以通过持有多个牌照来开展多项不同的业务,形成完整的服务价值链,在满足金融消费者多样化需求的同时,也拓宽了自身的盈利渠道。这实际上是金融混业经营在智能投顾领域的具体反映。然而,在监管实践中,两国虽然是坚持统一监管的思路,但仍需按照法律规定区分不同业务的不同法律属性,分别申请相应的经营许可。这实际上是统一金融监管和分别牌照管理的错配。这样的制度安排固然有其价值优势所在,例如,能够敦促智能投顾提供商精准定位自身服务范围,准确披露业务内容,以便消费者明晰自己获得的是何种服务,增进消费者对金融市场的信任,从而活跃金融市场,促进金融业的发展;又如,能够使监管机构对智能投顾的监管活动更具有针对性,依据不同业务的属性与特征,更快、更准地把握风险防范要点,有效防范金融风险,保护消费者合法权益,维护金融市场的稳定。历史实践证明,这种监管制度安排在防范系统性金融风险方面成效显著。

但是,这种制度安排也有一定的弊端。这一方面体现在合规成本上,即若开展多个不同属性的业务就必须分别申请相应许可,耗时长,成本高,程序复杂,不利于资源的优化配置,在一定程度上,会阻碍智能投顾进一步发展创新;另一方面则体现在监管成本上,受理多个许可申请,必须有更多的人力、物力支持,可能导致监管成本高但效率低的后果。鉴于智能投顾的综合金融服务属性以及全球金融统一监管的发展趋势,分别牌照管理模式必然会随时时代的发展而发生改变。

---

① 这类自动化金融服务也被统称为智能投顾,虽字面意思为“自动化投资顾问”,但实际上指代所有的自动化金融服务。

二、不同牌照管理模式的比较分析

(一)不同牌照管理模式的影响因素分析

从国际监管实践来看,对智能投顾实施市场准入,是各国(地区)监管机构通行的做法。而且,鉴于法律在技术层面上的中立性,无论通过何种媒介来提供金融服务,均未从根本上改变金融服务的本质属性,各国(地区)基本上继续沿用既有法律制度和监管体系对智能投顾进行规制。至于采用何种市场准入模式,各国(地区)的做法不一,通过对不同牌照管理模式的考察,发现采用何种市场准入模式主要取决于各国(地区)对投资顾问的法律界定。对投资顾问的法律界定一般包括两种:一种是"投顾狭义说",认为投资顾问只提供咨询建议服务;另一种是"投顾广义说",认为投资顾问不仅提供投资咨询建议,还提供交易执行、资产管理等服务。因此,在采用"投顾狭义说"的国家或地区,若智能投顾开展多项服务,如投资咨询、交易执行、投资组合管理等,那么通常需要分别取得相应许可才能展业。在一些国家,如中国,同一家金融机构不能同时开展投资咨询和资产管理两项业务,此时,不单是分别牌照管理的问题,还涉及金融机构分业经营的金融经营体制问题。对比之下,在采用"投顾广义说"的国家或地区,无论智能投顾开展业务的多少,法律属性如何,均只需申请一项经营许可即可;并且,此类国家或地区基本上均实行金融混业经营体制。

除受不同法律制度的影响外,智能投顾市场准入模式的选择还受一国金融经营体制的影响。换言之,各国(地区)的金融市场是实行分业经营还是混业经营,对采用何种牌照管理模式规制智能投顾市场准入也有一定的影响。具体来说,实行分业经营的国家或地区,多数情况下,也是"投顾"狭义说的主张者,无论同一金融机构能否同时开展投资咨询、资产管理等业务,对智能投顾基本上都是采取分别牌照管理模式。虽然实行混业经营并不必然指向统一监管,也非必然对应统一牌照管理模式;但是,它是采取统一金融监管体系和统一牌照管理模式的必要前提。美国的实践就印证了这一点。美国金融市场的混业经营程度很高,金融控股公司是其混业经营的主要表现形式,在整个金融体系占据举足轻重的地位,然而,美国依旧采取分业监管制度。在一定程度上,对智能投顾市场准入采取统一牌照管理模式,既是混业经营的体现和应然要求,也是美国由分业监管向功能性统一监管转变的现实选择。

与金融经营体制密切相关的,还有金融监管体系。无论是分业监管体系,还是统一监管体系,都是就金融领域不同行业而言的,即证券、银行、保险等不同行业是分属多个不同监管机构监管,还是同属一个监管机构监管。虽然金融领域内的智能投顾涵盖了证券、银行、保险等多个业务,但本书仅对广义的证券范围内的智能投顾进行探讨,从这一层面来看,智能投顾基本上均是由单一的监管机构监管。但是,若智能投顾业务外延至银行、保险、信托等行业,那么,不同类型的监管体系就会对其市场准入的模式产生直接影响,统一监管体系可能对应统一牌照管理模式,也可能对应分别牌照管理模式;但是,分业监管体系则一定对应分别牌照管理模式。

(二)不同牌照管理模式的优劣对比

对一项制度安排的评估,要综合考虑其对相关利益主体的影响。比较智能投顾市场准入两种牌照管理模式的优劣,亦应如此。从智能投顾提供商角度来看,统一牌照管理模式可以大大节约其合规成本,能够使其集中更多的资源提升自身竞争力;同时,为其拓展业务内容清除了法律障碍,能够激发提供商的主动性和积极性,促进金融创新,带动行业乃至整个金融市场的活跃与发展;但是,业务内容的宽泛复杂,容易出现鱼目混珠的现象,加之多数智能投顾在信息披露方面存在的严重问题,很容易误导消费者,从而损害消费者的合法权益,对金融市场的稳定发展带来潜在隐患。而分别牌照管理模式则要求智能投顾提供商在运营之前就对其业务内容作出明确定位,提高其信息披露的准确性;但是需就不同法律属性的业务分别申请相应许可,合规成本较高,一定程度上会阻碍智能投顾的进步与发展。从监管机构角度来看,统一牌照管理模式在监管成本和监管效率问题上占有明显优势;而在监管成效方面,可以说,二者实力相当。从金融消费者角度来看,持有统一牌照的智能投顾提供商更能满足消费者多样化的投资需求,在降低投资成本方面有一定优势;但是,持有分别牌照的智能投顾提供商能够更好地协助消费者了解其所获得的具体金融服务内容,保障消费者的知情权,提升消费者对金融机构的信任,活跃金融市场,促进智能投顾进一步发展与壮大。

此外,还需要注意的是,两种牌照管理模式虽然存在显著差别,但还是有一些共同之处的。首先,其适用主体都是智能投顾提供商,而非智能投顾平台本身;其次,其适用范围都不仅限于投资咨询,还包括交易执行、资产管理等全方位的金融服务;最后,其监管机构均为各国(地区)的金融监督管理机构。这表明,虽然两种牌照管理模式所依赖的法律制度和监管体系各有不同,但在法律主体的认定、智能投顾本质属性的界定以及监管主体的确定问题上,还是保持着高度的统一。这从另一个角度阐释了各国(地区)采取统一牌照管理模式的智能投顾市场准入规制路径的可能性。

(三)智能投顾市场准入法律规制的应然选择

智能投顾本质上是自动化的综合性金融服务,即使在采取分别牌照管理模式的国家或地区,也承认智能投顾的综合业务属性,比如,除自动化投顾外,还有自动化交易、自动化投资组合管理等其他自动化金融服务,只是在表述上存在些许差异。而且,随着科技的进步,金融自由化与全球化的深入,以及消费者金融服务需求的日益多样化,全球金融混业经营的程度越来越高。随之而来的,是金融混业经营风险带来的监管挑战。从国际实践来看,主要的成熟资本市场国家基本上都是采取统一的金融监管体系,或者正在向统一监管体系转变。可见,金融混业经营和统一监管已然成为金融市场难以逆转的发展趋势。从长远来看,智能投顾业务模式综合发展的趋势十分明显,分别牌照管理模式势必会成为智能投顾提供商,尤其是新兴金融科技公司拓展其业务范围的一大障碍。因此,应该采取统一牌照管理模式对智能投顾市场准入进行规制,以契合智能投顾综合业务的本质属性,顺应金融混业经营和统一监管的历史潮流,从而推动智能投顾的可持续发展。

第三节 智能投顾市场准入的条件设定与完善建议

鉴于各国(地区)基本上都是在既有法律制度框架内对智能投顾进行规制,所以,智能投顾市场准入在沿用现有牌照管理制度的同时,还应遵守传统的金融市场准入条件,包括资本、人员、经营场所与业务设施、风险管理与内部控制、信息技术系统等。但是,智能投顾作为金融领域的新兴业态,与传统投资顾问、资产管理等存在诸多不同之处,如何适用现有法律制度是智能投顾提供商和监管机构面临的最大挑战。

一、智能投顾对传统金融市场准入条件提出的挑战

区别于传统投资顾问,智能投顾有着自身显著的特征。它依托于计算机平台或工具,利用算法等技术自动生成投资建议,无人工干预或仅有有限的人工干预。这些特征都在不同程度上对传统金融市场准入条件提出了挑战,如何应对这些挑战,是对智能投顾进行有效规制的前提与基础。

(一)对从业人员资质提出的挑战

传统上,金融业是一个劳动密集型的行业,但随着金融活动信息化和数字化的发展,金融业逐渐演变成一个知识和资本高度密集的产业,高水平人力资源的多寡是现代金融业中决定金融机构竞争能力以及发展前景的核心因素。因此,对传统金融机构的从业人员一般都有资质要求,以满足金融行业专业性强、技术性强的特征。通常情况下,欲从业人员需要通过一定的胜任能力考试,以取得相应的从业资格。这些考试或者由自律组织如行业协会组织,或者直接由证券监管管理机构组织,考试的内容大致包括专业理论知识、技术操作和相关法律知识三部分。此外,一些国家还会对欲从业人员的职业道德进行审查,也就是背景调查。

比如,在美国,虽然申请注册为投资顾问并没有适当性要求或者教育水平要求,①但是,投资顾问公司的某些雇员可能必须通过特定证券类考试才能开展相应业务。FINRA 组织的一般证券从业资格考试(Securities Industry Essentials Exam,以下简称 SIE 考试)是专门针对欲从事证券行业人员的入门级考试。换言之,若想在美国从事证券行业,首先要通过 SIE 考试。这项考试从以下几个方面对考试人员进行评估:证券行业的基础知识(如对金融产品及其风险的基本概念认知)、证券行业市场体系、监管机构及其职

① 虽然许多投资顾问公司雇佣的员工在投资顾问的定义范围之内,但是,SEC 通常不要求这些个人注册为投资顾问,而该投资顾问公司必须向 SEC 申请注册。

责、禁止性从业行为等。[1] 年满18周岁的人员均可参加SIE考试,但已在证券机构从业的人员无需参加该项考试;考试成绩的有效期为四年。[2] 然而,仅通过SIE考试并不意味着个人就能够从事证券业务,还必须通过一项专门针对证券业务的专项考试。按照证券业务种类的不同,这类专项考试分为多个系列,比如,系列6是针对投资公司及可变合约产品的代表级别考试,系列57是针对证券交易员的代表级别考试,系列9和系列10是针对综合证券销售监督人员的负责人级别考试,等等。除FINRA组织的考试外,自治证券规则制定机构(Municipal Securities Rulemaking Body,MSRB)、全国期货协会(National Futures Association,NFA)、北美证券监管者协会(North American Securities Administrators Association,NASAA)等行业自律组织也组织了种类繁多的专项考试。[3]

在我国,从事证券业务的人员也需具备一定的资质要求,比如,从事证券业务的人员需要具备从事证券业务所需的专业能力;[4]向客户提供证券投资顾问服务的人员,应当符合相关从业条件,并在中国证券业协会注册登记为证券投资顾问;[5]申请基金销售业务资格的单位的从业人员中,取得基金从业资格的数量应该满足相关法律规定。[6] 相应地,我国有证券从业资格考试、基金从业资格考试等多种资格考试类型。可见,对从业人员的高标准资质要求,是各国(地区)金融行业通行的惯例,也是金融机构市场准入的必要条件之一。

但是,智能投顾的显著特点之一就是以机器人为主的自动化平台或工具代替了自然人投资顾问,[7]尽可能地排除了人工干预,同时,针对传统投

---

① FINRA, *Securities Industry Essentials (SIE) Exam*, https://www.finra.org/registration-exams-ce/qualification-exams/securities-industry-essentials-exam,2020-08-27.

② FINRA, *Securities Industry Essentials (SIE) Exam*, https://www.finra.org/registration-exams-ce/qualification-exams/securities-industry-essentials-exam,2020-08-27.

③ FINRA, *Qualification Exams*, https://www.finra.org/registration-exams-ce/qualification-exams,2020-08-27.

④ 2019年《证券法》第125条。

⑤ 中国证监会《证券投资顾问业务暂行规定》(2020年修正)第7条。

⑥ 中国证监会《证券投资基金销售管理办法》(2013年修订,已失效)第11条、第12条。

⑦ 为了便于阐述,本章智能投顾泛指所有的自动化金融服务,投资顾问也包含证券交易商、资产管理经理等。

资顾问从业人员的资质要求如何适用于智能投顾机器人,智能投顾提供商的内部人员是否还需要满足一定的资质要求,都是监管机构面临的现实难题。

(二)对经营场所要求提出的挑战

经营场所是公司进行生产经营活动的空间,如营业场所、办公场所、生产车间、销售网点等。[①] 通常,合格的经营场所是保障公司生产经营活动正常运行、公司目的得以实现的物质基础,是公司设立的必备要素之一。美国《1940 年投资顾问法》第 203(c)(1)(A)条规定,投资顾问,或者任何正在考虑成为投资顾问的人,可以向 SEC 提交注册申请,申请资料应当包含主要办公场所、主要营业地、分支机构地址(如果有的话)等信息;SEC 认为,从公众利益或者投资者保护角度出发,这些信息是必要的、适当的。[②] 澳大利亚《公司法》也有类似规定,指出在本司法区域内,公司必须拥有经注册的办公室,有关该公司的信息和通知可能会送达该办公室。[③]

但是,智能投顾以互联网为依托,主要通过各种平台软件来提供服务。通常,只要有计算机和网络,工作人员就可以正常开展各项业务,甚至是跨地域的业务;客户只需要一台可以连接互联网的计算机或者一部智能手机就可以享受多项金融服务,对场所要求并不高。那么,智能投顾提供商还有必要适用对经营场所的相关规定吗?如果是,是适用相同的规定还是不同于传统金融机构的规定?这也是监管机构需要回答的问题。

(三)其他挑战

除从业人员资质和经营场所外,传统的金融市场准入对金融机构的注册资本、业务设施、风险管理与内部控制、信息技术系统等也有一定的要求。公司作为企业法人,具有民事权利能力和民事行为能力,依法独立享有民事权利、承担民事义务。[④] 拥有独立的财产,是公司作为法人的具体表现之一。注册资本是公司独立财产的主要组成部分,是公司设立必须具备的

① 范健、王建文:《商法学》(第 3 版),法律出版社 2012 年版,第 110 ~ 112 页。

② USA, Investment Advisers Act of 1940, § 203(c)(1)(A).

③ Australia, Corporations Act 2001, Section 142, Part 2B, 5 - Registered Office and Places of Business.

④ 范健、王建文:《商法学》(第 3 版),法律出版社 2012 年版,第 87 页。

物质条件之一,也是公司承担法律责任与义务的物质保障。各国(地区)现行证券法律制度对不同类型的证券机构设定了不同的资本要求。业务设施是金融机构进行生产经营活动的必要物质基础和保障。风险管理与内部控制是金融机构为实现公司目的,根据市场环境的变化,对公司各类风险进行识别、评估和管理的一项制度性安排;是增强金融机构的自我约束能力,引导其规范经营,防范和化解金融风险的重要举措。信息技术系统是有关信息的获取、传输、处理、控制和储存的设备和技术的统称,是公司正常运转的重要物质和技术保障。随着金融数字化的深入发展,金融机构对信息技术系统的需求更甚,要求更高。这些金融机构市场准入的具体条件设定,从起始阶段就将不合格的申请主体排除在外,从而为规范整个行业运营、防范金融风险奠定了基础,有助于金融市场的稳定发展和投资者合法权益的保护。

鉴于上述市场准入的条件设定对金融机构以及整个金融行业的重大意义,智能投顾也必然需要遵守这些规定。但是,智能投顾高度依赖于计算机等平台工具,对信息技术的要求极高,其对电脑终端等业务设施的要求必然不同于传统投资顾问。同时,作为一项新兴事物,智能投顾除具有自动化、低成本、高效率等优势外,也有一定的来自技术层面、市场层面、操作层面、法律层面等的风险。其中,由于智能投顾运行模式的特殊性,技术风险、操作风险尤为突出。因此,针对智能投顾的业务设施和信息技术系统要求是否需要满足其他特殊条件,应该适用何种注册资本制度,以及风险控制与内部管理体系的构建需要遵循什么标准,都是监管机构面临的重大挑战。

二、智能投顾市场准入条件设定的考察及评析

虽然国际上对智能投顾的法律规制基本上都是沿用现有法律制度和监管框架,但是,在智能投顾市场准入条件的具体设定上,各国(地区)的做法还是存在显著差异的。这一方面与智能投顾所处的发展阶段和发展水平有关,另一方面也与世界各地证券市场、证券法律制度以及监管体系的成熟和完善程度有关。

作为资本市场成熟的发达国家代表,澳大利亚拥有全球第五大资本市

场,是智能投顾最先兴起的国家之一。[①] 目前,澳大利亚已形成一套较为完备的智能投顾法律规制框架。而作为亚太地区资本市场较为发达的发展中国家代表,马来西亚也在规制智能投顾的问题上做着积极的探索。对两国智能投顾市场准入的具体条件进行考察,在了解国际上对该问题的处理思路的同时,也能为设定适当、合理的智能投顾市场准入条件提供借鉴与参考。

(一)澳大利亚智能投顾市场准入具体条件的考察

自2014年以来,数字化建议在澳大利亚发展迅速,[②]许多新设立的AFS牌照持牌者以及既有AFS牌照持牌者都在积极开拓数字化建议服务。作为澳大利亚的证券监督管理机构,ASIC积极支持数字化建议在澳大利亚的发展,并出台了专门文件,即《第255号监管指南:向散户提供数字化金融产品建议》,以引导该行业规范运营,保障公平竞争的市场环境,促进该行业健康、持续地发展。在该指南中,ASIC对智能投顾市场准入的牌照管理以及具体条件都作了详细的说明。

该指南主要从三个方面对智能投顾市场准入的具体条件要求进行解释说明:

第一,对人力资源的要求。依据相关法律规定,AFS牌照持牌者的每个责任经理都必须满足五个选项中的一项要求,以证明自己拥有足够的知识和技能为客户提供许可范围内的金融服务和产品;[③]自然人向散户提供金融产品建议必须达到作为投资顾问的最低培训要求和能力水平。[④] 2015年12月,澳大利亚联邦政府发布了一项有关金融顾问专业性标准的公司法修订议案,要求提供有关金融产品个性化建议的自然人应该满足更高的培训和教育标准以及适用新的道德准则。[⑤] 尽管目前该议案尚未通过,但是,一旦该议案通过,那么提供数字化个性建议的自然人也必须遵守这一更高的资质要求。然而,数字化建议的运行模式决定了金融产品建议是由算法生

---

① Klaus Schwab & World Economic Forum, *The Global Competitiveness Report*, 2019, p. 66.

② 在澳大利亚官方文件中,智能投顾通常被称为"数字化建议",对应英文为"digital advice"。

③ ASIC, Regulatory Guide 255.50; ASIC, Regulatory Guide 105, AFS licensing: Organizational Competence; Australia, Corporations Act 2001, Section 912A(1).

④ ASIC, Regulatory Guide 255.51.

⑤ 这类自然人可能会被要求拥有硕士学位或者同等学力水平,通过专项考试,拥有一定时间的从业经验等。

成的,无自然人直接参与或有限参与,所以,上述要求将无从适用。对此,ASIC 期望,为满足上述条件,数字化建议 AFS 牌照持牌者应当拥有至少一个责任经理满足相关培训和能力水平的要求;自该指南发布之日起,现有数字化建议 AFS 牌照持牌者有六个月的过渡期,以满足这一要求。①

而且,根据业务性质、规模、复杂程度的不同,数字化建议提供商可能还需要满足其他有关人力资源的条件,才能顺利获得 AFS 牌照,如应当有至少一名具备相关技术知识和技能的人员,该人员能够对提供数字化建议所依赖的技术和算法有一般性了解,并且能够审核由算法生成的个性化数字建议。② 同时,ASIC 指出,上述条件并不要求所有的数字化建议持牌者对算法的特定编程都有所了解;而是强调,在持牌者内部应该有相应人员能够了解算法背后的逻辑、风险和规则。③

此外,在智能投顾实践中,还有一种情况值得注意,即功能外包。智能投顾是一个对人工智能、算法等计算机技术要求极高的行业,除科技创业公司、大型传统金融机构外,多数中小型智能投顾提供商并不具备自身开发应用系统的能力和资源,通常会选择将部分功能外包,从而集中资源开拓业务。对此,ASIC 要求,如果外包部分功能,那么,数字化建议提供商应当有相应人员对外包的功能有所了解,以满足相关法律规定。④ ASIC 认为,数字化建议提供商若不能满足上述有关人力资源的要求,那么运营风险将会增加,很可能影响向客户提供的建议质量,从而损害客户权益。⑤

第二,对技术资源的要求。ASIC 认为,要成为数字化建议的持牌者,应该拥有充足的技术资源。⑥ 充足的技术资源必须能够保护客户信息和数据的完整性,保护机密信息和其他信息的安全性,满足目前以及未来可能的运营需求,保证法律规定的所有义务的遵守与履行。⑦ 同时,还应该具备针对

---

① ASIC, Regulatory Guide 255. 51 – 55.

② ASIC, Regulatory Guide 255. 45(a)(b).

③ ASIC, Regulatory Guide 255.62.

④ ASIC, Regulatory Guide 255.61. 针对功能外包,还有两点值得注意:一是在选购功能外包提供商时,要采取必要的技术和注意以保证目标提供商的适当性;二是采取相应安排,持续监督目标提供商的表现。

⑤ ASIC, Regulatory Guide 255.63.

⑥ ASIC, Regulatory Guide 255.66.

⑦ ASIC, Regulatory Guide 255.66(a)(b)(c)(d).

任何一项系统的商业持续性计划、备份方案和灾难恢复策略，以确保业务的正常开展。①

第三，对风险管理的要求。依据相关法律规定，数字化建议提供商若要申请AFS牌照，必须具备完善的风险管理和安全保障制度，以保障客户信息储存和传送的安全性。② 这是AFS牌照持牌者必须遵守的一般性义务之一，包括传统金融服务提供商和数字化建议提供商。③ 为满足上述要求，ASIC期望，计划申请AFS牌照的数字化建议提供商应该具备一套系统的、有组织的制度安排以便识别、评估和管理风险。这套制度安排至少应该包括以下两个方面：

一是对算法的监控和测试安排。定期对算法生成的建议进行监控和测试，应该作为数字化建议提供商风险管理制度的重要组成内容。对此，数字化建议提供商应该做到以下几点：④(1)具备算法设计说明书，清晰阐述算法的目的、范围和设计逻辑，其中，决策规则和决策生成过程应该包含在内。(2)具备算法测试备忘录，阐释算法测试范围，并详细记录测试方案、测试过程、测试结果、缺陷处理以及最终测试结果；在算法第一次运行之前进行一次全面测试，之后定期进行测试。(3)具备完善的算法更改管理制度，包括监控和阻止未授权人员接触算法的安全保障安排。(4)能够控制、监测算法，并对过去七年有关算法的任何变动进行记录留存。(5)当市场或法律等可能影响服务质量的因素发生变动时，对算法进行审查和更新。(6)具备业务中止安排，在算法出现错误可能导致客户损失或者违反法律规定时，能够阻止建议的生成。(7)具备充足的人力、技术等资源，通过对所提供的建议进行适当、及时审查来监控算法的表现。(8)具备适当的内部检查机制，以确保上述各项规定的遵守与落实。

二是对网络风险和信息安全的安排。随着云科技在金融领域的广泛应用，恶意网络行为构成了对金融行业的现实威胁。由于高度依赖互联网的

---

① ASIC, Regulatory Guide 255. 67.

② Australia, Corporations Act 2001, Section 912A(1)(h); ASIC, Regulatory Guide 104, Section D; ASIC, Regulatory Guide 2. 228 – 232.

③ 但是，如果是受APRA监管，那么该金融服务提供商就不必适用该项规定。

④ ASIC, Regulatory Guide 255. 73 – 75.

特性,数字化建议更容易成为黑客的对象,更容易遭受恶意网络行为。因此,ASIC 期望,数字化建议提供商能够选用知名的评估体系与标准来对其网络安全和信息安全进行评估,并制定适当的网络弹性安全保障措施。①

通过上述对澳大利亚数字化建议市场准入具体条件的考察,可以总结出 ASIC 在该问题上的基本思路,即在沿用现行传统金融市场准入条件的基础上,针对数字化建议的特殊性做出相应变通安排;并通过发布指南等形式,对相对原则性的法律条文进行解释、细化,并提出如何履行义务的相应建议。需要指出的是,虽然在 ASIC 发布的官方文件中,在提出具体建议时经常使用"expect""should"的表述,从文义解释来看,是不具有法律约束力的;但是,本书认为,这些细化的具体指引也应被视为数字化建议服务提供商必须遵循的法律准则。这是因为,一方面,ASIC 是澳大利亚独立的政府机构,也是澳大利亚金融服务市场法定的监管机构;另一方面,这些细化的具体指引实际上也是 ASIC 对金融机构各项行为活动进行评估检查时所依照的具体标准。因此,在澳大利亚,数字化建议提供商若想获得 AFS 牌照,必须满足上述有关人力资源、技术资源、风险管理等方面的具体要求,否则,将面临无法获得展业资格的风险。

(二)马来西亚智能投顾市场准入具体条件的考察

长期以来,马来西亚的散户所能获得的金融服务和产品仅限于低成本的理财建议和投资工具。投资的准入门槛相当高,对于刚毕业的大学生和低收入人群来说,投资是很不划算的行为。比如,在马来西亚,一个典型的单位信托基金通常向投资者收取高达 5% 的销售佣金,以及 1% 至 1.5% 的年管理费,也就是说,在投资者资金进入市场之前,已经损失了投资金额的 6.5%。② 而智能投顾通常采取固定费率标准,费用低,能够激发年轻人等

---

① ASIC, Regulatory Guide 255. 76 – 80. 此处,"网络弹性"是指某一实体在遭遇网络不利事件时,能够继续交付预期结果的能力,对应英文"cyber resilience"。网络弹性能够将信息安全、业务的持续性和组织弹性等诸多问题合为一体,是一个不断发展的概念。See Ridout Tim, *Building a Comprehensive Strategy of Cyber Defense, Deterrence, and Resilience*, Fletcher Forum of World Affairs, Vol. 40, No. 2, 2016, p. 67.

② Rahana Zurina & Partners, *Robo Advisory Licensing Framework in Malaysia and Addressing Key Cahllenges*, http://www.zurinalaw.com/capital-market/understanding-the-robo-advisory-licensing-framework-in-malaysia-and-addressing-key-challenges/, 2020 – 08 – 30.

人群的投资兴趣,有助于马来西亚资本市场参与主体的多样化,活跃并促进资本市场的发展。因此,马来西亚证券委员会(Securities Commission of Malaysia,SC)采取多种措施推动智能投顾在本国的发展。其中,最为重要的措施是将智能投顾纳入其法律规制和监管范畴,主要体现在 2017 年 5 月 9 日修改后的《许可手册》中。该手册详细介绍了在马来西亚开展智能投顾所要获得的许可类型以及申请的具体条件。

马来西亚官方文件中并未采用智能投顾这一术语,而是采用"数字化投资管理"(digital investment management,DIM)的表述。SC 将数字化投资管理界定为"利用创新科技向客户提供自动化资产组合管理服务,属于基金管理的范畴"。[①] 依据《2007 年资本市场和服务法》(Capital Markets and Services Act 2007)的相关规定,基金管理是六项受 SC 监管的行为之一;开展与投资组合管理相关的基金管理业务,需要获得相应许可。[②] 因此,欲开展数字化投资管理业务,就必须获得 SC 授予的与投资组合管理相关的基金管理业务经营许可。[③] 原则上,适用于其他资本市场服务许可证(Capital Market Services Licence,CMSL)申请者的规定也适用于数字化资产管理;但基于其特殊性、独特价值等因素的考量,SC 在数字化资产管理牌照申请方面作出了一些特殊安排。

第一,对从业人员的要求。首先,依据《2007 年资本市场和服务法》第 64 条和第 65 条,CMSL 牌照申请者的总监、首席执行官、经理、实际控制人等要满足适当性要求,即具备良好的财务状况和信用记录,并且没有任何扰乱证券市场的行为。其次,必须始终拥有至少 2 名 CMSRL(CMSL 持牌者代表),并且该代表需要具备相应的资质。具体而言,数字化投资管理公司

---

① Securities Commission of Malaysia, Licensing Handbook 2020, 2. 05(2) of Chapter 2.

② Ibid., 2. 05(1) of Chapter 2.

③ 马来西亚实行的是分别牌照管理制度,SC 颁发的牌照类型很多,包括证券业务经营许可、衍生品业务经营许可、私人退休计划业务经营许可、与投资组合管理相关的基金管理业务经营许可、与资产管理相关的基金管理业务经营许可、证券或衍生品清算业务经营许可、外国中介商临时经营许可等。See Low Chee Keong, *Revisiting the Regulatory Framework of Capital Markets in Malaysia*, Columbia Journal of Asian Law, Vol. 14, No. 2, 2001, p. 287.

牌照申请者的代表必须满足以下两个条件：[①]（1）通过 SC 组织的许可考试中的第 9 项和第 10 项考试，其中，CFA 证书持有者可以豁免第 10 项考试；（2）从马来西亚政府认可的机构获得学位或者专业合格证书，并且拥有至少 2 年的与投资组合管理活动相关的基金管理从业经验；若不具备任何学位或者专业合格证书，则必须具备至少 5 年的上述从业经验。再次，必须拥有至少 1 名总监，该总监必须具备至少 5 年的基金管理从业经验，并且持有从事投资组合管理的 CMSRL 许可。[②] 最后，值得注意的是，SC 放开了对数字化投资组合管理牌照申请者从业人员的国籍限制，具体表现在：至少 1/3 的职工为马来西亚籍，至少 1/3 的持牌代表为马来西亚籍，以及至少拥有 1 名马来西亚籍的总监的规定，均不适用于数字化投资管理牌照申请者。[③]

第二，对技术能力的要求。作为数字化投资组合管理牌照申请者，必须具备相应的技术能力以支持数字化业务的运营。具体而言，数字化投资组合管理牌照申请者必须满足以下条件：[④]（1）对算法的逻辑、风险和规则有充分的了解与认识。（2）保证由算法生成的结果与申请者采用的投资策略相符，与投资者的风险画像相符，且符合证券法律和相关指南的规定。（3）具备一套技术管理体系以维护业务运营的安全环境。

第三，对资本的要求。依据相关法律规定，数字化投资组合管理申请者的最低注册资本为 200 万马来西亚林吉特，并且为实收资本；而且，申请者必须持续持有 200 万马来西亚林吉特的股东基金。[⑤]

综上所述，在数字化投资组合管理市场准入的具体条件问题上，马来西亚监管机构的思路也是基本遵从既有法律制度的规定，尤其强调对从业人员、技术和资本等方面的要求。同时，考虑该创新金融业态区别于以往金融机构的特点以及政府赋予它的期望，在某些条件上作出了特殊安排，比如对从业人员不再有国籍限制。这些具体规定既是数字化投资组合管理公司获

---

① Securities Commission of Malaysia, Licensing Handbook 2020, Table 2 & 3 of 4.05 of Chapter 4.

② Securities Commission of Malaysia, Licensing Handbook 2020, 4.02(18A) of Chapter 4.

③ Securities Commission of Malaysia, Licensing Handbook 2020, 4.02(36)(37)(38) of Chapter 4.

④ Securities Commission of Malaysia, Licensing Handbook 2020, 4.02(3A) of Chapter 4.

⑤ Securities Commission of Malaysia, Licensing Handbook 2020, 4.04 of Chapter 4.

得 CMSL 牌照的前提,是其合规、健康运营的基础,也是马来西亚政府和其证券监管部门对创新金融业态开放、包容态度的具体体现。

（三）不同智能投顾市场准入条件设定的比较分析

通过对上述两国智能投顾市场准入的具体条件进行比较分析,可以看出,两国既有相同之处,也存在较大的区别。相同之处主要体现在以下两个方面:一是两国针对该问题的解决思路是一致的,都是在沿用传统金融机构市场准入具体条件的基础上,针对智能投顾作出部分特殊安排;二是两国都特别强调对智能投顾牌照申请者从业人员和技术两方面的考察。

不同之处则体现在多个方面。首先,在对从业人员的要求方面,澳大利亚侧重于从业人员对智能投顾所依赖的算法、人工智能等科技的了解与认知能力,而马来西亚则侧重于对从业人员相关金融业务能力的考察。

其次,在对技术的要求方面,澳大利亚从保障业务正常运行和保护客户信息与数据安全两个方面对智能投顾提供商的技术系统提出要求,而马来西亚仅从保障业务正常运行角度对智能投顾提供商的技术系统提出要求。

再次,马来西亚特别强调了对智能投顾牌照申请者的注册资本要求,该最低限额低于其他受监管金融活动,而澳大利亚却未对智能投顾的注册资本作出特别规定。

最后,澳大利亚着重强调了对智能投顾牌照申请者的风险管理要求,充分考虑了智能投顾的特殊运作模式以及潜在风险,而马来西亚几乎没有涉及。

存在上述诸多差异,既与两国不同的资本市场发展水平、科技发展水平、证券法律制度相关,也与两国政府对市场自由与国家干预二者关系的平衡、证券监管机构的监管理念相关。澳大利亚是亚太地区资本市场发达的主要国家之一,[①]具备成熟、完善的证券法律制度和监管体系,尤为注重市场调节在资源配置中的主导地位,监管理念先进,始终把投资者保护放在首要地位。所以,在针对智能投顾市场准入具体条件设定问题上,可以说,澳大利亚的做法是走在世界前列的,代表着智能投顾法律规制的未来发展方向。受社会经济发展水平、国家政策等因素的影响,马来西亚的资本市场起

① Klaus Schwab & World Economic Forum, The Global Competitiveness Report 2019, p. 73.

步较晚,目前发展还处于中低水平,属于资本市场欠发达国家。相应地,马来西亚的证券相关法律制度、监管理念较为陈旧,并且带有浓重的行政色彩。故而,马来西亚对智能投顾法律规制的具体实践相对落后,不能代表智能投顾未来监管的发展方向。但是,马来西亚政府和证券监管机构对待智能投顾等创新金融业态包容、开放的态度,以及为促进金融创新发展所做出的积极努力,还是值得肯定的。

所以,在考察各国(地区)智能投顾的法律规制实践时,要结合当地的社会经济发展水平、国家政策、科技发展水平、主要市场主体的知识水平和相关理念等背景情况,首先对目标国家或地区有一个宏观层面上的了解。在此基础上,再对智能投顾法律规制的具体措施做微观层面上的解剖与分析。唯有如此,才能了解不同实践背后的深层次原因,而不是直接站在最高点对其评头论足。同时,在参考、借鉴他国做法时,也要充分考虑本国的实际情况,循序渐进,避免照搬、强行移植。

三、智能投顾市场准入条件设定的完善建议

智能投顾特殊的业务模式使其明显区别于传统投资顾问,在适用传统金融市场准入条件时面临诸多问题,如何解决这些问题是各国(地区)证券监管机构面临的首要挑战,也是智能投顾提供商能否展业、能否健康运营的关键。在对国际相关实践进行考察与分析的基础上,本书认为,智能投顾市场准入仍需遵守有关从业人员、信息技术系统、风险管理等条件的规定;同时,依据智能投顾的特有属性,应在适用时做出相应的变通安排,必要时新设准入条件。这种安排具有必要性与合理性。

(一)有关从业人员和机器人的条件设定建议

虽然智能投顾以机器人代替自然人,尽量排除人工干预,但还是应该拥有适当数量的自然人从业人员,并且对该自然人从业人员设置更高的资质要求。这是因为,一方面,当前的人工智能还处于“弱智能”水平,距离机器自我学习、自我思考、自我决策还有相当长的路程;另一方面,由于智能投顾高度依赖算法等技术,算法同质化、算法模型缺陷、编程设计错误、系统故障等引发的技术风险较传统投资顾问更为突出,需要人工干预以防范技术缺陷引发的系统性金融风险,保护投资者合法权益。所以,除满足从事金融业务的知

识储备、从业经验等传统资质条件外,该自然人还应具备足够的计算机等方面的知识储备,以便了解和监控智能投顾平台的运行。国际上,澳大利亚、加拿大等国对智能投顾的从业人员安排都做了类似的强制性规定。①

针对机器人是否以及如何适用原本适用于传统自然人投资顾问的资质要求,本书认为,应当新设专门针对机器人的资质条件,并通过适当的方式对其进行测评,以决定其是否能够面向客户提供相应服务。通常,自然人投资顾问应当具备从事投资咨询业务的知识图谱,通过专业考试或者对其从业经验的考察来判断其是否具备相应的能力。该知识图谱实际上是投资顾问各个业务环节所需知识的总结罗列。② 智能投顾的主要业务环节包括投资者画像、资产配置、投资组合选择、交易执行、投资组合再平衡、税损交割等。因此,机器人应当具备完成上述业务环节的功能,并将合规内容内置于各个功能的编程,以满足对其资质的要求。对此,可以依据智能投顾的各项业务内容,制定机器人测评指标,开发机器人测评系统,以便对机器人的各项功能逐一进行测评,从而判定其是否满足相应的资质要求。智能投顾提供商、证券监管机构都应具备相应的机器人测评系统,③以判断具体某一机器人是否能够面向客户提供服务。需要注意的是,智能投顾提供商与监管机构的机器人测评系统不一定必须相同,但前者机器人测评系统的具体标准设置只能高于后者,以保证公司的合规运营。

这种安排是必要的、可行的。一方面,若不对机器人设定具体的资质条件,那么各种水平的机器人才会充斥市场,由此生成的投资建议的质量无法保证,投资者的合法权益也得不到有效保障。另一方面,国际上已经出现了有关机器人测评系统的开发与应用实践。比如,2016 年,韩国金融服务委员会(Financial Services Commission,FSC)推出了一个“算法测评平台”,从

① 在加拿大,自然人投资顾问需要参与服务的全过程,并对投资决策承担责任。See CSA, Staff Notice 31 – 342: Guidance for Portfolio Managers Regarding Online Advice,2015,p. 1.

② 张家林:《人工智能投顾,需要从业资格考试吗》,载《华夏时报》2016 年 12 月 5 日,第 34 版。

③ 该机器人测评系统可能由金融机构,尤其是大型金融机构自行研发,也可能由证券监管机构自行研发,还可能由第三方机构研发。第三方机构或是受前述两类主体的委托,或是自行研发。See Baker Tom & Dellaert Benedict, *Regulating Robo Advice across the Financial Services Industry*, Iowa Law Review, Vol. 103, No. 2, 2018, p. 725 – 726.

算法的稳定性、收益性以及整体系统的安全性三个方面对智能投顾机器人的内置算法进行测评。[①] 澳大利亚虽然没有设置专门针对智能投顾机器人的测试安排，但是，在风险管理要求中，针对算法本身以及算法生成建议的测评都作了详细规定，这实际上也是对智能投顾机器人进行测评的具体表现。

（二）有关信息技术管理系统的条件设定建议

尽管智能投顾相关应用系统可以委托第三方开发，但是智能投顾提供商自身还是需要具备完善的信息技术管理系统。因为，智能投顾是金融与科技高度结合的产物，对计算机技术的要求极高，对互联网的依赖程度也极高，这就使得其面临的技术风险、网络风险等明显高于传统投资顾问。实践中，系统故障、程序错误导致的金融事件时有发生，往往造成惨重的损失。例如，2012 年骑士资本高频交易系统故障事件，在短短的 45 分钟内，造成了骑士资本高达 4.4 亿美元的损失。此次事件的起因是，骑士资本的系统管理员在对公司的交易系统平台进行升级时忘记更新服务器上的 SMARS 软件，使该软件残留在 Power Peg 软件模块中。[②] 又如，2013 年光大乌龙指事件，因公司内部使用的套利策略系统出现问题，在短时间内给公司造成了 1.94 亿元人民币的损失，并对当日中国 A 股市场造成巨大冲击。[③] 虽然二者都是因程序错误而产生损失，但究其根源，则是公司内部缺乏健全、完善的信息技术管理系统。随着金融科技与互联网在金融领域的广泛应用，金融数字化程度日趋提高，加之各种技术故障引发的金融事件频发，信息技术管理系统的重要性逐渐引起了金融机构、监管机构等市场主体的高度关注。所以，具备健全、完善的信息技术管理系统必须作为智能投顾市场准入的必备条件之一，而且，还应适用更高的标准。具体而言，健全、完善的信息技术管理系统应该至少满足以下两个标准：一是能够保障公司各项业务系统的

---

① Song Su-hyun, *Korea's First Test Bed for Robo-advisers to Open in September*, http://www.koreaherald.com/view.php?ud=20160828000237, 2020-08-31.

② Caroline Valetkevitch & Chuck Mikolajczak, *Error by Knight Capital Rips Through Stock Market*, https://www.reuters.com/article/us-usa-nyse-tradinghalts/error-by-knight-capital-rips-through-stock-market-idUSBRE8701BN20120801, 2020-08-31.

③ 梁雪：《光大证券不服乌龙指民事赔偿一审判决 将提起上诉》，载《证券时报》2015 年 10 月 8 日，第 5 版。

正常运行,尤其应具备有效可行的商业持续计划、灾难恢复计划等,在面对系统故障、突发意外事件等不利情况时,能够及时作出反应,中止或者避免损失的发生;二是能够保护客户信息及其他相关数据的安全性,且贯穿数据获取、传输、处理、储存的全过程。

(三)有关风险管理制度的条件设定建议

完善的风险管理制度通常是金融机构设立的必备条件之一,但针对智能投顾市场准入,需要特别强调风险管理,尤其是技术风险管理的必要性与重要性。这是因为,智能投顾高度依赖人工智能、算法等高新科技,技术性特征明显,甚至可以说,技术是驱动智能投顾运营的核心要素,①与其他传统金融机构相比,智能投顾的技术风险更为突出,它贯穿智能投顾所有业务环节,防范、化解更为棘手。同时,技术风险还会衍生出诸多其他问题。

一是信息不对称的扩大。区别于传统投资顾问人与人之间面对面的交流,智能投顾主要是通过互联网和电子终端设备将客户与智能投顾平台联结在一起,双方沟通变得数字化、程序化,双方的信任表达更加虚拟化,加之智能投顾本身的复杂性,使得信息不对称的现象扩大化。

二是交易风险的放大。一方面,智能投顾以人工智能替代人工,自动执行各项指令,业务速度明显高于人工投资顾问;另一方面,智能投顾在提供交易执行服务时,很可能用到程序化交易理论,而程序化交易的规模大、速度快,与智能投顾自动化的特征相结合,更容易放大交易风险。

三是责任主体的不确定。算法是人工智能的基础,②是智能投顾最为核心、最为基础的存在。然而,由于算法的专业性、技术性、隐蔽性、保密性的特征,算法黑箱问题一直困扰着理论界和实务界人员。因为无法或者很难明晰智能投顾的内部运作逻辑,一旦出现投资损失,那么,是由智能投顾平台、智能投顾提供商承担责任,还是由第三方服务提供商承担责任,以及承担何种程度的责任,都是很难认定的问题。因此,必须具备完善的风险管理制度,识别、评估、防范、化解包括技术风险在内的所有风险,以保障智能

① 蒋辉宇:《论智能投顾技术性风险的制度防范》,载《暨南学报(哲学社会科学版)》2019年第9期。

② [美]克里斯托弗·斯坦纳:《算法帝国》,李筱莹译,人民邮电出版社2014年版,第43页。

投顾的正常运行,保证数据和客户信息的安全,保护客户的合法权益。

(四)有关注册资本的条件设定建议

在注册资本问题上,本书认为,应该将实缴资本改为认缴资本,降低或者取消对智能投顾的注册资本要求。因为,最低注册资本实际上是一个非常低效的债权人保护机制。① 资本信用是支撑最低注册资本制的基本法理,但实践中,为了满足最低注册资本的要求,虚假注资、找人垫资、抽逃资本等违法违规现象频发,可以说,在一定程度上,资本信用已经名存实亡。另外,创业型金融科技公司是智能投顾的先驱,是发展智能投顾的主要力量,在促进智能投顾发展过程中起着举足轻重的作用。虽然这类创业公司在科技水平方面占据明显优势,但在财富积累、资本规模方面还远未达到传统金融机构的高度。如果设置过高的注册资本门槛,那么大部分创业公司以及其他中小型金融机构将被拒之门外,公平竞争环境的缺失,将阻碍智能投顾优势的充分发挥以及进一步发展,进而影响金融创新和整个金融行业的发展。

那么,在弱化或是取消注册资本制的情况下,如何保护债权人的权益呢?在此问题上,美国的做法可圈可点。在美国,依据相关法律法规,智能投顾属于《1940 年投资顾问法》界定的投资顾问范畴,必须向 SEC 或者州证券监管机构注册。无论哪种途径,智能投顾都必须提交注册申请表(Form ADV),②这是两种注册途径唯一的共同之处。如果是向 SEC 申请注册,那么,一旦审核通过,SEC 将会在 45 天内宣布注册生效。而如果向州证券监管机构申请注册,除注册申请表外,可能还需提交财务状况说明、操作说明、客户合同、合规手册等文件,只有在所有资料被审核通过后,才会被宣布注册生效,通常,这一过程会超过 45 天。对比之下,向 SEC 注册程序更便捷,速度更快,因此,大多数智能投顾倾向于向 SEC 申请注册。但是,向 SEC 申请注册必须满足两大门槛之一,或者在注册日期 120 天内拥

---

① 黄辉:《公司资本制度改革的正当性:基于债权人保护功能的法经济学分析》,载《中国法学》2015 年第 6 期。

② 注册申请表分为两部分,第一部分是选择题形式的表格,主要供证券监管机构使用;第二部分是一个叙事性质的小册子,主要是信息披露的内容。See SEC, *Form ADV* (*Paper Version*), https://www.sec.gov/about/forms/formadv-instructions.pdf, 2021-03-03.

有至少1亿美元的资产管理规模,或者适用SEC 203A－2(f)最终规则,作为"计算机顾问"申请运营。[①] 对于大部分智能投顾而言,1亿美元的资产管理规模要求是一大障碍,因此,多数选择适用SEC 203A－2(f)豁免条款直接向SEC申请注册。依据SEC 203A－2(f)规定,申请者必须完全通过交互式网络向客户提供投资咨询服务,不能有人工进行相关解释或说明。这对大多数智能投顾而言,是很容易达到的条件。在这种情形下,智能投顾不用满足1亿美元的资产规模管理要求,即可直接向SEC申请注册。值得一提的是,这项规则是SEC在2002年出台的,[②]是一个十分具有前瞻性的规定,为高新科技进入投资顾问领域扫清了障碍。

可见,美国并未将注册资本作为投资顾问的注册条件,而是将资产管理规模作为申请注册的必备要素,强调资产信用才是公司信用的基础。[③] 从固定的原始资本转向动态的资产规模,以资产代替资本,更能反映公司的实际债务清偿能力和支付能力,表明公司资本制改革由资本信用转向资产信用的方向。因此,本书认为,取消注册资本的要求,将资产管理规模设定为投资顾问牌照申请的条件;针对智能投顾降低资产管理规模的数值要求,或是直接取消该项限制,是最为理想的做法。

(五)有关经营场所的条件设定建议

在经营场所问题上,虽然各国(地区)基本上都将经营场所设定为金融机构市场准入的条件之一,但是,目前尚未发现针对智能投顾经营场所的特殊规定。本书认为,智能投顾应该具有固定的经营场所,但该场所的用途不同于传统投资顾问,除用于申请许可注册外,其最大的功能在于为计算机主机等设备的储存和运行提供空间。这是支持智能投顾运营的关键业务设施。对于智能投顾的经营场所要求,有两点需要注意:一是该场所的选择要充分考虑与外部接口链接的便利性、交易速度、运行速度等因素;二是不必

① SEC, *Final Rule: Exemption for Certain Investment Advisers Operating Through the Internet*, https://www.sec.gov/rules/final/ia－2091.htm,2020－09－02.

② SEC 203A－2(f)规则在2002年12月12日发布,2003年1月20日生效。

③ 实际上,很多国家都已废除了最低注册资本制度,不以最低注册资本和实缴资本作为公司设立的前提,如美国、日本、德国等。参见邹芳、臧俊恒:《法定资本制改革的逻辑与抉择》,载《北京工业大学学报(社会科学版)》2017年第4期。

要设置营业网点,因为智能投顾的客户终端多是 App 形式,客户通过电脑或者智能手机就可享受服务。

当然,上述并未穷尽智能投顾市场准入的所有条件,实践中所遇到的挑战远非文字描述这般简单,还需结合智能投顾的现实运营状况与问题,对其市场准入法律规制进行持续性探究。

第四节　智能投顾市场准入沙箱监管的价值分析与实践考察

一、智能投顾市场准入沙箱监管的价值分析

金融科技在创新金融模式、降低金融服务成本、提高交易速度、扩展服务范围等方面具有显著的优势,在过去十年取得了令世人瞩目的成就,给人类社会经济生活带来了颠覆式的改变。但是,2008 年国际经济危机,给各国经济造成了重大打击,其影响波及社会经济生活的方方面面。在此之后,各国(地区)监管部门纷纷加大了对金融机构的监管力度,这些举措在防范系统性金融风险、维护金融市场稳定、保护投资者合法权益方面起到了不可忽视的作用。但是,这些监管措施也带来了一些问题,随着时间的推移,这些问题变得越发严重,逐渐引起了包括监管部门和金融机构在内的实务界和理论界的关注。其中,过于严格的法律规则和监管措施在一定程度上遏制了金融创新,损害了金融自由,影响了金融市场的效率,不但激发了相关金融机构的不满与抗议,也引起了监管部门对当前法律法规和监管措施的深刻反思:在经济危机十多年后的今天,是否还需要更多地强调金融稳定和投资者保护而忽视金融创新,是否应该重新考虑金融稳定与金融创新、金融自由之间的价值平衡问题。

作为金融与科技相结合的产物,智能投顾是金融创新的典型代表,其最大的优势就是能够以更低的成本随时随地向投资者提供更便捷、更高效的投资建议,几乎不受人工失误或者偏见的影响,充分彰显着规模经济和人工智能的效应。然而,受经济危机的影响,目前多数国家还是采取比较严苛的金融市场准入条件以及其他相关法律规制,这一方面给智能投顾市场准入和后续业务的开展造成了障碍,增加了其合规负担,不利于智能投顾自身资

源的优化配置;另一方面也给监管部门带来了极大的监管负担,致使监管效率低下。同时,智能投顾高度依赖算法、人工智能等创新科技,与传统投资顾问存在显著差别,该如何适用现有规则对其进行规制,存在很大的不确定性。此外,智能投顾的主要客户群体是以中低收入为主的散户,自身能力有限,无法对由算法生成的建议的适当性进行评估,更容易做出冲动、未经深思熟虑的投资决策。最后,在智能投顾的业务模式下,投资者的风险偏好、投资需求等个人信息很可能被忽略,被划分为同一类型的投资者很可能会得到相同的投资建议,存在算法同质化的风险,极易引发系统性金融危机。

但是,现有法律法规和监管措施无法解决智能投顾面临的上述问题,唯有寻求新的途径。除新设法律法规或者对现有法律法规做出扩张或限缩性解释外,英国于 2015 年提出的沙箱监管概念可能是解决智能投顾法律规制面临的困境的一大出路。

从国际实践来看,沙箱监管是促进金融创新、减少监管不确定的重要举措。尽管在具体实施上不同国家或地区存在些许差异,①但是,在有关沙箱监管的基本理念和实施路径上,各国(地区)的做法基本上是一致的。具体而言,首先,要设定沙箱准入的评估标准,将具有创新性、有益于消费者或者金融服务行业的发展作为必须满足的条件之一;其次,在一定的空间和时间内,监管部门针对性地放宽特定法律法规的要求;最后,采取适当的保障措施保护消费者权益、维护金融市场稳定。

大量的例证表明,沙箱监管在促进智能投顾等金融创新发展方面起着十分重要的积极作用。首先,与金融市场准入相比,沙箱准入的标准明显较低,更有利于初创公司等金融科技创新型公司的进入。其次,进入沙箱的实体能够在相对宽松的法律法规和监管要求下开展服务,而不必担心是否会因违背相关法律法规而立即遭受惩罚,降低了监管的不确定性。再次,一旦通过了沙箱测试,在正式申请市场准入的时候,速度会比普通情况下申请快

---

① 比如,是否允许已获得相关牌照的金融机构申请进入沙箱等。See Ahern Deirdre, *Regulators Nurturing Fintech Innovation: Global Evolution of the Regulatory Sandbox as Opportunity-Based Regulation*, Indian Journal of Law and Technology, Vol. 15, No. 2, 2019, p. 363.

得多,匹配了金融创新更新迭代迅速的特性。最后,它还为监管部门提供了一个很好的学习和提升过程,有助于监管水平的提升,甚至推动相关法律法规的修改或者新的立法。这是因为,监管部门对人工智能、算法、云计算、区块链等高新科技的了解与认知程度普遍较低,如何评估、识别、防范这些创新科技带来的风险,以及如何对这些创新型金融服务进行监管,都是监管部门面临的现实挑战。而沙箱监管提供了一个监管部门与创新金融机构对话的机制,双方充分对话、密切合作,便利了两个主体之间的信息交换,增加了监管者在创新科技方面的知识与经验,从而提升监管水平,推动相关法律法规的修改与完善。

但是,沙箱监管并不是万能的,也不是十全十美的。它是一个信息高度密集型的制度安排,沙箱容量很大程度上取决于投入资源的多寡。并且,它还有规制俘虏的风险。① 此外,监管部门必须针对每个沙箱实体的具体情况来划定相应的法律法规范围,以放宽适用标准,并且制定相应的额外保障措施,在一定程度上加重了监管负担。但是,瑕不掩瑜,沙箱监管在促进金融创新方面的巨大效用是有目共睹的,并且还会继续在更广泛的范围内发挥其优势作用。

综上所述,通过沙箱监管所提供的对话机制,监管部门和沙箱实体之间实现沟通与合作,这样不仅能够降低监管的不确定性,增强双方对创新科技的了解,而且还能为沙箱实体申请市场准入、获取相关牌照提供便利。因此,可以将沙箱监管作为特定实体正式进入市场之前的一个试验程序。智能投顾当然属于金融科技的范畴,沙箱监管的制度安排正好契合了智能投顾的发展需要,所以,各国(地区)的监管部门可以考虑将通过沙箱监管测试作为智能投顾提供商市场准入的必要前置条件。并且,一旦智能投顾提供商通过测试,在进入牌照申请环节时,可适当减少不必要的条件或程序限制,提高审核效率;若智能投顾提供商在测试过程中中止或者退出,也可以

---

① 规制俘虏,即"regulatory capture",指的是一种政府腐败现象,即某一政治实体、政策制定者或者监管机构采取的使特定领域或者利益团体受益,而损害公众利益的行为。See Thaw David, *Enlightened Regulatory Capture*, Washington Law Review, Vol. 89, No. 2, 2014, p. 372. 此处是指监管部门过分强调金融创新,在放松相关法律法规和监管措施约束时,未采取适当保障措施,以致损害消费者权益、危害市场稳定。

减少不必要的资源浪费。此外,在实行沙箱监管测试过程中,有三点需要特别注意:一是要坚持具体问题具体分析的思路,针对不同的申请者、不同的测试产品分别制定相应的评估和审核标准;二是要把握好金融创新与金融安全、消费者保护之间的平衡关系,在放宽特定法律法规的限制时,要采取充分的、适当的保障措施以保护消费者权益,维护金融市场稳定;三是要时刻牢记金融创新的最终目的是普惠于消费者,要将该价值追求贯穿沙箱监管运行的始终。

二、智能投顾市场准入沙箱监管的实践考察

沙箱监管是英国“创新工程”的一大重要举措,[①]旨在支持企业新产品、新服务的开发,促进金融业的竞争和发展,从而使消费者受益。沙箱监管的核心内容是,创设一个安全空间,让企业在一个真实的市场环境中对其创新产品、服务、商业模式、传送机制等进行测试,在一定时间段内,适用相对宽松的法律规定和监管措施,并通过适当的安全措施保障金融系统的稳定性、保护投资者的合法权益。大量的实践证明,沙箱监管在促进金融创新、降低监管不确定性、减少合规成本和监管成本等方面起着十分重要的作用。在智能投顾等金融科技问题上,紧随英国的做法,许多国家和地区也都在积极尝试通过沙箱监管来探索金融科技的规制路径和具体措施,典型如新加坡。

(一)英国

英国是最早提出沙箱监管概念的国家。为此,2015 年,FCA 专门出台了《沙箱监管报告》,[②]对沙箱监管的具体实行做了详细阐述。其中,FCA 着重强调了企业进入沙箱的标准,认为这些标准既能保证企业享受公平、透明的待遇,也能保证其宗旨是为了消费者的利益。具体而言,企业申请进入沙箱的标准有以下几点:第一,企业是否在沙箱监管的适用范围内,即企业开

---

① “创新工程”指 project innovate,是英国为促进金融服务领域的创新与竞争而启动的一项工程,除沙箱监管外,还有理财顾问部门、个性化支持。See FCA, *Innovation-Fintech, Regtech and Innovative Businesses*, https://www.fca.org.uk/firms/innovation, 2021-03-03.

② FCA, *Regulatory Sandbox*, https://www.fca.org.uk/publications/documents/regulatory-sandbox, 2020-09-04.

发出的新方案是否是为了支持金融服务行业的发展；第二，创新，即新方案是否新颖，是否与现有金融服务有显著不同；第三，为消费者利益，即创新是否能够为消费者带来预期的可观利益，并且，在整个沙箱测试期间该标准都应该被持续满足；第四，目的，即企业是否具有明确的进入沙箱测试的目的；第五，背景调查，在开发新方案、了解可适用规则、降低风险方面，企业是否投入了足够的资源。[①] 同时，为了降低测试期间和测试之后潜在的风险，FCA 和企业密切合作，针对每个试验的特性采取相应的安全保障措施，如额外的资本要求、系统穿透测试等。[②] 一般情况下，企业进入沙箱监管大致要经历以下几个步骤：(1) 企业向 FCA 提出沙箱监管测试申请，对新方案以及自身如何满足申请标准作出说明；(2) FCA 对测试申请进行审核，作出同意与否的决定，如果申请满足要求，那么 FCA 将分配一个专案官员作为缔约一方；(3) FCA 与企业合作共同制定测试方案，包括测试范围、结果评估、报告要求和安全措施等；(4) FCA 宣布测试开始，企业依据双方达成的方案进行测试；(5) 测试完成后，企业向 FCA 提交测试结果最终报告，FCA 负责审查；(6) 企业退出测试，并决定是否在正常市场中开展该项创新业务。[③]

智能投顾是理财顾问市场的新兴领域，大量企业试图通过进入沙箱监管，在一个真实的环境中对其算法模型进行测试。[④] 为了降低智能投顾算法模型给出不适当建议的风险，在测试开始之前，FCA 与企业就相关安全保障措施达成一致，其中，最突出的措施当属由专业的人工理财顾问对算法生成的建议进行二次审核。该理财顾问既有权对算法生成的建议进行核查，在必要的时候，还能够对建议进行修改。在 FCA 举办的关于自动化理财顾问的论坛上，与会者均表示能够在沙箱监管内进行测试，对于智能投顾

---

① FCA, Regulatory Sandbox, 2015, 3. 4.

② FCA, Regulatory Sandbox Lessons Learned Report, 2017, 2. 6.

③ FCA, Regulatory Sandbox, 2015, 3. 19, Chart 1 – Firm Journey.

④ 然而，并非所有的申请企业都能成功进入沙箱监管，FCA 会严格审查各个企业是否满足沙箱进入标准。虽然，与法定的市场准入标准相比，该标准比较宽松，但是也能够将大部分不适格的企业排除在外。See Cristian Angeloni, *UK Regulator Rejects* 30 *Robo-advice Applications*, https://international-adviser.com/uk-regulator-rejects-30-robo-advice-applications/, 2020-09-04.

的发展是非常有益的。①

（二）新加坡

新加坡一直致力于将本国打造成一个智慧金融中心，尤其强调科技在金融领域的应用，以此推动金融业的发展、创造新的机遇、提高人们的生活水平。而实现这一目标的关键驱动因素是拥有一个有助于科技创新应用的监管环境。目前，在新加坡，金融机构只要能够履行尽职调查的职责，并且遵守相关法律和监管规定，那么就可以在暂未获得 MAS 许可的情况下开展新的金融服务。然而，随着金融科技的快速发展，依赖金融科技的创新型金融服务变得越来越复杂，导致诸多金融机构不确定其是否满足法律和监管要求，监管不确定问题日趋严重。在这种情形下，部分金融机构或者初创公司稳妥起见，更多地倾向于不去拓展新的创新业务，从而遏制了金融创新，错失发展机遇。为了解决上述问题，鼓励更多的金融科技进行测试，MAS 引入了沙箱监管机制。具体而言，金融机构或者任何感兴趣的公司均可申请进入沙箱监管，在一定的空间和时间内，MAS 将放宽特定法律和监管规定的要求，以便在生产环境中测试创新型金融服务。同时，还必须具备适当的保障措施以防范不利结果，维护金融系统的安全与稳定。申请者应该对沙箱监管的目的和原则有基本性的认识，不能将沙箱用作规避法律和监管要求的手段。

同样，MAS 也设置了沙箱进入标准，主要包括以下几点：（1）被推荐的金融服务应该包含新兴科技，或者采用创新的方式使用现有科技；（2）被推荐的金融服务应该能够解决某一问题，或者有益于消费者或者行业发展；（3）在退出沙箱之后，申请者有意愿并且有能力在新加坡更广阔的市场上开展被推荐的金融服务；（4）应该预先制定明确的测试方案，明晰预期试验结果，沙箱实体应该按照与 MAS 达成的时间表，向 MAS 报告测试进程；②（5）应该明确界定边界条件，以便在沙箱有效运行的同时，充分保障消费者权益、维护行业稳定与安全；（6）能够评估、减轻由被推荐的金融服务引发的重大风险；（7）应具备可接受的退出策略或者转型策略，以便应对被推荐

---

① FCA，Regulatory Sandbox，2015，1.2.

② 沙箱实体，即“sandbox entity”，指满足标准进入沙箱进行测试的企业。

的金融服务不得不中止,或者在退出沙箱之后继续在更广阔的市场开展服务的情形。[①] 同时,MAS 明确了不能适用沙箱的情形,即被推荐的金融服务与已经在新加坡开展的服务相同,除非申请者能够证明采用了不同的科技或者相同科技的应用方式不同;申请者不能证明已履行尽职调查的职责,包括在实验室环境中测试被提议的金融服务,以及了解开展被提议金融服务所需遵守的法律和监管要求。[②]

此外,MAS 还就中止沙箱测试、沙箱测试期限延长、退出沙箱做出了明确的规定。在下列情形下,沙箱试验会被中止:MAS 对沙箱测试的结果不满意;沙箱实体不能在期限结束时遵守全部的法律和监管要求;出现了在沙箱测试期间无法解决的缺陷,且该缺陷所导致的风险远高于该服务带来的好处;沙箱实体违背了在沙箱测试期间的约定条件;沙箱实体自动申请中止。[③] 如果沙箱实体想要延长沙箱期限,那么必须在到期日前一个月向 MAS 提出申请,并提供相关理由支持。[④] 在退出沙箱之时,如果 MAS 和沙箱实体都认为预期测试结果已实现,并且沙箱实体能够遵守全部的法律和监管要求,那么沙箱实体就可以继续开展被推荐的金融服务。[⑤]

在新加坡理财顾问市场中,也出现了不少提供数字化咨询服务的金融科技公司,[⑥]通过自动化的、以算法为基础的工具向客户提供咨询服务,无人工干预或仅有限人工干预,也就是智能投顾。在正式进入市场前,智能投顾提供商也倾向于先申请沙箱监管测试,以便明晰法律和监管要求,降低监管的不确定性。比如,2017 年 8 月 10 日进入沙箱开始为期九个月试验的初创公司克里斯多投资顾问(Kristal Advisors),已如期完成测试退出沙箱,并顺利获得资本市场服务全牌照(Capital Market Service License,CMS),向

---

① MAS,Fintech Regulatory Sandbox Guidelines,2016,6: Sandbox Evaluation Criteria.

② MAS,Fintech Regulatory Sandbox Guidelines,2016,5. 5.

③ MAS,Fintech Regulatory Sandbox Guidelines,2016,7. 4.

④ MAS,Fintech Regulatory Sandbox Guidelines,2016,7. 2.

⑤ MAS,Fintech Regulatory Sandbox Guidelines,2016,7. 3.

⑥ 目前,新加坡知名的投资顾问有 StashAway、AutoWealth、MoneyOwl、EndowUs 等。

所有散户和合格投资者提供智能投顾服务。①

本章小结

金融安全和金融自由是金融法追求的主要目的,如何平衡二者之间的关系,是立法机关和监管部门共同面临的挑战。当今,信息技术日新月异,更新迭代十分迅速,科技与金融的融合造就了不胜枚举的金融创新,颠覆着人们以往的认知,改变着人们的生活理念和方式。然而,凡事都具有两面性。过度地追求金融自由,放任金融创新的自我发展,很容易导致资源配置的不均衡,造成金融市场的不稳定,损害投资者的合法权益,因此,必须予以规制。

智能投顾作为金融创新领域的典型代表,发展前景十分广阔,在充分发挥市场调节作用的基础上,还必须依赖国家干预来保障其健康、可持续地发展。对智能投顾实行市场准入制度,既是市场自由的内在需求,也是国家对智能投顾进行事前干预的重要方面,在提高金融效率、保障金融安全、促进金融公平方面发挥着重要作用。国际实践表明,各国家或地区基本上都是沿用现有法律制度和监管框架对智能投顾进行规制,并辅之以相应的指引、报告等官方文件。受不同金融体制、法律制度和监管体系的影响,在国际上,智能投顾市场准入主要有统一牌照管理模式和分别管理牌照管理模式两种。在市场准入具体条件设定的问题上,各国家或地区也基本上都是在现有法律规定的基础上做出适当的变通,以应对智能投顾对传统金融市场准入条件提出的挑战。

然而,过分地追求金融安全,又会抑制金融自由,阻碍金融创新,不利于新兴金融业态的发展。同时,由于金融科技高度的技术性特征,监管存在不

---

① Mookerjee, Ishika, *Fee-free Robo Advisor Launched for HNW Investors*, https://citywireasia. com/news/fee-free-robo-advisor-launched-for-hnw-investors/a1176079,2020 - 09 - 05; Fintechnews Singapore, *Secretive Startup Tests Wealthtech Product in Singapore Fintech Regulatory Sandbox*, https://fintechnews. sg/13497/roboadvisor/secretive-startup-tests-wealthtech-product-singapore-fintech-regulatory-sandbox/,2020 - 09 - 05.

确定性，所有这些都在敦促监管部门寻求新的解决途径。而沙箱监管正好迎合了上述需求，被越来越多的国家和地区认可，并应用到包括智能投顾在内的金融科技的监管上。简而言之，必须平衡好金融安全与金融自由之间的关系，唯有如此，才能在促进金融创新的同时，维护金融市场的稳定与安全，保护投资者的合法权益。

以上为智能投顾事前规制的具体内容探讨，是智能投顾正式进入市场开展业务的第一步，为事中运作环节的法律规制讨论奠定了基础。

第三章　智能投顾市场运作的法律规制

在获得市场准入许可之后，智能投顾便进入正常的市场运作阶段。这一阶段是智能投顾充分发挥其优势、实现其价值的阶段，也是各种问题、各种风险集中爆发的阶段，如何对其进行规制，直接影响投资者保护和金融市场稳定。本章首先对智能投顾市场运作法律规制的必要性进行了阐释，确立了智能投顾市场运作法律规制的基本原则，在此基础上，主要从信义义务、信息披露和算法规制三个方面对智能投顾市场运作中的法律规制展开具体论述，以引发对相关问题的进一步思考。

第一节　智能投顾市场运作法律规制的理论证成

一、智能投顾市场运作法律规制的本质探析

（一）智能投顾市场运作法律规制是市场秩序的必然要求

哈耶克在《法律、立法与自由》中指出："秩序是事物的一种状态，在这种状态下，纷繁众多的各种因素彼

此互相联系,使我们可以从熟悉的部分空间或事件中得出对其余部分的合理期待,或者至少使我们有可能得出合理的期待。"①市场秩序是哈耶克所有社会理论中的核心概念,他认为,"社会理论的任务在于这样一项努力,即重构存在于社会之中的各种自生自发的秩序"②。由此,自由是市场秩序的本质,效率是市场秩序的优势,法治是市场秩序的保障。③

在本质上,市场秩序应当是一种赋予市场主体以自由、充分发挥市场主体主动性和积极性、市场主体之间自发竞争的市场状态,如此,才能充分彰显市场秩序的优势,即反映市场真实价格,促进市场创新,提高市场效率。④但是,由于市场调节的自身缺陷,市场秩序并不总是呈现理想的状态。此时,就需要国家这只"有形的手"的干预。其中,法治被认为是构建良好市场秩序的基础。因为,只有在法治体系内,市场主体才能获得行动的私人领域,才能拥有真正的自由,市场秩序才能维持并不断扩展。⑤

对智能投顾市场运作进行法律规制,实际上是对智能投顾的具体业务进行规范与监督,这既是出于现实需要,也是维持金融市场秩序的必然需求。因为,实践中,智能投顾因业务不规范的现象比较普遍;而且,金融科技长期游走于金融监管的边缘,损害投资者权益、扰乱市场秩序的现象比较普遍。⑥ 所以,必须对智能投顾运作的各个环节加以规制,从而构建良好的市场秩序。

(二)智能投顾市场运作法律规制是金融监管的应有之义

金融行业是一个受高度监督和管理的行业,因为它联系着人们的生计,是现代经济的命脉。⑦ 长期以来,由于缺乏规模性,金融科技惯于游走于监

---

① [英]弗里德利希·冯·哈耶克:《法律、立法与自由》(第1卷),邓正来等译,中国大百科全书出版社2000年版,第3页。

② [英]弗里德利希·冯·哈耶克:《自由秩序原理》,邓正来译,生活·读书·新知三联书店1997年版,第7页。

③ 袁礼斌:《市场秩序论》,经济科学出版社1999年版,第152页。

④ 曾贵:《哈耶克市场秩序的三个维度及其启示——基于〈致命的自负〉和〈自由秩序原理〉的文本解读》,载《中共南京市委党校学报》2009年第4期。

⑤ 洪银兴:《市场秩序和规范》,上海三联书店、上海人民出版社2007年版,第357页。

⑥ 叶斯琦:《智能投顾方兴未艾 监管空白待填补》,载《中国证券报》2018年11月23日,第6版。

⑦ 史福厚:《金融监管导论》,中国对外经济贸易出版社2004年版,第13页。

管边缘,逃避金融监管。[①] 但是,随着金融科技的快速发展并逐渐成为金融行业的主流趋势,金融科技监管被提上日程,备受重视。

金融监管是指一国的中央银行或者其他金融监督管理机构依据法律法规的授权,对金融行业实施监督和管理。[②] 之所以要对金融进行监管,是因为金融除了在市场资源配置等多个方面具有正面效用外,还具有一定的负面影响:金融机构的内在脆弱性、金融市场的内在脆弱性、金融资产价格的内在波动性等,深刻影响着一国的金融稳定与经济安全。对金融实行监督和管理,能够保障金融活动的有序、健康开展,有效防范、化解金融风险,维护金融稳定与安全。

智能投顾是金融科技的典型应用,作为金融业的组成部分,理应受到监管。并且,由于科技因素的融入,智能投顾等金融科技的潜在风险更为隐蔽、危害性更大。[③] 比如,算法"黑箱"导致智能投顾提供商与投资者之间信息不对称加剧,人工智能代替自然人能否履行作为受托人的注意义务备受质疑,等等。虽然监管通常被视为一项令人讨厌的事物,尤其是在科技领域。[④] 但是,监管对于智能投顾等金融科技的发展意义十分重大:一方面,它能够在法律框架内保障智能投顾的自由发展,促进金融进一步创新,增强市场竞争力;另一方面,它还能够规范智能投顾的各项业务活动,防范、化解金融风险,维持金融市场秩序,从而维护金融安全,保护投资者合法权益。因此,对智能投顾市场运作实行法律规制是金融监管的应有之义和必然要求。

二、智能投顾市场运作法律规制的价值分析

(一)维持市场秩序

秩序与安全密切相关,有序意味着在社会进程中行为的规范性、进程的

---

① Yadav Yesha, *Fintech and International Financial Regulation*, 53 Vanderbilt Journal of Transnational Law, Vol. 53, No. 3, 2020, p. 1109.

② 参见郭田勇主编:《金融监管学》(第4版),中国金融出版社2020年版,第3~15页。此外,广义的金融监管还包括金融机构的内部控制、行业自律组织的监管等。

③ Arner Douglas W., Barberis Janos & Buckey Ross P., *FinTech, RegTech and the Reconceptualization of Financial Regulation*, Northwestern Journal of International Law & Business, Vol. 37, No. 3, 2017, p. 412.

④ Loesch Stefan, *Guide to Financial Regulation for Fintech Entrepreneurs*, Wiley, 2018, p. 3.

连续性、事件的可预测性、风险的可控性以及纠纷解决的和平性等。[①] 为了实现秩序性，金融法律规制必须对金融行为的正当性与合法性设置一定的规则或标准，以此来保障金融的安全与稳定。[②] 对智能投顾市场运作进行法律规制，以法律条文明确其应当遵守的各项义务和标准，严禁利益冲突等行为，能够引导智能投顾规范运营，防范、化解金融风险，形成良好的金融市场秩序。如此，一方面构建了金融安全网，有利于金融安全与稳定；另一方面也增强了投资者与智能投顾之间的信任，有助于投资者合法权益的保护。同时，良好的市场秩序也为智能投顾行业的竞争创造了良好的环境，能够促进金融创新，推动智能投顾进一步发展。

（二）保证金融效益

效益是企业追求的主要目标之一，企业天然具有趋利性。[③] 在优胜劣汰的市场竞争规则下，效益也是金融机构的主要追求之一。虽然从字面上来看，法律规制包含限制与约束之意；但是，从长远来看，法律规制有助于实现金融行业的整体效益。因为，“在一定意义上，经济法是经济效益法，经济法的制度和规定都是以获取经济效益为出发点，以获得经济效益为终点”。[④] 在制定金融法律制度时，成本与效益的对比是一项重要的评估指标，同时，能兼顾安全与效益之间的平衡。对智能投顾市场运作进行法律规制，能够有效减少、避免个别智能投顾为追求短期效益而扰乱市场秩序、阻碍行业发展的行为，从而保障智能投顾行业的长远发展和整体效益。

（三）促进金融创新

作为当代金融行业发展的主流之一，金融创新与金融法律规制相互影响、相互促进。金融法律规制对金融创新的促进作用主要体现在金融机构为了规避法律规制、追逐利益，积极寻找新的金融工具和管理方式，从而推动了金融创新。[⑤] 智能投顾本身就是一项金融创新，是人工智能等科技与

① ［古罗马］奥古斯丁：《论秩序》，石敏敏译，中国社会科学出版社2017年版，第17页。

② 参见朱崇实、刘志云主编：《金融法教程》（第4版），法律出版社2017年版，第81～83页。

③ 参见杨善林主编：《企业管理学》（第4版），高等教育出版社2020年版，第214页。

④ 潘静成、刘文华主编：《中国经济法教程》（第2版），中国人民大学出版社1995年版，第63页。

⑤ 祁敬宇主编：《金融监管学》（第2版），西安交通大学出版社2010年版，第34页。

金融的创新融合。但是,就目前智能投顾的发展状况来看,还有很大的提升空间,如智能投顾在履行注意义务过程中还存在缺陷、在信息披露的有效性方面还存在不足、存在算法同质化的风险等。对智能投顾市场运作进行法律规制,明确该业务的各项标准与要求,能够引导智能投顾提供商与开发商进一步完善相关技术与服务,进而促进金融再创新。

第二节 智能投顾市场运作中的信义义务法律规制

无论智能投顾的业务价值链是否完整,智能投顾作为投资顾问的观点是得到广大学术界、实务界和证券监管机构认可的。因此,从逻辑上讲,传统投资顾问所应遵循的信义义务,同样也适用于智能投顾。但是,由于智能投顾运作模式的特殊性,智能投顾是否还需要遵守信义义务?智能投顾能否满足信义义务的要求?在向客户提供投资咨询服务时,能否要求智能投顾遵守和传统投资顾问相同的信义义务标准?智能投顾信义义务的责任主体如何认定,等等,都对传统信义义务的具体内涵提出挑战,亟须监管机构等相关部门予以明确。

一、智能投顾信义义务的理论阐述及其法律规制的考察

信义义务源于英美法系中的信托制度。梅特兰认为,信托制度是英国在法学领域取得的最杰出、最伟大的成就,[①]对英美国家的社会经济生活意义重大。随着现实社会的发展和对信托理论研究的深入,有关信托关系中受托人的义务也逐渐明晰并法制化,并且其适用范围一再扩张,在调整社会经济生活方面起着举足轻重的作用。

(一)智能投顾信义义务的理论阐述

学术界对信义义务的理论研究中,财产理论和信赖理论与投资顾问领域的信义义务关系最为密切,对理解信义义务的具体内涵以及讨论智能投

---

① Maitland, F. W., *Selected Essays*, Cambridge University Press, 1936, p. 129.

顾能否适用以及如何适用信义义务大有裨益。[1]

财产理论源于信托法,是建立在受托人对委托人的财产拥有法律上或者事实上的控制这一情形之上的。依据该理论,信托关系的存在以信托财产为前提。[2] 信托关系和信义关系是不能等同的两个概念,因为,实践中很多信义关系并不存在财产因素,或者说至少不存在传统法律意义上的财产因素;较之信托关系,信义关系的范围更广一些,是信托关系的上位概念,信义义务的适用范围也要大于信托义务。但是,这并不妨碍财产理论在理解信义义务方面的助益,尤其是在智能投顾这类明显具备法律意义上的财产因素的行业。

信赖理论则认为,若一方当事人给予另一方当事人以信赖,当事人之间则构成信义关系。[3] 但是,并不是所有的信赖都会构成信义关系,信义关系中的信赖与合同等关系中的确信和期待存在显著不同。同时,信赖既可以是当事人之间主观上的给予与确认,也可以是外在因素促使一方当事人信赖另一方当事人,如健全完备的法律。

至于信义义务的内涵,不同法系有着不同的表述:在英美法系中,信义义务等同于信托义务,指信托法中的受托人为了受益人的最大利益而行事的义务;在大陆法系中,信义义务即善良管理人义务,指管理人以像处理自己事物一般的注意态度处理他人事物。信托义务和善良管理人义务虽然在表述上存在差异,但是其本质是一致的,即为他人最大利益行事的利他性义务。总结来看,信义义务是指受托人基于委托人的信任与信赖,以最大限度的忠实、注意态度,为委托人的利益最大化行事。[4] 具体而言,信义义务包含忠实义务和注意义务。忠实义务是指受托人应当忠实于委托

---

① 除财产理论和信赖理论外,有关信义义务的理论研究还包括合同理论、脆弱性理论、不平等理论、权力和自由裁量理论等。参见范世乾:《信义义务的概念》,载《湖北大学学报(哲学社会科学版)》2012 年第 1 期。

② Penner James, *The Law of Trusts*, 10th edition, Oxford University Press, 2016, p. 5.

③ 范世乾:《信义义务的概念》,载《湖北大学学报(哲学社会科学版)》2012 年第 1 期。

④ 一起有关信义义务内涵界定的代表性案件的法官解释道:"在日常生活中,普通人之间被允许的很多行为方式,在信托关系中则是被禁止的;受托人被赋予了比市场道德更为严格的义务,它不仅要求忠实,而且更注重行为的方式与标准。" See Meinhard v. Salmon, 164 N. E. 545, 546, 1928.

人的利益,[①]尽量避免与委托人之间的利益冲突,不得滥用权利牟取不正当利益。注意义务是指受托人要以善良管理人的注意态度为委托人行事,勤勉谨慎,不得疏忽懈怠;较之一般人的注意义务,对受托人的注意义务要求更高。

智能投顾与客户之间的法律关系是基于客户对智能投顾本身功能的信赖,或者对他人推介的信赖,或者对法律的信赖等而建立的,依据信赖理论,二者之间构成信义关系。如果智能投顾也提供投资组合管理等服务,那么智能投顾对客户的资产就拥有了事实上的控制,依据财产理论,智能投顾与客户之间就构成了信托关系。无论从何种角度来看,智能投顾对客户负有信义义务是确定无疑的。其中,忠实义务要求智能投顾应当为客户的最大利益行事,通过全面、公正的信息披露,避免因利益冲突可能给客户带来的损失。在智能投顾运作过程中,智能投顾提供商与客户之间、智能投顾算法开发商与客户之间、客户与客户之间,都可能存在相冲突的利益,这就需要智能投顾提供商采取适当的方法消除或者避免利益冲突。而最经常的做法就是通过信息披露,将投资决策的最终决定权交由客户行使。注意义务要求智能投顾在服务过程中应该做到勤勉尽责,充分考虑客户个人情况,包括但不限于客户的经济状况、投资目标、风险偏好等,在此基础上,提供符合客户最大利益的适当性建议以及最佳执行方案。

(二)智能投顾信义义务法律规制的考察与评析

从国际实践来看,智能投顾被纳入投资顾问的法律范畴,投资顾问作为受托人所适用的信义义务当然也适用于智能投顾。但是,受诸多因素的影响,如证券市场发展水平、金融体制、监管部门对信义义务的解释等,各国或各地区在智能投顾适用信义义务的具体要求与标准上存在不同程度的差异。对各国或各地区智能投顾信义义务法律规制情况进行考察,有助于发现智能投顾在适用现行有关信义义务法律规定过程中存在的问题与不足,为完善智能投顾信义义务法律规制提供有益启示。

---

① 在信托法律关系中,委托人和受益人是有严格区分的,严格来讲,受托人应该以受益人最大利益行事。但是,为了表述便利,在不影响文意表达的基础上,本书对委托人和受益人不作区分。

1. 智能投顾信义义务法律规制的考察

(1)美国智能投顾信义义务法律规制的考察

依据2017年美国SEC发布的官方文件《智能投顾监管指南更新》，智能投顾属于投资顾问，适用所有有关投资顾问的法律法规。[①] 在美国，投资顾问的外延十分广阔，基金经理、投资顾问、理财规划师等都被认定为投资顾问，受《1940年投资顾问法》和其他相关法律约束。《1940年投资顾问法》的理论基础是投资顾问是一个受托人。作为受托人，投资顾问必须避免与客户的冲突利益，禁止不公平地利用客户对其的信赖。投资顾问对于客户的责任不仅是忠实和善意，必须时刻对提供不公正、不客观建议的可能保持警觉，无论这种可能是有意识的还是无意识的；而且，即使没有损害客户利益的主观意图，甚至客户也没有遭受金钱损失，投资顾问也可能构成对相关法律规定的违反。《1940年投资顾问法》并没有针对投资顾问制定一个全面的监管框架，而是施加给投资顾问一个概括性的信义义务，督促其以客户的最佳利益行事。但是，《1940年投资顾问法》中并没有设定专门的信义义务条款，SEC也没有制定专门的信义义务规则，甚至信义义务也不是投资顾问与客户之间合同约定的结果。之所以存在信义义务，是因为投资顾问与客户之间信赖关系的本质，是在规制投资顾问的相关法律实施过程中施加给投资顾问的强制性的义务。

具体而言，有关信义义务的规定主要体现在《1940年投资顾问法》第206条反欺诈条款中。本来该条款意在禁止投资顾问从事一切欺诈、欺骗或操纵性行为，但是，1963年，在"美国证券交易委员会与资本利得研究机构案"中，美国联邦最高法院指出："《1940年投资顾问法》表明，国会认识到投资顾问法律关系本质上是一种信托关系，国会意图消除或者至少披露所有可能的利益冲突，这些利益冲突的存在可能会致使投资顾问有意识或无意识地向客户提供不公正的投资建议。"[②]这种主张被美国联邦最高法院的后续判决再次确认。[③] 据此，

---

① SEC, IM Guidance Update: Robo-advisers, 2017, p. 1 – 2.

② SEC v. Capital Gains Research Bureau, Inc., 1963, 190 – 192.

③ Transamerica Mortgage Advisors, Inc. v. Lewis, 1979. 联邦最高法院在本案中指出："《1940年投资顾问法》为投资顾问设定了联邦层面上的信义义务标准，该法的立法历程也清楚地表明了国会向投资顾问施加信义义务的意图。"

《1940年投资顾问法》第206条实际上为投资顾问额外设定了一个更高的义务要求,即信义义务,要求投资顾问必须时刻以客户的最佳利益行事,不能将自己的利益凌驾于客户利益之上。不同于《证券交易法》第10(b)条,投资顾问法律关系一旦成立,投资顾问的信义义务就贯穿整个服务过程,而不是仅限于有关证券买卖的欺诈行为。而且,投资顾问的信义义务是不能被约定免除的,合同中诸如投资顾问不是受托人的声明条款、所有利益冲突"一揽子"豁免条款、《1940年投资顾问法》特定义务豁免条款等,都是违反《1940年投资顾问法》的,是无效的约定。

依据2019年SEC发布的IA-5248号释令《证监会有关投资顾问行为标准的解释》,①投资顾问信义义务的核心要求是投资顾问必须时刻以客户最佳利益行事,无论是忠实义务,还是注意义务,都围绕其展开。

①忠实义务

忠实义务要求投资顾问不能将自己的利益凌驾于客户利益之上。为满足这一要求,投资顾问必须向客户全面、公正地披露所有与服务相关的重要事实。需要明确的是,虽然全面、公正地披露所有相关重要事实和客户的知情同意能够使投资顾问避免违反信义义务,但是,仅仅这些还不足以满足以客户最佳利益行事的要求。

关于披露内容,依据相关规定,如果一个理性客户认为某一信息是重要的,②或者遗漏、误传某一信息情况会对理性客户造成重要影响,那么该信息就是法律意义上的重要事实。③ 因此,利益冲突、双重注册的特性、投资机会在适格客户之间的分配等都在重要事实的范畴之内,均应予以相应披露。其中,双重注册指的是公司或者个人既是注册经纪—交易商,也是注册投资顾问。在这种情形下,公司或个人必须充分披露什么时候提供经纪—交易服务,什么时候提供投资顾问服务,什么时候进行角色转换。在适格客户之间分配投资机会时,可能会面临投资顾问本身和客户之间的利益冲突、

---

① SEC,Release No. IA - 5248; SEC, *File No.* S7 - 07 - 18, *Commission Interpretation Regarding Standard of Conduct for Investment Advisers*, https://www.sec.gov/rules/interp/2019/ia-5248.pdf, 2021-03-03.

② SEC v. Steadman, Part 2 Adopting Release at n. 35, 1992.

③ TSC Indus., Inc. v. Northway, Inc., 1976.

不同客户之间的利益冲突的情形，此时，投资顾问必须就与分配政策相关的利益冲突做出全面、公正披露，以便客户知情并作出决定同意。在分配投资机会时，允许投资顾问考虑客户的类型与目的、服务范围等；而且，投资顾问不必要采取按比例的或者某一特定的分配方法，只要分配政策不妨碍向客户提供符合其最佳利益的建议即可。

关于披露形式，应该做到清晰明确、详细具体，以便客户（尤其是散户）能够理解并在知情基础上作出同意与否的决定。客户的类型、服务范围、重要事实的类型等因素都影响披露的最终效果。在披露的详细程度、对术语的解释等方面，面向机构客户的披露明显不同于面向散户的披露，因为二者在知识水平、投资经验等方面存在显著差距。但这并不是要求投资顾问保证客户理解这些披露的信息，并在知情的前提下作出同意与否的决定，而是要求只要保证正常情况下客户能够理解这些信息即可。当然，如果投资顾问在明知或者有合理理由知晓客户并不理解披露信息的情形下，接受客户对于冲突事项的同意，是违反信义义务要求的。对于确实无法清晰阐释的利益冲突，投资顾问可以选择消除该项利益冲突，或者采取适当措施减轻该冲突可能给客户带来的损失，以满足信义义务的要求。

此外，SEC 还要求，在与客户或者潜在客户签订服务合同之时或之前，投资顾问需要向其提供一个小册子和公司关系汇总表，分别列明与客户有关的利益冲突和与公司有关的利益冲突等信息，以鼓励客户充分考虑这些冲突并进行相应咨询。

②注意义务

注意义务要求投资顾问在向客户提供服务过程中，勤勉尽责，保持善良管理人的注意态度，包括三个方面的具体要求。

首先，注意义务要求投资顾问向客户提供符合其最佳利益的建议，包含向客户提供适当的建议。[①] 为满足这一要求，投资顾问需要做到两点：一是投资顾问必须对客户的目的有清楚的了解，这是提供符合客户最佳利益建

---

① 1994 年，SEC 提出了一项规则，投资顾问的信义义务要求其只能向客户提供适当的建议。虽然该规则并未被采纳，但是，该项规则已经被融入《1940 年投资顾问法》的适用规定之中，并且，SEC 认为向客户提供适当的建议，是以客户最佳利益行事的内在要求之一。See SEC v. Tambone，2008；SEC v. Moran，1996.

议的关键。为此,投资顾问应该对客户的经济状况、投资经验、投资目标等做一个全面的调查,形成一个理性的投资者画像。同时,针对散户,投资顾问还必须定期更新投资者画像,以保证对客户目标的准确了解,并根据更新情况对建议做出相应调整。更新的频率取决于事实本身,如投资顾问是否意识到该事实变动可能会影响投资者画像的准确性或者完整性,进而影响建议的适当性。但是,针对机构客户,尤其是基金,鉴于投资顾问主要是依据客户的投资授权行事,此时,更新投资者画像的要求是不适用的,除非双方服务合同中有约定。二是投资顾问需要有合理理由支持其所提供的建议是符合客户最佳利益的。这些合理理由可以是所提供的建议与客户的画像(如风险承受能力)相匹配、所提供的建议的投资标的经过充分调查①等。值得注意的是,成本也是建议是否符合客户最佳利益的影响因素之一,在考虑相似投资产品或投资策略时,注意义务并不要求投资顾问提供最低成本的投资产品或投资策略。如果仅是向客户提供最低成本的投资建议,而没有全面考虑其他因素,那么,该投资顾问可能并不能满足向客户提供符合其最佳利益建议的要求。相反,如果向客户提供成本较高的投资建议,且有合理理由认为该投资建议的优势远超其高成本,那么从客户画像来看,则可能是符合客户最佳利益的建议。此外,如果就账户类型问题提供建议,那么,投资顾问应该将客户提供的所有账户类型都考虑在内,并在账户类型不符合客户最佳利益时告知客户。

其次,在投资顾问有责任选择经纪交易商执行客户交易的情形下(通常是账户全权委托管理),注意义务还要求投资顾问满足最佳执行的要求。也就是说,投资顾问必须保证客户每一笔交易的总成本和总收益处于最佳平衡状态,在交易发生时,能够将客户的利益最大化。为此,投资顾问应该考虑目标经纪交易商的各方面因素,最高质量的交易,而非最低成本,才是最佳执行义务的决定性因素。同时,投资顾问还应对目标经纪交易商进行定期评估,以保证最佳执行要求的满足。

---

① 信义义务要求在提供建议之前,投资顾问必须对相关投资标的做充分的调查,禁止在不完全、不准确的信息基础上提出建议;否则,SEC 将会对其采取强制措施。See SEC, *Concept Release on the U. S. Proxy System*, *Investment Advisers Act Release* No. 3052, https://www.sec.gov/rules/concept/2010/34-62495.pdf, 2021-03-03.

最后，注意义务还要求投资顾问在服务关系存续期间定期检查服务是否符合客户最佳利益。定期检查义务的适用范围取决于投资顾问与客户的服务内容和期限。如果是持续性的资产管理服务，那么投资顾问就必须定期履行该项检查义务；如果只是提供一次性建议、一次性支付费用的服务模式，那么投资顾问就不适用该项检查义务。

（2）欧盟智能投顾信义义务法律规制的考察

欧盟对提供投资建议服务的投资顾问和提供资产组合管理的投资经理（或者基金经理、资产管理经理）有着严格区分，需要分别适用不同的牌照许可管理规定。① 因此，在欧盟国家，智能投顾需要按照业务的具体内容来适用分别牌照管理制度。但是，无论是投资顾问，还是投资经理，都是在客户对其信赖的基础上，依据客户的授权，为客户利益行事，二者之间构成信义关系。因此，作为受托人的投资顾问或者投资经理，对其客户负有信义义务。与美国等绝大多数国家相同，欧盟视角下的信义义务也包含忠实义务和注意义务（或谨慎义务）。通常，忠实义务要求受托人善意地为受益人最佳利益行事，公正地平衡不同受益人之间的利益冲突，避免其他相关利益冲突，不得利用自身职位、职权为自己或者第三人牟取利益，不得滥用受益人赋予的权利；注意义务要求受托人要以一个普通谨慎人的注意态度为受益人行事。② 可见，在对信义义务内涵的理解问题上，美国与欧盟的差异主要体现在注意义务的评估标准上，前者是善良管理人标准，后者是理性谨慎人标准。但是，无论何种标准，信义义务的核心目的和宗旨是一致的，即保护投资者。

鉴于信义义务是一个高度概括、原则性的概念，欧盟法律法规中也没有专门的信义义务条款，而是散见于投资公司相关义务规定和判例之中。有关信义义务的相关法律规定主要体现在 MiFID Ⅱ第 23 条、第 25 条第 2 款，

---

① 比如德国和英国，详见本书第二章第二节。英国曾经也是欧盟成员国之一，针对投资顾问和资产管理，也是采取分别牌照管理模式。鉴于英国于 2020 年 1 月 31 日才正式脱离欧盟，本书在讨论欧盟一般性问题时，仍然将英国涵盖在内。

② Johnston Andrew & Morrow Paige, *Fiduciary Duties of European Institutional Investors: Legal Analysis and Policy Recommendations*, University of Oslo Faculty of Law Research Paper, 2016,4. p. 1 – 2.

以及《欧盟委员会授权条例》(Commission Delegated Regulation)第54条。不同于美国,欧盟将适当性义务以明文规定纳入法律文本之中,因为,在欧盟议会和委员会看来,适当性评估是投资者保护的一个关键要素,应当适用于提供投资咨询和投资组合管理服务的投资公司规制。

①适当性义务

有关适当性义务的相关法律规定,可以从以下几方面把握。

第一,客户信息收集的相关要求。其一,收集的信息内容。投资公司应当依据服务的特征和性质,收集作出适当建议或决策而必需的客户信息,[①]包括客户的经济状况、投资目标、客户的知识和经验等。其中,客户的经济状况包括日常收入来源、日常收入金额、个人资产(包括流动性资产)、投资、不动产以及日常债务等;客户的投资目标包括持有投资的预期期限、风险偏好、风险画像、投资目的等。需要注意的是,在客户是多个自然人或者一个自然人代表多个自然人时,投资公司应当制定相关方案以明确具体哪一个自然人作为适当性评估的基准,并将该方案记录在册;在客户是法人或者自然人代表时,经济状况和投资目标信息应当以法人所代表的企业实体和自然人代表所代表的自然人为准,知识和经验信息应当以企业实体的法定自然人代表或自然人代表为准。其二,信息的真实可靠。投资公司还应当采取合理措施保证所收集的客户信息是真实可靠的,这些措施包括但不限于:保证客户能够清楚提供准确和最新信息的重要性;保证适当性评估所采用的所有工具都是适用的、为便利客户而合理设计的,如果出现缺陷也能及时修补;保证信息收集过程中所使用的问题能够被客户理解,并且能够准确获取必需的客户信息;保证客户信息的一致性;[②]等等。其三,信息的更新。在持续性投资服务关系中,投资公司还应当采取适当措施,保证客户信息的准确性和实时性,即应当对客户信息更新做出相应的安排。

第二,特殊情形的相关要求。如果投资公司提供的是"一揽子"投资服

① 适当建议或决策的标准包括:满足客户的投资目标,客户能够了解并且在经济上承担该建议或决策的风险等。

② 比如,采取适当措施,检查客户提供的信息是否存在明显的错误。

务或投资产品,那么投资公司应当保证所有服务或产品都是适当的。在涉及投资转换的投资服务时,投资公司应当考虑有关客户目前持有的投资和目的投资的所有信息,并对转换进行成本和收益分析,以确定转换收益是否高于成本。在持续性投资服务中,投资公司应当根据客户的风险画像和所提议的金融工具种类,定期对建议或决策的适当性进行评估,频率至少为每年一次。

第三,在提供投资建议或者投资策略时,投资公司应当向散户提交一份适当性报告,其中包含建议或策略的概要、建议或策略为什么是适当的等内容。如果是持续性投资服务关系,那么在每次适当性评估之后都要向客户提交适当性报告,后续报告可以只包括变动的信息。

第四,禁止性规定。在尚未获得必需的客户信息情形下,投资公司不得向客户提供投资建议或投资策略。在提供的投资建议或投资策略不适当的情形下,投资公司不得向客户建议执行该建议或策略。

第五,有关自动化投资服务工具,MiFID Ⅱ中也做了特别说明。如果投资服务全部或者部分通过自动化或半自动化工具提供,适当性义务并不能豁免,而是由提供该项服务的投资公司承担。

可见,MiFID Ⅱ不但再次确认了适当性义务对投资者保护的重要性,而且还将该义务进一步强化,所以,MiFID Ⅱ有史上最严金融监管法规之称。[①] 除适当性要求外,近年来,欧盟一直致力于将ESG标准引入信义义务的内涵,并且取得了一定的进展。

②ESG标准

随着社会的发展与进步,环境、气候等问题引起了人们越来越多的关注,可持续发展成为全球各国面临的共同挑战。在投资领域,负责任投资与可持续金融逐渐成为全球资本市场发展的新趋势。[②] ESG标准就是在这样

---

① 项梦曦:《欧洲金融业迎来最严市场监管法规　迈入全新监管周期》,载中国金融新闻网2018年1月4日,https://www.financialnews.com.cn/hq/yw/201801/t20180104_130851.html。

② 负责任投资是指将环境、社会和企业治理因素纳入投资决策过程的一种投资策略和实践,是对传统财务分析和投资组合管理模式的补充。See Sparkers Russell, *Socially Responsible Investment: A Global Revolution*, Wiley, 2002, p. 21.

的大背景下产生并发展的。

ESG标准,或者ESG投资,首次出现在2005年的富而德报告(Freshfields Report)中,是指在投资过程中将环境、社会、企业治理相关因素考虑在内的一种价值理念,强调金融的可持续发展。[①] 具体而言,环境标准主要考察被投资企业作为大自然管理者之一是如何作为的,如企业的具体活动对自然资源的保护情况、对气候的影响、对环境的影响等;社会标准主要考察被投资企业是如何处理与雇员、供应商、客户、运营所在社区等之间关系的,以及企业产品效用与安全、企业税收等对社会的影响等;企业治理标准主要考察企业的组织结构、内部控制、审计、薪酬管理、股东权利等,该标准在实际投资中的重要性最为直接、客观。[②] 将ESG标准纳入信义义务范畴,是弥补信义义务传统狭义解释存在的缺陷和满足现实需求的必然需求。

长期以来,无论是投资者还是投资者受托人,在做投资决策时很少将环境、气候、社会等价值因素考虑在内,受托人的信义义务一直局限在短期投资收益的最大化。换言之,按照传统信义义务的狭义解释,投资者受托人在作出投资决策时只需将目标投资企业的财务状况、盈利能力等考虑在内即可,而不必考虑企业在社会责任等方面的表现。尽管过往实践证明,这种对信义义务狭义的传统解释在保护投资者权益方面起着重大的、不可替代的作用;但是,随着社会的发展和时代的进步,日益突出的环境和社会问题在威胁着人们生存环境的同时,也推动着人们价值观念的转变。此时,对信义义务传统的狭义解释已经不合时宜了,而将ESG标准纳入信义义务的具体要求已然成为不可扭转的趋势。

首先,ESG作为一项投资标准,已经得到了世界范围内的广泛共识。目前,负责人投资原则(Principles for Responsible Investment,PRI)签署者已经超过了4902个,负责任投资资产规模达到了121.3万亿美元,而且还在持续增加。[③] 2018年,PRI组织向签署者提出了负责任投资最低要求,即负

① UNEP Finance Initiative, A Legal Framework for the Integration of Environment, Social and Governance Issues into Institutional Investment, 2005.

② Ali Murad Syed, *Environment, Social and Governance (ESG) Criteria and Preference of Managers*, Cogent Business & Management, Vol. 4, No. 1, 2017, p. 86.

③ PRI, 2021 - 22 Annual Report, 2022.

责任投资的资产管理规模必须在50%以上,公司高层管理人员必须作出负责任投资的承诺,实行负责任投资问责机制;并且,要求签署者在年度披露报告中对负责任投资原则的实施和进展情况作出说明。① 这些事实表明,在负责任投资的理念和实践动机之间是有连接的,将ESG标准纳入投资分析、投资决策的考虑因素之中,已经成为投资的必要组成部分。

其次,ESG标准不仅是道德、伦理层面的要求,它也具有重大的现实经济意义。实践经验和学术研究都表明,ESG标准是分析投资价值的重要考量因素。② 诸如气候变化、食品安全等系统性问题,很可能对经济产出产生负面影响,进而对特定部门、行业、区域的投资产生深远影响。ESG标准正好契合了这种投资需求,帮助投资者或者投资者受托人分析环境、社会等问题对投资的潜在影响,避免因错误评估投资风险而作出不适当的投资决策。可见,在投资过程中忽视ESG标准的考量,很可能构成对信义义务的违反,ESG标准已经成为谨慎投资的核心要求之一。

最后,从国际上来看,大多数国家或地区都在逐步地将ESG标准纳入其国家政策和法律框架。③ 目前,全球已有近千项官方法律文件经过修订将ESG标准纳入其中,鼓励、支持投资者将包括ESG标准在内的长期价值驱动因素考虑在内。④ 这些举措的核心目的是在金融和可持续发展之间构建一座桥梁,而ESG标准则是这座桥梁的基石,通过转变投资者的价值取向,引导实体经济的发展方向,进而为可持续发展做出贡献。

综上可知,ESG标准已然从一个边缘概念演变成一个主流价值理念,将目标投资企业对环境、社会的外部影响内部化,不仅强调企业在整个社会网络中的角色,而且也注重社会系统性问题对企业的影响。目前,不只是欧

---

① PRI, Minimum Requirements, 2016.

② Ismail Sila & Kemal Cek, *Social Responsibility on Economic Performance: Australian Evidence*, Procedia Computer Science, Vol. 120, No. 32, 2017, p. 797.

③ 当前,各国或各地区的政府、监管部门等都意识到,气候变化、可持续发展等问题呈现的系统性风险,需要明确的、有针对性的全球干预。加入《巴黎气候协定》《可持续发展目标》,将可持续因素考量纳入金融监管者的任命,都是这些干预的具体体现。See Newcombe Andrew, *Sustainable Development and Investment Treaty Law*, Journal of World Investment & Trade, Vol. 8, No. 3, 2007, p. 361.

④ PRI, 2021 - 22 Annual Report, 2022.

盟国家已经制定了引入ESG标准行动方案,美国、英国、加拿大、日本、巴西、南非等国家也相继公布了引入ESG标准行动方案,在将ESG标准纳入国家政策、法律制度和监管体系中进行着积极探索。

欧盟一直是ESG标准的积极倡导者和实践者。比如,2016年欧盟议会和欧盟理事会发布的第2341号指令规定:"治理体系应当将投资决策过程中与所投资资产有关的环境、社会和治理因素考虑在内,并且应当对其进行定期审查。"①2019年欧盟议会和欧盟理事会提出议案,要求修改第2341号指令,规定金融市场主体应当在与客户签订合同之前将有关可持续发展的事项进行披露。② 这些规定实际上是ESG标准的法律化,换言之,将ESG标准从一项倡议性的理念上升到具有强制力的法律规定。智能投顾作为金融市场主体之一,当然也需要遵守上述法律规定。从某种意义上来看,ESG标准实际上施加给智能投顾等金融市场主体更多的注意义务,从而将智能投顾的信义义务拓展、延伸。

2. 不同智能投顾信义义务法律规制的比较分析

通过上述考察可以发现,除少数措辞表述上的差异外,美国和欧盟国家对智能投顾信义义务的解释和适用基本上是一致的。双方都认同信义义务是一项原则性的要求,所以各自法律文本中并没有专门针对信义义务规定的条款。双方也都主张信义义务的核心目的是保护投资者合法权益,核心要求是以客户的最佳利益行事。在信义义务的适用范围与主体、具体内容方面,双方观念也是一致的,具体而言:信义义务以投资中介商和客户之间的信义关系为基础,适用于所有的投资者受托人,包括提供投资咨询服务的投资顾问以及提供资产管理服务的资管经理等;在适用自动化工具等媒介提供投资服务时,信义义务的适用主体是提供该项服务的公司;信义义务包含忠实义务和注意义务,前者要求受托人通过充分的披露来避免利益冲突

---

① EUR-Lex, *Directive* (*EU*) 2016/2341 *of the European Parliament and of the Council on the Activities and Supervision of Institutions for Occupational Retirement Provision* (*IORPs*), https://eur-lex.europa.eu/legal-content/EN/TXT/? uri = CELEX%3A32016L2341, 2021-03-03.

② EUR-Lex, *Proposal for a Regulation of the European Parliament and of the Council on Disclosures Relating to Sustainable Investments and Sustainability Risks and Amending Directive* (*EU*) 2016/2341, https://eur-lex.europa.eu/legal-content/EN/TXT/? uri = CELEX%3A52018PC0354, 2021-03-03.

可能给客户带来的损失,后者要求通过充分收集必需的客户信息向客户提供适当性建议和最佳执行方案。其中,信息披露和客户信息的收集是信义义务履行的两大核心要素,关系最终投资建议或投资决策的质量。

双方差异主要体现在两个方面:一方面有关注意义务的评估标准问题,美国采用的是善良管理人的标准,欧盟采用的是理性谨慎人的标准;另一方面有关适当性义务,欧盟将适当性义务的具体评估标准明文列入法律条款之中,美国虽未将该义务纳入法律条文当中,但实际上适当性义务已经融入其他投资顾问义务条款内容之中,并且一直被践行着。虽然措辞、形式上有所差异,但并无实质性差异。

虽然,美国和欧盟在信义义务的解释和适用问题上保持着高度的一致,但它们也都意识到,这种对信义义务的解释已经过时了,不能满足当前的监管需求了。近年来,随着社会的发展和进步,人们的社会责任意识逐渐增强,投资者,尤其是年轻投资者,更倾向于将资金投向他们认为有特定价值的领域,比如目标投资企业致力于环境污染治理可能会更吸引这类投资者的注意。为了满足这一市场需求,许多基金、经纪商、智能投顾等已经探索并开始提供 ESG 标准的金融产品。比如,美国两大智能投顾提供商“改良”(Betterment)和“财富前线”(Wealthfront),已经开始引入 ESG 标准来吸引投资者。① 依据美国可持续投资和负责任投资论坛基金会的一项报告,在 2018 年年初,有关 ESG 标准的投资规模达到 11. 6 万亿美元,而两年前该数字只有 8. 1 万亿美元,2022 年该数字已达到 121. 3 万亿美元。此外,随着气候、环境、社会等问题日益凸显,各国政府、国际组织给予了高度关注,纷纷采取相应措施予以应对,甚至将 ESG 标准等价值理念法制化,在国家层面普及推行。因此,有必要对狭义的传统信义义务解释进行更新、扩张,将 ESG 标准引入信义义务的具体内涵之中,将 ESG 标准不仅作为智能投顾的行为准则,也作为监管部门的监管依据。

---

① The Investopedia Team, *What is Environmental, Social and Governance (ESG) Investing?*, https://www.investopedia.com/terms/e/environmental-social-and-governance-esg-criteria.asp, 2020 - 09 - 12.

二、智能投顾对传统信义义务法律规制的挑战[①]

当前,在国际监管实践中已经达成了一种共识,即智能投顾是投资顾问。所以,如同其他投资顾问一样,智能投顾与客户之间也构成信义关系,对客户负有信义义务。但是,智能投顾通过算法驱动的机器自动提供投资服务,几乎无自然人干预,这种独特的运行模式导致其在适用信义义务时引发了诸多争论,争论的核心无外乎智能投顾能否像自然人投顾一样履行信义义务。[②]

如前所述,信义义务主要包含忠实义务和注意义务两方面,核心要求是以客户的最佳利益行事。

首先,智能投顾能否履行忠实义务。忠实义务要求投资顾问要尽量避免与客户有关的利益冲突,在无法避免的情况下,必须向客户充分披露相关信息,以便客户在知情的前提下作出是否接受服务的决定。智能投顾也有与自然人投顾相同的利益冲突,因此,它完全可以通过充分的、全面的利益冲突披露,获得客户的知情同意,从而豁免自身的忠实义务。但是,智能投顾或者自然人投顾能够在多大程度上通过客户的知情同意来豁免忠实义务是存在争论的。从 SEC 监管实践来看,无论投资顾问与客户之间的合同约定了多大程度的利益冲突豁免,SEC 依然将该投资顾问认定为受托人,[③]也就是说,多大程度地豁免忠实义务,并不影响投资顾问对信义义务的履行。这种监管实践根深蒂固,短时间内可能不会有显著变化。因此,在本书看来,通过充分的信息披露,智能投顾能够履行忠实义务的要求,故而,忠实义务不是考虑智能投顾能否履行信义义务的主要标准。

其次,智能投顾能否履行注意义务。无论是善良管理人标准,还是谨慎理性人标准,注意义务都要求投资顾问要勤勉尽责,以客户最佳利益行事,

---

① 此处之所以加上"传统"二字,是因为本部分内容未将 ESG 标准问题考虑在内,尽管它也是智能投顾对信义义务的挑战内容之一。

② 本书对该问题的探讨,不是为了证明智能投顾不是受托人,不用履行信义义务;而是在承认智能投顾是受托人的前提下,具体考察其是否能够完成信义义务的要求,从而引发对智能投顾现行监管框架的深入思考。

③ Fein, Melanie L., *Are Robo-Advisors Fiduciaries?*, University of Oxford Worcester College, 2017, p. 5.

向客户提供与其整体画像相匹配的、适当的投资建议或者投资决策。

本书试图通过拆分智能投顾的运作流程，逐一分析每一步骤下智能投顾的具体表现，以分析判断智能投顾能否满足注意义务的要求。

第一，客户信息收集，这是智能投顾运作的第一步，也是整个流程中最为关键的一步，信息的多寡与质量，对最终结果有直接的、重大的影响。从各国证券监管机构、自律组织以及相关国际组织对智能投顾的调查报告来看，①在客户信息收集方面，智能投顾主要问题是收集的信息不全面、不准确。使用电子问卷来收集客户信息是当前智能投顾通行的做法，不同智能投顾的问卷在内容和形式上存在很大差异，问题的多少和质量决定所收集的信息是否全面、充分。实践中，问题的整体设计以及具体表述方式，都影响客户答复的准确度，比如，问题表述是否清晰、是否易于客户理解，问题表述是否具有明显的倾向性从而引导、诱导客户做出某种选择，等等。多数问卷设计形式比较固化、不灵活，不向客户提供问题解释的功能；而且，除列出选项外，未向客户提供补充额外信息的途径，这很可能使智能投顾错失有关客户的重要信息。此外，由于无自然人参与，在客户答复出现明显矛盾、不一致的情况下，智能投顾无法与客户进行沟通确认；对此，无论是采取折中方案，还是采取保守方案，②最后得出的建议都很可能不符合客户的真实投资目的与需求。

第二，客户画像，即对收集的客户信息进行分析以全面把握客户的财务状况、投资需求、风险偏好、风险承受能力等情况。该步骤的关键是投资顾问要勤勉尽责，对收集到的信息进行核实与综合分析。但是，智能投顾的固有缺陷使其并不具备核实和综合分析客户个人情况的能力，它所得出的用户画像，在很大程度上并不是建立在机器分析之上的结果，而是客户自行评估、自行选择的结果，很可能与客户的真实情况不相符。而且，它通常不把

---

① 比如，ASIC, Consultation Paper 254 Regulating Digital Financial Advice and Draft Regulatory Guide Providing Digital Financial Product Advice to Retail Clients, 2016；CSA, Staff Notice 31 – 342—Guidance for Portfolio Managers Regarding Online Advice, 2015；ESAs, Joint Committee Discussion Paper on Automation in Financial Advice, 2015；etc。

② 折中方案是指综合考量客户相矛盾的答复，取其"中间值"；保守方案则指在客户相矛盾的答复中，采纳风险性较小、数值较低的答复。See Fein, Melanie L., *FINRA's Report on Robo-Advisors Fiduciary Implications*, University of Oxford Worcester College, 2016, p. 5.

客户在其他机构的账户资产情况考虑在内,[①]在这种情况下,智能投顾就无法从整体上来评估投资组合是否符合客户的最佳利益。

第三,生成投资建议或投资决策,即将客户画像与预设的投资标的相匹配。为向客户提供适当的、符合客户最佳利益的建议或决策,投资顾问需要将所有投资标的作为一个组合,整体评估其风险和收益。但是,大部分的智能投顾都不具备这项功能,只是将预设好的投资组合与客户画像进行匹配,从而给出并不完全个性化的建议或决策。而这种低水准的个性化建议,绝非符合客户最佳利益的建议。

由上可以看出,在整个运作流程中,智能投顾很难尽到自然人投顾般的注意义务,它所提供的投资建议更多的是"目的导向型"的建议,[②]而非针对特定客户的个性化建议,更非符合客户最佳利益的建议。但是,不同于忠实义务,投资顾问的注意义务是不能免除的,即使获得客户的知情同意也是不能豁免的。正如美国马萨诸塞州的证券监管部门在其2016年政策声明中指出的一样:投资顾问试图免除自身勤勉尽责、为客户最佳利益行事义务的行为,使与客户之间的信义关系反了过来,对于州注册投资顾问而言,这种行为是不被允许的。[③] 实际上,美国联邦法律和SEC也不允许投资顾问通过任何途径免除自身的注意义务,明确表明,有关投资顾问信义义务的"一揽子"免责条款是无效的。[④] 此时,就面临这样的难题,既然智能投顾无法满足注意义务的具体标准,那么它还能被看作受托人,还能被认定为投资顾问吗?如果能,智能投顾应该适用何种标准的信义义务?如果不能,如何将智能投顾置于现有的法律制度和监管体系之中?抑或是否需要针对智能投顾专门制定新的法律法规和监管要求?以上都是智能投顾在适用信义义务

---

① 比如,Betterment在其网站中明确说明,其并不考虑客户在其他地方的投资情况。See Betterment,*About Betterment*,https://www.betterment.com/about/,2020-09-13.

② 有学者指出,智能投顾提供的投资建议是以客户选择的投资目标与投资需求为导向的,并不是建立在对客户整体情况综合分析之上的,并将这种建议称为"goal-based"。See Fein, Melanie L.,*Are Robo-Advisors Fiduciaries?*,University of Oxford Worcester College,2017,p. 14-15.

③ Massachusetts Securities Division, Policy Statement: Robo-Advisors and State Investment Adviser Registration. 2016.

④ Massachusetts Securities Division, Policy Statement: Robo-Advisors and State Investment Adviser Registration. 2016.

过程中给包括智能投顾本身和监管机构在内的主要市场主体带来的重大挑战。

三、智能投顾信义义务法律规制的思考与完善建议

以计算机、智能手机等工具为载体,以算法为驱动,向客户提供自动化投资建议或决策,是智能投顾区别于传统人工投顾的显著特征,也是智能投顾能够迅速占领市场、飞速发展的主要优势所在。然而,正是这些特性的存在,使智能投顾具有与生俱来的缺陷,无法满足信义义务,尤其是注意义务的具体要求。那么,在当前智能投顾依旧被认定为投资顾问的情形下,如何在现行的法律体系和监管框架内对智能投顾适用信义义务,严重考验着监管者的经验与智慧。对此,本书拟从三个方面提出如下建议:

(一)必要的人工投顾辅助

在智能投顾运作过程中,应该强调人工投顾在智能投顾运作中的重要作用与地位。目前,人工智能还处于"弱智能"阶段,由人工智能驱动的机器还远未达到自我学习、自我思考、自我决策的水平。智能投顾也不过是依据预设算法而提供投资服务的一种自动化服务模式。通常,智能投顾将客户划分为多种类型,预先内置于算法编程中;之后,依据收集的客户信息,对客户进行"归类",形成类别化的客户画像。而且,智能投顾最后向客户提供的投资组合建议,实际上大多也是预先设定的,智能投顾所做的只是将预设的类别化的客户画像与预设的投资组合相匹配。这与投资顾问的应然模式相背离,[①]也与信义义务的本质相违背。但是,智能投顾的这种特性,既是它的固有缺陷,也是它的天然优势,唯有采取适当措施弥补,才能充分发挥它的潜在价值。本书认为,适当的人工投顾干预,是弥补现阶段智能投顾缺陷的不二之选。

不同于动物、机器,人类具有自主学习、自我思考的能力,能够在知识和

---

① 有学者主张,智能投顾不应该被认定为投资顾问,它只是一项经纪业务。See Rifkin, Jake G., *Robo-Advisers Jumping on the Bandwagon: Yet Another Cry for a Uniform Standard*, North Carolina Law Review, Vol. 97, No. 3, 2019, p. 687.

经验积累的基础上，发挥自身聪明才智，对事物作出判断与决策。2015 年 SEC 发布的《关于自动化投资工具的投资者警告》指出，自动化投资工具可能无法对客户的所有信息进行分析；可能未将客户投资目标的变动情况考虑在内；在不允许客户与自然人沟通的情形下，会丧失人工投顾的经验和判断，很可能无法提供个性化建议。[①] 同时，2016 年 FINRA 报告也指出，在提供投资咨询服务过程中，人工判断是不可或缺的，是智能投顾满足以客户最佳利益行事义务的必要组成部分。[②] 因为，在 FINRA 看来，只有金融专家才能通过与客户沟通获得额外补充信息，才能对客户的需求有更为细致的了解，也只有金融专家才能对客户信息和投资标的进行综合分析，没有金融专家的参与，智能投顾提供的投资建议很可能是有缺陷的，是不符合客户最佳利益的。[③] 此外，智能投顾尚未经历过完整的经济周期，在股市处于上升期时，它的表现可圈可点；但是在股市下滑时期，表现如何尚未可知。[④] 但是，有一点是肯定的，即智能投顾不可能像人工投顾一样，在经济危机时期，与客户进行及时沟通，避免不理性的投资行为。由此可见，只有人工投顾才能履行勤勉尽责的注意义务，弥补智能投顾的固有缺陷，从而向客户提供符合其最佳利益的投资建议或决策。

因此，智能投顾必须配备专业的人工投顾以辅助其运作，并以法律保障其实施。[⑤] 此处，需要强调的是，人工投顾只是起辅助作用，整个业务的核心环节仍然应该主要由智能投顾完成。关于人工投顾的数量，要综合考量业务的具体内容、客户的类型与具体需求、投资标的的复杂程度，以及人工投顾自身的业务能力等因素。关于人工投顾的资质，除参照现行投资顾问的资质要求外，人工投顾还应该具备一定的科技相关知识储备，以便了解智能投顾的运作原理与逻辑。

---

① SEC, *Investor Alert: Automated Investment Tools*, https://www.sec.gov/oiea/investor-alerts-bulletins/autolistingtoolshtm.html, 2020 – 09 – 14.

② FINRA, Report on Digital Investment Advice, 2016, p. 11.

③ Ibid.

④ Ji Megan, *Are Robots Good Fiduciaries? Regulating Robo-Advisors Under the Investment Advisers Act of* 1940, Columbia Law Review, Vol. 117, No. 6, 2017, p. 1564.

⑤ 实践中，已有国家或地区将该措施法制化，如加拿大。See CSA, Staff Notice 31 – 342: Guidance for Portfolio Managers Regarding Online Advice, 2015, p. 1 – 2.

（二）引入 ESG 标准

为顺应社会的发展和人们价值理念的变化，应该对智能投顾信义义务做出扩张解释，将 ESG 标准作为信义义务的衡量标准之一。随着经济的发展和社会的进步，一些新的理念被提出，并逐渐深入人心，给人们的生活方式和价值追求带来了深远的影响，如可持续发展、绿色金融、环境保护、负责任投资等。ESG 标准是这些理念的一个集中体现，正在被越来越多的个人、社会组织、国家接受并践行着，一些国家甚至已经将其纳入法律制度当中，成为一项强制性规定，不遵守 ESG 标准可能面临法律风险。然而，人们对于信义义务的理解，无论是投资顾问还是监管部门，还停留在狭义的忠实义务和注意义务上，这显然是与时代不符的。法律具有滞后性无可厚非，但是，在意识到滞后的事实和危害之后，就必须采取积极的行动，与时俱进。因此，本书认为，必须对信义义务做出扩张解释，将 ESG 标准作为评估智能投顾是否履行信义义务的必要要素之一。需要注意的是，在引入 ESG 标准过程中，要考虑各国（地区）的实际情况，包括市场经济发展水平、人们的社会责任意识、现行法律制度和监管体系等，循序渐进，不能贸然、突击实施，要平衡好金融创新和金融公平之间的关系。

（三）信义义务贯穿整个投资价值链①

在智能投顾运作过程中，还应该注重整个投资价值链的所有参与者的信义义务。通过投资，资本市场将资金所有者和资金需求者连接在一起，形成一个完整的投资价值链。实践中，除智能投顾外，整个投资价值链还包括很多其他投资中间商，如为投资者买卖证券提供服务的经纪交易商、提供 ESG 分析的评估机构等。但是监管实践中，仅强调投资顾问作为受托人的信义义务，会忽视其他中间商在整个投资价值链中扮演的角色与作用。实际上，从理想的应然角度来看，整个投资价值链的所有参与者都应该向投资者负有信义义务，或直接或间接，只有这样，才能保证是为客户最佳利益行事。因此，智能投顾不仅应关注自身信义义务的履行情况，而且还应关注其

---

①　投资价值链，是指资金从资金所有者（投资者或受益人）输送到资金需求者（实体企业、政府、工程项目等）的完整过程。有关价值链，See Michael D'heur, *Sustainable Value Chain Management: Delivering Sustainability Through the Core Business*, Springer, 2015, p. 227。

他相关投资中介商的信义义务履行情况，切实将信义义务的具体要求落实到位，从而向客户提供适当的、符合其最佳利益的投资建议或决策。

第三节 智能投顾市场运作中的信息披露法律规制

公开是现代证券法学的基本哲学和指导思想，“证券法的基本原理就是通过公开的手段去达到保护投资者的目的”。[①] 美国国会正是意识到公开对于遏制证券行业权利滥用行为的重要性，[②]所以才有了《1940 年投资顾问法》的出台，意图消除或者至少披露所有可能引发投资顾问提供不公正建议的利益冲突，无论是有意识地，还是无意识地。[③] 因此，公开，或者信息披露，必然是智能投顾市场运作法律规制中的重要组成部分。

一、智能投顾信息披露法律规制的理论阐述

信息是证券市场运行的核心元素，证券市场实际上是一个“价值判断信息化、交易行为信息化”的场所。[④] 较一般商品市场，信息在证券市场中的地位和作用更为重要。然而，在证券市场中，信息不对称现象十分突出，由此导致的逆向选择和道德风险问题一直困扰着监管者。与金融机构相比，投资者在获取信息、分析信息的条件和能力方面处于明显弱势地位，极度依赖金融机构对市场信息的把握和判断。而金融机构在信息方面的优势使其极易滋生信息滥用的思想，为牟取个人利益而损害投资者权益。为此，各国（地区）都十分强调信息披露在规制金融机构行为、保护投资者权益方

---

① 朱锦清：《证券法学》（第 4 版），北京大学出版社 2019 年版，第 106 页。

② 在美国国会看来，证券行业的权利滥用行为是 1929 年股市大崩盘和 20 世纪 30 年代经济大萧条的主要原因。所以，美国国会授权 SEC 展开对投资公司的调查，包括对投资顾问行业的调查，SEC 发布的调查报告经修改最终形成了《1940 年投资顾问法》。See Plaze, Robert E., *Regulation of Investment Advisers by the U. S. Securities and Exchange Commission*, https://www.hardincompliance.com/wp-content/uploads/2018/07/Plaze-Regulation-of-Investment-Advisers-June-2018-Proskauer.pdf, 2021-03-03.

③ SEC v. Capital Gains Research Bureau, Inc., 1963, 190-192.

④ 肖华：《中国证券市场信息披露伦理研究》，中国经济出版社 2008 年版，第 5 页。

面的重要作用。

信息披露，也被称为信息公开或者信息公示，是指证券市场中的相关主体依据法律法规的规定，以一定的方式将与证券活动有关的信息报告给有关监管部门，并向社会公众，尤其是投资者，进行公告的行为活动的总称。[①]公平、公正、公开是证券法的三大基本原则，其中，公开是实现公平和公正的基础，是证券法的核心与灵魂，[②]若信息公开都无法保证，公平和公正更无从谈起。信息披露是公开原则的具体体现和要求，是证券监管的重要方式，也是投资者保护的重要手段，在整个证券市场运行中扮演着重要角色。正如美国最高法院大法官路易斯·布兰戴斯（Louis D. Brandeis）所言："公开原则是医治社会和企业弊病的良药，阳光是最好的防腐剂，街灯是最好的夜警"，[③]足见信息披露在证券市场中的重要性。随着证券市场的发展，信息披露制度也在不断地进化，信息披露义务主体不断扩张是其进化的重要体现之一，从最初的证券发行市场，扩展到证券交易市场，再扩展到银行、保险等金融领域。[④]

智能投顾作为金融领域的新兴业态，当然也需要履行信息披露义务。对于智能投顾而言，信息披露的重要性更为突出。因为投资者无法从外观上对机器作出评价，只能通过信息披露来了解机器的运行原理与内在逻辑。而且，智能投顾高度依赖算法、大数据、人工智能等金融科技，技术性强，隐秘性高，绝大多数投资者受自身认知水平限制，难以发现其中可能损害自身利益的事项。严重的信息不对称侵蚀着投资者对智能投顾的信赖，而信赖是投资者与智能投顾之间建立法律关系的基础。所以，必须通过充分、有效的信息披露强化投资者与智能投顾之间的信赖关系，保障投资者在知情的前提下作出投资决策。从这一层面来看，信息披露通过保障投资者的知情

---

① 参见赵威、孟翔：《证券信息披露标准比较研究：以"重大性"为主要视角》，中国政法大学出版社2013年版，第15页。

② 朱锦清：《证券法学》（第4版），北京大学出版社2019年版，第111页。

③ Brandeis School of Law, *Other People's Money-Chapter* V: *What Publicity Can Do*, https://louisville. edu/law/library/special-collections/the-louis-d. -brandeis-collection/other-peoples-money-chapter-v, 2020-09-14.

④ 邢会强：《金融法上信息披露制度的缺陷及其改革——行为经济学视角的反思》，载《证券市场导报》2018年第3期。

权达到了保护投资者的目的。

同时,由于人工智能、算法等科技的应用,智能投顾的专业性更强,更容易出现利用科技隐蔽性等特征开展违法违规行为、损害投资者权益的乱象,给监管机构带来了新的挑战。金融行业本身就是一个知识密集型行业,越来越复杂的业务模式和金融产品,严重考验着监管机构的监管水平。在金融知识和经验方面,监管者远不及金融机构及其从业人员,仅凭自身去发现金融活动、金融产品中的问题,除能力不足外,还会涉及公权力过度干涉私法领域的问题。但是,通过信息披露,无论是强制的,还是自愿的,都在很大程度上节约了监管成本,提高了监管效率。所以,监管机构应当着重强调智能投顾的信息披露义务,减少"监管不能"情形的发生。从这一层面来看,信息披露也是监管机构的主要监管手段之一,在促进行业有序发展、维护市场稳定上起着重要作用。

二、智能投顾信息披露法律规制的考察与比较分析

鉴于智能投顾的特殊性以及信息披露在投资者保护、有效监管等方面的重要作用,各国(地区)无一例外地都将信息披露作为智能投顾市场运作中法律规制的重要组成部分,以美国、新加坡的相关立法为典型进行考察与比较分析。

(一)美国智能投顾信息披露法律规制的考察

信息披露是投资顾问履行信义义务中的忠实义务的主要途径,是美国注册投资顾问的法定义务之一。智能投顾作为投资顾问,也应遵守传统投资顾问的信息披露义务要求。有关投资顾问信息披露的一般性规定,在前述章节已有阐述,此处主要就智能投顾信息披露的特殊性规定进行考察与分析。

SEC 高度重视信息披露的重要性,认为投资顾问披露的信息于客户而言是十分重要的,因为,这些信息是客户是否与投资顾问订立服务合同或者继续合同关系的重要依据。作为受托人,投资顾问有义务向客户全面、公正地披露所有重要事实信息,并且采取适当的注意态度避免误导客户。披露的信息必须充分、详细、具体,以便客户了解投资顾问的业务模式和利益冲突,而且,必须以客户便于阅读和理解的方式提供。

在智能投顾模式下,无人工参与或仅有有限人工参与,[①]智能投顾披露的信息很可能是客户是否与其订立服务合同的唯一参考依据;[②]加之智能投顾高度依赖算法的特有属性,如何进行有效披露是智能投顾和监管者面临的主要挑战。为此,SEC 在 2017 年发布的《智能投顾监管指南更新》中就智能投顾披露的内容、形式做了详细说明。[③]

关于智能投顾披露的内容,该指南从业务模式和业务范围两方面做了详细规定。首先,对智能投顾业务模式的说明。智能投顾应该就其业务模式和相关风险进行披露,以便客户了解其是如何运作的。具体包括:(1)有关利用算法进行客户账户管理的声明;(2)有关算法功能的说明(如算法具有生成投资组合建议的功能、进行投资组合再平衡的功能等);(3)有关算法假设和局限性的说明(如算法以现代投资组合理论为基础);(4)有关利用算法管理客户账户潜在风险的说明(如进行投资组合再平衡时未能将市场变化因素考虑在内);(5)有关智能投顾推翻算法生成结果的所有情形的说明(如在市场危机时期,智能投顾提供商可以采取中止交易或者其他暂时性防御措施);(6)有关与算法相关的第三方的情况说明,包括由此可能产生的利益冲突的说明;(7)有关智能投顾向客户直接收取的所有费用,以及其他所有需要客户直接或间接承担的成本的说明;(8)有关人工参与个人客户账户管理的程度的说明;(9)有关智能投顾如何利用向客户收集的信息生成投资建议,以及其局限性的说明(如智能投顾是否有权限访问客户其他账户信息,这些信息是如何被用来生成投资建议的);(10)有关如何以及何时更新客户信息的说明;等等。

其次,对智能投顾业务范围的说明。同其他注册投资顾问一样,智能投顾也应就其具体业务范围进行披露,并且采用适当的注意态度避免提供虚假的、误导性的信息。智能投顾在对业务范围进行披露时,尤其应当避免以下行为:(1)披露提供综合财务规划,但实际上并非如此(比如,智能投顾未

---

① 除非特殊说明,本书中智能投顾均指全自动化投资顾问,人工只提供技术支持。

② 不同于传统投资顾问,智能投顾采用电子化或数字化披露手段,即通过电子邮件、网络、移动应用设备等媒介提供信息披露。See Iannarone Nicole G., *Rethinking Automated Investment Adviser Disclosure*, University of Toledo Law Review, Vol. 50, No. 3, 2019, p. 441.

③ SEC, IM Guidance Update: Robo-advisers, 2017, p. 3 -6.

能将客户的税务情况、债务情况考虑在内;投资建议只满足特定某一目标,而没有考虑客户更为全面的财务需求);(2)披露提供综合税收服务,但实际上只是税损收割服务;(3)披露在生成投资建议时将问卷之外的信息也考虑在内,但实际上并非如此(比如,声称将客户在其他机构的账户情况考虑在内,而实际上并没有);等等。

关于智能投顾信息披露的形式,该指南强调,应该采用适当的披露形式以保证披露的有效性。因为智能投顾通常采用网上披露方式,所以,在传达关键信息、风险事项、免责条款时存在一些特殊问题,提醒智能投顾在进行信息披露时着重考虑以下问题:(1)关键信息披露是否在订立合约之前就已提供给客户;(2)关键信息披露是否被特殊强调了(如通过弹出对话框、加粗文本等方式);(3)特定信息是否应该包含交互式的文本解释说明,或者通过其他方式向客户提供额外详细说明(如"常见问题"及解答);(4)披露媒介的形式和格式是否能在特定移动平台上使用;等等。

(二)新加坡智能投顾信息披露法律规制的考察

2015 年前后,智能投顾在新加坡兴起,以存储(Stashaway)、自动化财富(AutoWealth)、智慧(Smartly)为主导,①迅速占领市场,传统金融机构嗅到商机纷纷加入竞争行列。根据有关资料,2023 年新加坡智能投顾的资产管理规模预计达到 175.6 亿美元,2027 年新加坡智能投顾的用户数将达到 83 万人。② MAS 意识到智能投顾的发展潜力及存在问题,为规范、引导其发展,于 2018 年专门颁布了《数字化咨询服务指引》(Guidelines on Provision of Digital Advisory Services),在牌照许可管理、具体监管规定等方面做出了详细说明。其中,对智能投顾信息披露的基本要求和内容也做了相关阐述。

---

① Stashaway、AutoWealth、Smartly 均为新加坡早期成立的智能投顾。其中,Stashaway 成立于 2016 年,是新加坡首个获得 MAS 全牌照的智能投顾;Smartly 因诸多原因,已于 2020 年 3 月停止运营。参见栀航:《新加坡金融管理局发布智能投顾新指南》,载未央网 2018 年 10 月 11 日,https://www. weiyangx. com/304069. html。See Finance Smiths, *Exiting Smartly and Only Going with Stashaway*, https://financesmiths. com/index. php/2020/02/09/exiting-smartly-and-only-going-with-stashaway/,2021 - 03 - 03.

② Statista, *Robo-Advisors-Singapore*, https://www. statista. com/outlook/337/124/robo-advisors/singapore,2023 - 07 - 11.

该指引指出,依据信息披露的一般原则,数字化顾问应该向客户提供充足的信息,以便客户在知情的前提下作出投资决策。披露应该以浅显易懂的英语表述,以清晰、简明、容易理解的方式呈现给客户。关于智能投顾应当披露的具体内容,该指引特别强调了以下三点。

第一,有关算法的披露。MAS 认为数字化顾问应该以书面形式向客户提供算法相关信息,并且至少包含以下几点内容:有关算法的假设、局限性和风险的说明;有关数字化顾问推翻算法生成结果或者暂时中止数字化咨询服务的所有情形的说明;有关算法所有重大调整的说明。

第二,有关利益冲突的披露。数字化顾问作为金融顾问,需要遵守相关法律法规有关利益冲突的披露规定。① 具体而言,数字化顾问必须以书面形式向客户披露所有与客户相关的、现实存在或者潜在的利益冲突,包括所有可能影响数字化顾问客观性、独立性的重要事实信息。其中,数字化顾问尤其应该对预设算法可能引导客户向特定投资标的做出投资的情况进行披露,如算法生成的投资建议包含数字化顾问附属公司发行的产品等。

第三,有关境外上市投资产品的风险提示声明。在新加坡,金融顾问可以将特定产品(如境外上市投资产品)交由经纪商执行。此时,无论是数字化顾问还是传统金融顾问,在向客户建议境外上市投资产品时,都应该在账户开立时向客户提供一份风险提示声明。同时,经纪商也应该在客户进行第一次境外上市投资产品交易之前提供一份风险提示声明。

(三)不同智能投顾信息披露法律规制的比较分析

通过上述考察可以发现,美国和新加坡在智能投顾信息披露法律规制方面存在诸多共同之处。两国都意识到智能投顾信息披露在保护投资者合法权益方面的重要性;都主张信息披露应该坚持充分、全面的原则,并采用客户友好的方式提供;区别于传统投顾,都特别强调必须将算法作为重要信息进行披露。但是,仔细对比两国有关智能投顾信息披露的相关规定和监管指南,还是存在一些不同之处的。比较而言,美国对于智能投顾信息披露的特殊性问题考虑得更为全面。

---

① 其中,最主要的法律规定是 Notice FAA-N03 Information to Clients and Product Information Disclosure。

首先,SEC 着重强调了对智能投顾服务范围的披露。区别于面对面的传统投顾,智能投顾模式下,向客户提供服务的主体是由算法驱动的机器,缺乏自然人之间的交流,除信息披露外,客户几乎无其他途径了解算法的具体功能包括哪些,这就导致了一些智能投顾提供商或者其他相关人员(如算法服务商)利用算法的隐蔽性欺骗客户、谋取私利现象的发生。尽管在很大程度上,机器比人类更客观、更理性、更忠诚;但是,机器到底是由人类通过编程等制造出来的,机器背后人的问题难以避免,通过特殊设计,完全能够实现诸如自我交易等损害客户合法权益的行为。所以,强调智能投顾对其服务范围相关信息的披露是十分必要的。

其次,SEC 还对智能投顾信息披露的具体方式提出建议与要求。在智能投顾模式下,信息披露基本上都通过电子化、数字化手段呈现,如何保证数字化披露的有效性,是智能投顾应该重点考虑的问题之一。因为,不同于传统投顾可以就披露信息直接向客户做出解释说明,数字化披露过程中,诸如利益冲突、免责条款等关键信息是否被强调以及如何被强调,如何向客户提供专业术语的解释说明,数字化披露工具能否在特定移动设备上使用,都影响客户对所披露信息的理解程度,影响披露的有效性,从而影响客户的投资决策以及权益保护。

之所以存在上述差异,与两国智能投顾的发展历史有密切关系。美国是智能投顾的起源地,已经过十几年的发展历程,无论是业务模式还是配套法律法规和监管措施,都更为成熟、完善。新加坡虽是全球第五大金融中心,①但较美国而言,新加坡智能投顾起步较晚,至今也不过几年光景,所以,在发展程度方面远不及美国;相应地,其相关法律制度和监管要求也不及美国更为全面、具体。

三、智能投顾信息披露法律规制存在的问题

信息披露是监管者对金融行业进行监管的主要手段,是保证投资者在知情前提下做出投资决策的重要措施。传统信息披露制度是建立在"理性

① 吴扬:《最新全球金融中心指数公布,香港跌出前五被上海反超》,载南方网,http://news.southcn.com/china/content/2020-03/27/content_190656206.htm。

假设”和“有效市场假说”基础上的,其功能与重要性一度被神话,直至现在“越多越好”的信息披露理念仍然为广大监管者和学者所追捧。但是,在当今科技发达、信息膨胀的社会环境下,这种传统的信息披露理念正在经受着严峻考验与质疑。具体到智能投顾信息披露,这些问题变得更为复杂。

首先,是关于信息披露的“一概而论、以一盖全”的问题。通常,信息披露都是建立在这样的假设基础上的,即所提供的披露内容和披露形式对于所有目标群体都是适当的、适用的;而且,绝大多数的信息披露只有一个版本,最多是多种语言版本,而实际内容和形式并无差异。在本书看来,这种假设本身就是不成立的,因为目标群体是多样化的,既包括投资者(含普通投资者和专业投资者),也包括监管者,而且每个个体的知识水平和认知能力也是千差万别的。所以,向不同目标群体提供统一的信息披露版本,在有效性方面是存在很大质疑的。客户覆盖面更广,是智能投顾的一大显著优势,而这一优势也带来了潜在的问题,尤其是面对中低收入群体时,即如何披露才能与广大客户群体的认知水平、物质条件等要素相匹配。

其次,是关于披露的信息超载问题。随着社会的网络化、信息化,很多领域都出现了信息泛滥的现象。在金融领域,由于监管部门以信息披露为主要手段的监管方针,金融机构披露的信息越来越多,形式化、格式化问题越发严重。信息的庞大数量、过多的非重要性信息加重了投资者的阅读负担,真正重要的信息经常被有意或无意地隐藏、忽略,以至于投资者无法依据这些信息做出理想的投资决策。同时,信息超载也加重了监管机构的监管负担,致使监管效率低下,严重挑战着披露(或者公开)在证券法中的核心地位的理论基础。①

在智能投顾模式下,有学者主张智能投顾应该提供额外的信息披露,如向客户披露隐藏在算法之内的利益冲突等内容。② 而且,实践中,各国(地区)的监管部门似乎也是这样做的,无论是 SEC 还是 MAS,都强调对智能投顾算法相关信息的披露。在本书看来,该做法的出发点是好的,意欲最大

---

① 邢会强:《金融法上信息披露制度的缺陷及其改革——行为经济学视角的反思》,载《证券市场导报》2018 年第 3 期。

② Iannarone Nicole G., *Computer as Confidant: Digital Investment Advice and the Fiduciary Standard*, Chicago-Kent Law Review, Vol. 93, No. 1, 2018, p. 141.

限度地保护投资者合法权益；而且，从当下通行的将信息披露作为主要监管手段的监管实践来看，该做法也是适当且必要的。但是，目前还没有证据证明，这种额外披露是有实际效用的。所以，在信息超载的负面性影响越来越大的背景下，该如何平衡智能投顾信息披露的多寡也是智能投顾和监管者面临的难题之一。

再次，是关于披露的信息过于复杂的问题。金融行业本身就是一个专业性强、复杂程度高的领域，如果披露的信息过于复杂，比如，对相关结构化金融衍生品的披露，以至于知识经验丰富的投资者都无法理解，那么这种披露就是不适当的、无效用的。在本书看来，该问题在智能投顾模式下会更为突出。因为，智能投顾是金融和科技相结合的产物，除对金融相关方面的信息进行披露外，还要对科技相关方面的信息进行披露，而二者在专业程度、复杂程度上不相上下，后者较前者甚至更高。所以，如何披露才能在满足全面、充分披露的要求下，保证披露信息的可理解性、有效性；是否需要经过某种测试以判断所披露的信息是否能够被理解等，都是智能投顾需要考虑的重要问题。

最后，是关于投资者"无为"的问题。面对披露的信息，投资者的"无为"主要体现在两个方面：一方面是被动的"无为"，指自身能力水平不足、信息过于烦冗复杂而导致投资者无法理解、无法全面了解所披露的信息；另一方面是主动的"无为"，指即使在主客观条件都具备的情况下，投资者也无阅读、了解所披露信息的意愿。大量的经验证据表明，投资者，尤其是非专业性的投资者，并不阅读金融机构提供给它们的披露文件，即使具备理解这些信息的能力。① 这个问题几乎存在于所有领域的信息披露中，对信息披露的有效性起着决定性作用。因为，信息披露的最主要目的是保护投资者，而保护投资者实际上就是保护其知情权，如果投资者不理解甚至无视披露的信息，无论披露内容多么完备、披露形式多么适当，都无法改变信息披露实际无效用的结果。

---

① Langevoort, Donald C., *Selling Hope, Selling Risk: Some Lessons for Law from Behavioral Economics about Stockbrokers and Sophisticated Consumers*, California Law Review, Vol. 84, No. 3, 1996, p. 627.

针对投资者被动“无为”的情形，投资者和披露主体共同合作，比如，投资者进行相关学习或培训，披露主体在披露内容、披露形式上严格贯彻投资者友好原则，是可以改善、解决的。对此，有学者提出，可以充分挖掘智能投顾的潜在科技能力，构建一种机器与投资者互动的披露模式。具体来说就是，利用智能投顾独特的科技功能，在分析了解投资者的认知能力的基础上，[①]向其提供专门为该投资者定制的部分信息披露；在智能投顾能够确定投资者理解所披露信息的基础上，进行后续披露；在此过程中，智能投顾需要就投资者的理解程度做好记录，并在适当的时候由其决定退出该互动披露模式，向投资者提供通常意义上的信息披露。[②] 在本书看来，这种互动披露模式在理论上具有适当性和可行性，通过智能投顾与投资者的相互沟通，一方面能够帮助投资者了解披露的信息，另一方面也能够帮助智能投顾采取适当形式满足监管部门的披露要求。但是，该披露模式也存在十分突出的问题：一是会大大降低智能投顾的运作效率，而高效率是智能投顾市场竞争的一大优势；二是会加重监管部门的负担。所以，可以借助智能投顾来解决投资者“无为”的问题，但是，必须建立在大量实践论证基础之上，不可贸然实行，以免造成难以预知的后果。

四、智能投顾信息披露法律规制的思考与完善建议

智能投顾作为投资顾问，作为负有信息披露义务的金融机构中的一员，应当遵守信息披露的一般原则和基本要求。但是，智能投顾是利用由算法驱动的机器向投资者提供自动化服务，更多地采用数字化、电子化的信息披露方式，[③]所以，除传统信息披露需要考虑的因素外，智能投顾还要考虑如何充分挖掘科技潜力让自身的数字化披露更为有效。对此，本书认为，澳大利亚 ASIC 提供的信息披露原则和数字化披露实践建议具有很强的指导性

---

① 如同智能投顾对投资者进行画像，披露模式通过问卷等形式了解投资者的财务状况、风险承受能力、投资目标等信息。

② Iannarone, Nicole G., *Rethinking Automated Investment Adviser Disclosure*, Drexel University Thomas R. Kline School of Law, 2018, p. 3.

③ 实际上，随着信息技术的发展，数字化现象在金融服务领域越来越普遍。See ESAs, Joint Committee Discussion Paper on Automation in Financial Advice, 2015, p. 1 – 5.

和可操作性，对智能投顾和监管者而言，具有很大的参考价值。

关于信息披露的原则，ASIC 提出了“好的披露原则”，具体包括：(1)披露应当及时；(2)披露应当具有相关性、完整性；(3)披露应当能够促进对产品(服务)的了解；(4)披露应当能够促进产品(服务)之间的对比；(5)披露应当对重要信息做出强调；(6)披露应当考虑到客户的需求。①

关于数字化披露的具体实践，ASIC 提出了如下指引或建议：(1)披露文件应当容易检索，便于查看和理解；披露主体选用的披露工具应当可操作性强，便于客户轻松识别出披露内容(如在移动应用上设置目录清单)；披露工具如果是不能直接链接到披露内容的普通网址或者超链接，应当就如何获得披露内容作出说明，并保证所有步骤简单可操作；披露工具如果是能够直接链接到披露内容的特定文件地址或者超链接，应当保证该地址或超链接直接链接到披露最开始的内容，而不是直接链接到服务申请表格部分；(2)披露不得分散客户对于关键信息的注意力；(3)客户应当能够识别出某一电子文本是信息披露；(4)在意识到客户可能还未收到信息披露的情况下，披露主体应当尽力保证其收到披露的副本；(5)客户应当能够保存披露副本，以便后续查阅，即数字化披露应当具有保存功能；(6)客户应当能够证明是以哪个版本的披露为准，披露主体应当保存所有披露版本的副本至少七年；(7)披露工具应当具有退订功能，保证客户能够随时拒绝继续接受信息披露；(8)披露方式不得将客户置于风险之中，比如在通过电子邮件向客户提供链接到披露文本的超链接时，披露主体应该在邮件中告知客户，在获取披露文本过程中，该客户不会被要求提供个人财务状况，以避免网络钓鱼行为。②

区别于传统上对信息披露的原则性指导，ASIC 提供的信息披露原则和实践指引详细具体、可操作性强，能够给智能投顾带来启发，引导其探索更为有效的信息披露方式。诚然，智能投顾有着科技固有的缺陷，但是，相较于科技所带来的好处，这些缺陷显然是微不足道的，尤其是，大部分缺陷能

---

① ASIC, Regulatory Guide 168.4, Disclosure: Product Disclosure Statements (and other disclosure obligations), 2011.

② ASIC, Regulatory Guide 221, Facilitating Digital Financial Services Disclosures, D. Good Practice Guidance for Digital Disclosure.

够通过科技手段来解决。因此,在智能投顾时代,应该充分挖掘、发挥创新科技的潜力,探索新的方式践行上述信息披露原则,推动信息披露的数字化发展趋势,[①]提高信息披露的有效性,从而更好地保护投资者。

同时,智能投顾应该摒弃信息披露越多越好的理念,要考虑投资者的认知能力和生理极限,避免信息超载带来的负面影响。[②] 具体而言,智能投顾在算法披露问题上,既要考虑全面、充分的披露要求,又要考虑投资者的接受能力,要杜绝片面追求数量增加的行为,综合考虑各种因素,保证披露的有效性。对此,可以考虑引入某种测试机制,在向投资者提供信息披露之前,先对披露内容进行测试,以判断其能否为投资者所理解。

最后,也是最重要、最根本的,智能投顾和监管者要充分利用各种适当手段、采用各种适当形式来进行投资者教育,一方面增加投资者的知识积累,提升投资者的认知能力;另一方面提高投资者的自我保护意识,使其积极、主动地参与投资决策过程,而非消极、被动地接受智能投顾等投资受托人的安排。事实上,投资者教育一直是美国等资本市场发达国家证券监管的重要组成部分,而且不只停留在理论层面,已经上升至国家法律层面。对此,SEC 曾解释道:"不同于其他国家的法律,美国联邦法律并没有规定投资顾问的最低经验或资质要求,没有设定投资顾问可以收取费用的最高限额,也没有完全禁止可能影响投资顾问提供的投资建议客观性的利益冲突的存在。相反地,投资者有责任,在充分考虑已获得的披露信息基础上,自行选择投资顾问,协商服务费用,评估利益冲突事项。"[③]

所以,从某种意义上来讲,信息披露是投资者教育最直接、最主要的途径。在智能投顾模式下,信息披露能够以更吸引人、更便捷、更高效的方式进行,不仅智能投顾和监管者应该重视科技在投资者教育问题上的重要性

---

① 数字化信息披露是数字化金融的一个缩影,它能够综合应用多种信息媒介和科技手段,吸引投资者对披露信息的关注,能够以互动式的方式促进投资者对披露信息的理解,从而使信息披露更高效、更有效。See Bond Jonathan C. ,*Defining Disclosure in a Digital Age*: *Updating the Privacy Act for the Twenty-First Centruy*,76 George Washing Law,Vol. 76,No. 5, 2008,p. 1232.

② 虽然"阳光是最好的防腐剂",但是,过多的阳光也会令人眩晕,过多的信息反而会淹没真正有价值的信息,出现"阳光导致失明"的后果。参见邢会强:《金融法上信息披露制度的缺陷及其改革——行为经济学视角的反思》,载《证券市场导报》2018 年第 3 期。

③ SEC,Amendments to Form ADV,Advisers Act Rel,No. 2711,2008.

和可行性,而且投资者自身也应该充分利用科技带来的沟通便利条件,积极寻求相关知识和信息。

第四节　智能投顾市场运作中的算法法律规制

算法是智能投顾的核心要素,如同人工投顾的大脑,在整个投资服务价值链中扮演着最为重要的角色。法以人的行为为调整对象,是调整人与人之间关系的社会规范,并不直接调整人与物之间的关系。[①] 在智能投顾运作过程中,人工智能代替人类,投资者与人工智能之间建立关系,或者更准确地说,是投资者与算法之间建立关系,如何对这种关系进行规制,给立法机关和监管部门带来了前所未有的挑战。欧洲证券市场监管机构(the European Securities and Markets Authority,ESMA)在有关 MiFID Ⅱ适当性规则的指导意见中明确指出,因算法在智能投顾运作过程中的重要地位,以及由算法引发的风险的潜在威胁,应当将智能投顾的算法作为金融监管的核心。[②] 鉴于目前人工智能还处于“弱智能”水平,还不具备作为独立民事责任主体的条件,[③]投资者与算法之间的关系,说到底,是投资者与算法背后的人之间的关系,对算法的规制,其实是对算法背后人的行为的规制。

一、智能投顾算法法律规制的难题和实践考察

国际实践中,各国(地区)的智能投顾提供商和监管者普遍意识到,智能投顾背后算法的缺陷或者错误,很可能给投资者带来不可预知的损失,进而威胁到金融市场的稳定发展。所以,各国(地区)监管部门、自律组织等都十分强调对智能投顾算法的法律规制。但是,由于算法的专业性、复杂性

---

① 李龙主编:《法理学》,武汉大学出版社 2011 年版,第 85 ~86 页。

② ESMA,Guidelines on Certain Aspects of the MiFID Ⅱ Suitability Requirements,2018,p. 11.

③ 郑佳宁:《论智能投顾运营者的民事责任——以信义义务为中心的展开》,载《法学杂志》2018 年第 10 期。

等特性,在对其进行规制的过程中也遇到了诸多难题,严重考验着监管部门的智慧。

(一)智能投顾算法透明性的规制难题和相关实践考察

鉴于算法"黑箱"诸多负面影响的存在,主要市场参与主体,尤其是投资者和监管者,对算法透明性的呼声极高。要求算法透明,实际上就是要求对算法进行公开、披露,保证算法的可解释性和可追溯性。但是,算法是否有必要公开,如何公开,公开程度与方式为何,是算法法律规制遇到的首要难题。对此,业界和学术界有着诸多争议与分歧。

主张算法透明、支持算法公开的理由大致如下。第一,算法透明能够更好地保护投资者合法权益。因为,算法公开能够有效地缓解智能投顾提供商与投资者之间信息不对称的状况,维护投资者对智能投顾的信赖关系,敦促智能投顾更好地履行自身信义义务;算法公开也能打破人们对技术中立的盲目信仰,让技术背后的人性弱点与缺陷公之于众,①从而避免、减少算法内置利益冲突、偏见与歧视的现象,保证使用者都被公平、公正地对待;算法公开还为投资者提供了很好的学习机会,激发其参与投资决策的积极性和主动性,有助于提高其自我保护意识。② 第二,算法透明有助于监管部门实现对智能投顾的有效监管。一方面,通过对算法理论依据、运行规则等信息的了解,监管部门能够更好地识别、防范智能投顾的潜在风险,减少技术缺陷、操作失误等引发的负面影响;另一方面,算法公开能够使监管者明晰有关算法责任的分配情况,使算法具有可追溯性,从而保证在发生算法失误情形时有明确的问责主体。第三,算法透明还能够保证算法的研发、设计、应用不偏离正确的发展轨道。技术既能带来美好与进步,也能带来灾难与毁灭,在当今技术研发仍处于黑箱模式状况下,必须将其置于一定的监督之下,才能确保其处于可理解、可解释、可追溯的状态,防止其脱离、逃避现

① 高丝敏:《智能投资顾问模式中的主体识别和义务设定》,载《法学研究》2018 年第 5 期。

② 因为,若看不清事物的规则,不了解决定的形成过程,人们是无法质疑、无法真正参与其中的。参见[美]卢克 · 多梅尔:《算法时代:新经济的引擎》,胡小锐、钟毅译,中信出版集团 2016 年版,第 138 页。

实社会的技术监管和法律监管。[①]

反对算法透明的理由大致如下:第一,算法公开会大大加重智能投顾提供商的披露负担,增加其合规成本,降低其资源配置效率。第二,算法公开有侵犯智能投顾提供商或者第三方算法服务商商业隐私、商业机密的嫌疑,导致其技术竞争优势被削弱,容易在市场竞争中处于被动局面。第三,由于算法复杂等特性,算法公开难度极大,容易流于形式,不能起到披露的预期效果。第四,算法公开更容易引发信息超载现象,加重投资者阅读负担,容易忽视真正有价值的信息;更关键的是,很多时候,即便披露了,投资者也不一定能够理解。第五,算法公开容易引发"羊群效应",尤其是收益率高的算法,一旦被业界大规模效仿,极易引发算法同质化风险,威胁金融市场的稳定与安全。[②]

除完全支持和绝对反对的观点外,也有人主张折中观点,即要求算法有限的透明,要具体问题具体分析,不能一概而论。[③] 虽然,有关算法透明性的问题仍然处于争议之中,但是,从各国实践来看,多数国家都意识到应将算法透明作为智能投顾监管的一部分,并进行着积极的探索。

美国 SEC 在《智能投顾监管指南更新》中对智能投顾的算法披露做了详细规定,披露的范围包括算法的理论基础、功能、运作机制、局限性、潜在风险、相关第三方(算法外包情形)等,以"重要性"为披露标准。[④] 这些披露信息是智能投顾提供商向 SEC 或州证券监管部门申请注册的必备文件的组成部分,所以,从性质上来看,美国对智能投顾算法监管采取的是事前审查、形式审查。

法国金融市场监管局(Autorité des marchés financiers, AMF)认为,监管者应该具备相关技术能力以对算法进行审查,并将算法审查作为智能投顾

① 金东寒主编:《秩序的重构——人工智能与人类社会》,上海大学出版社 2017 年版,第 70 页。

② 邢会强等:《智能投顾时代的崛起——智能投顾法律问题研究》,中国金融出版社 2020 年版,第 307 ~317 页。

③ [美]卢克·多梅尔:《算法时代:新经济的引擎》,胡小锐、钟毅译,中信出版集团 2016 年版,第 219 页。

④ SEC, IM Guidance Update: Robo-advisers, 2017, p. 3 -4.

提供商获取授权许可的组成部分。[①] 荷兰金融市场监管局（Autoriteit Financiële Markten，AFM）则进一步建议，将算法审查作为对智能投顾持续监管的一部分，尤其强调对输入数据（投资者信息的收集）和输出结果（投资者画像和最终生成的建议）的审查，以保证投资者被公平、公正地对待。[②] 可见，AMF 和 AFM 均强调对算法进行实质审查，不仅在智能投顾市场准入之前要对算法进行审查，而且还要在进入运行阶段后进行持续性审查。

但是，英国 FCA 在如何监管智能投顾算法问题上的主张明显区别于上述国家，其认为应该着重关注算法生成的结果。[③] 具体而言，监管者应该对算法生成的最终投资建议或者投资决策进行审查，以评估其是否符合投资者最佳利益，只有在输出结果损害投资者权益、给投资者带来损失的情况下，才应采取相应的措施。所以，FCA 主张的是事后监管，即对算法进行事后追责，其理由是，事前算法审批会增加智能投顾提供商的合规成本，为达到审批标准，智能投顾提供商会更倾向于选取过于保守的模型从而抑制金融创新，牺牲投资者的潜在收益。[④]

（二）智能投顾算法同质化的规制难题和相关实践考察

智能投顾是否存在算法同质化风险的争论一直存在，业界多持肯定态度，认为智能投顾在运行过程中可能会产生同质化交易问题，算法外包更容易引发同质化风险。本书也认为，鉴于目前人工智能发展水平的限制，在当前以及今后相当长的时期内，智能投顾算法同质化的风险是现实存在的，需要智能投顾提供商和监管部门予以管理和规制，以防范可能由此导致的系统性金融风险。但是，算法如何开发设计、采用何种投资理论、如何运作，是智能投顾提供商的内部管理事项，属于私权领域，监管部门采用何种监管手段才能既保障智能投顾提供商作为民事主体的自主性，又保障算法生成结

---

① IOSCO，Update to the Report on the IOSCO Automated Advice Tools Survey，Final Report，2016，p. 12.

② IOSCO，Update to the Report on the IOSCO Automated Advice Tools Survey，Final Report，2016，p. 13.

③ Ferguson Bob，*Robo Advice：An FCA Perspective*，https://www. fca. org. uk/news/speeches/robo-advice-fca-perspective，2020 – 09 – 20.

④ Ferguson Bob，*Robo Advice：An FCA Perspective*，https://www. fca. org. uk/news/speeches/robo-advice-fca-perspective，2020 – 09 – 20.

果的多样性，也是监管部门面临的难题之一。

目前，在算法同质化法律规制方面，各国还未提出实质性的规制措施，尚且处于探索阶段，主要的规制建议有鼓励差异化竞争、数据留痕、重新定义系统性重要机构等。[①] 首先，可以采取鼓励差异化的监管措施来防范市场同向波动的风险，比如，实行现金奖励，鼓励智能投顾提供商在算法设计、客户选择、数据应用等领域的差异化竞争，这样不仅能够使智能投顾服务更加多样化、更具创造性，而且还能在差异化竞争过程中进一步放大差异，从而减少同质化波动的风险。其次，可以充分利用科技的便利性，采用数字化方式对智能投顾算法本身（包括开发、设计、内在逻辑、运行依据等）、输入数据、输出结果进行系统留痕，以便进行事后追责。最后，还可以将与算法开发、设计、使用相关的主体认定为系统性重要机构，对其采取不同于传统金融机构的监管措施，密切关注其业务实践和市场影响。

（三）智能投顾算法质量控制的规制难题和相关实践考察

自然人投资顾问的知识结构、经验阅历等对其所提供的服务的质量有着直接影响，同样，智能投顾算法的好坏也决定着输出结果的优劣。但是，算法不同于自然人，如何对算法进行评估、控制，是继算法透明性规制之后又一困扰监管者的重要难题。各国虽然在算法透明性规制问题上做法不一，但在算法质量控制问题上保持高度一致，都强调智能投顾提供商的责任主体地位和作用。

对投资建议服务的监管是美国 FINRA 的重要内容，具体到智能投顾，它尤其强调对算法的管理和监督。在 FINRA 看来，智能投顾提供商应当对算法的理论基础、运行逻辑等信息有所了解，评估算法所采用的方法是否与其投资策略相一致，明晰算法不适用的情形。[②] 同时，FINRA 还提出了智能投顾提供商对算法进行有效控制的框架建议，包括事前审查和持续性监督两部分。在事前审查阶段，智能投顾提供商应该做到以下几方面：（1）评估数字化建议工具采用的方法是否适用于特定任务；（2）了解被输入的数据；

---

① Baker Tom & Dellaert Benedict, *Regulating Robo Advice across the Financial Services Industry*, Iowa Law Review, Vol. 103, No. 2, 2018, p. 714.

② FINRA, Report on Digital Investment Advice, 2016, p. 3 – 5.

(3)对输出结果进行测试,评估其是否符合预期目标。在事中阶段,智能投顾提供商应该对算法进行持续性监督,具体而言,要做到:(1)随着市场和其他因素的变化,评估数字化建议工具所采用的模型是否依旧适当;(2)定期对工具的输出结果进行测试,以保证符合提供商预期目标;(3)明确制定工具监管的具体责任人。① 此外,FINRA 认为,有效的算法监管还应包括,智能投顾提供商能够保证算法的可审查性、可解释性,在算法输出结果偏离预期时进行例外报告。②

ASIC 认为,作为风险管理的一部分,智能投顾提供商应该定期对算法进行检查和测试,检测频率视服务的类型、规模和复杂性自由设定。③ ASIC 提供的算法检查和测试的具体措施包括:(1)具备系统设计说明书,对算法的目的、范围和内在逻辑做出具体阐述;(2)具备算法测试的备忘录,详细记录测试方案、测试过程、测试结果、缺陷处理过程以及最终测试结果,在第一次向客户提供服务之前进行算法测试,之后定期进行测试;(3)具备算法更改变动的适当管理安排,监控并防止未授权的算法访问;(4)采用适当的措施以记录、监测过去 7 年的有关算法的所有变动;(5)在相关影响因素发生变化时,审查并更新算法;(6)在算法出现错误,可能损害客户权益或者违反法律规定时,具备应急方案以中止算法运行;(7)具备充足的人力资源和技术资源,以检测算法的表现;(8)具备适当的流程安排,以保证上述措施的落实。④

ESMA 的主张和对智能投顾提供商的具体要求与 ASIC 相同,其认为,对算法进行定期检查和测试,是智能投顾满足适当性要求的必要举措。⑤

综上所述,从各国实践来看,目前对算法的法律规制还处于探索阶段,尚未形成统一的监管路径和具体方案。而且,现行的算法规制措施,是否具有实际效用,还有待实践检验。因此,有必要对算法法律规制做进一步探讨,至少在规制原则与路径上,有一个清晰的价值取向和标准依赖。

---

① FINRA, Report on Digital Investment Advice, 2016, p. 3 – 6.

② FINRA, Report on Digital Investment Advice, 2016, p. 3 – 6.

③ ASIC, RG 255: Providing Digital Financial Product Advice to Retail Clients, RG255. 73.

④ ASIC, RG 255: Providing Digital Financial Product Advice to Retail Clients, RG255. 74 – 75.

⑤ ESMA, Final Report: Guidelines on Certain Aspects of the MiFID Ⅱ Suitability Requirements, 2018, 52 – 53.

二、智能投顾算法法律规制的思考与完善建议

随着人工智能、机器学习等技术的广泛应用,算法已经嵌入社会生活的方方面面,大到国家元首选举,小到网络购物,算法在改变原来社会运转模式的同时,也改变着人与人、人与社会、人与自然之间的关系。然而,算法既可以帮助人类,也可以伤害人类——算法失灵、算法歧视、算法共谋等现象频频出现,算法规制已然成为当今各国政要的主要议题之一。在目前缺乏足够实践经验参考的情况下,本书试图从价值取向视角出发,为算法规制设定一条最基本的人类社会伦理准则,算法的开发者、设计者、使用者必须以此准则为底线,监管者必须以此准则为最低评估标准;在此基础上,以算法透明性为切入点,探讨算法规制的可行路径;最后,就与算法规制密切相关的两个问题——个人隐私和数据保护以及监管科技,提出些许看法。

(一)确立可信赖算法准则

算法的巨大潜在能量是有目共睹的,算法正在而且还会持续给人类社会带来颠覆性的改变。作为一项技术性工具,算法在医疗卫生、素质教育、数字化发展等方面有着显著的优势,能够增进人类福祉,促进人类社会的创新、进步与繁荣发展。但是,与此同时,算法也对个人隐私、人类安全等方面造成了潜在威胁。如何在实现算法优势最大化的同时,保证算法威胁减到最小,是算法规制的关键问题和核心目标。对此,本书认为,保证算法可信赖,是实现上述目标的最佳可能路径。

因为,在当今科技更新迭代日益迅速的社会环境中,信赖仍然是人类个体和社会经济发展的基石。算法只有在具备了最基本的值得信任、信赖的要素之后,才可能被人们使用,其潜在价值才能得以挖掘、实现;也只有在算法本身和算法背后的人都被信赖的前提下,算法的负面影响才可能被减少、抑制,才不会成为算法优势发挥和进一步发展的绊脚石。同时,保证算法本身及其应用的可信赖,也有助于企业树立负责任的良好形象,提升其市场竞争力,从而进一步促进市场创新和进步;有助于一国在享有算法带来的好处的同时,也能保障基本人权、民主和法治的实现,在国际社会中占据科技发展的引领地位。此外,从更深远的角度来看,可信赖算法还能够在应对

气候变化、促进性别平衡、理性利用自然资源等全球性问题上发挥自己的正向作用,推动人类社会可持续发展目标的实现。所以,应当将可信赖作为算法的最基本准则,将其贯穿算法的开发、设计、应用和规制之中。

具体而言,可信赖算法应当包括三个组成要素:一是合乎法律,遵守所有可适用的法律法规;二是合乎情理,遵守所有的伦理准则和价值理念;三是安全稳健,避免给人类社会造成无意识的伤害。① 首先,算法不能也不会在无规则的环境中发展,无论在国家层面还是国际层面,都存在大量涉及算法开发、设计、使用的法律法规,对必要行为、可行行为和禁止行为有明确的规定。其次,构建可信赖算法仅仅依靠法律是不够的,因为法律往往滞后于科技的发展,有时候甚至落后于社会道德理念的发展,以至于无法适应、满足现代社会发展的需要,所以,还必须依赖社会伦理准则。最后,即使在保证遵守法律法规和伦理准则的前提下,算法还是可能会对个人或社会造成无意识的伤害,因此,还必须保证算法的稳健。这一方面要求算法具备充足的与特定应用领域需求相关的技术能力,另一方面还要考虑算法在应用过程中对社会环境的影响。由此可见,三个要素密切相关,互相补充,互相促进,缺一不可,唯有三者融合协作,才能构建真正意义上的可信赖算法。

要做到合乎法律,就要以现成的法律文本作为依据;要做到安全稳健,就要依赖算法提供商的内部管理与控制。故而,本书对这两个要素不做过多阐述。至于如何做到合乎情理,在本书看来,至少要满足以下标准:尊重人权,避免伤害,保证算法公平公正并具有可解释性。其中,尤其需要关注算法对弱势群体的影响,避免算法歧视、不公平现象。

可信赖算法准则,是算法负责任发展、可持续发展的保障,必须贯穿算法开发、设计、使用的整个生存周期,将其作为算法规制所需遵循的基本准则之一是该准则的应有之义和必然要求。如何将可信赖算法准则应用到智能投顾算法规制的实践中,本书认为,监管者可以从以下几点出发,制定具体的规则措施:第一,对算法透明性做出适当、合理的要求,通过事前、事中、事后的审查,保证算法的可解释性和可追溯性;第二,对算法的包容性

---

① European Commission, High-Level Expert Group on Artificial Intelligence, Ethics Guidelines for Trustworthy AI, 2019, p. 6.

进行审查,保证算法的可获得性,识别并排除算法歧视、不公平现象;第三,对算法是否对社会、对环境友好进行审查;第四,对算法相关隐私和数据的安全性进行审查;等等。

此外,值得注意的是,可信赖算法准则不只要求算法技术本身具备值得信赖的特质,还要求算法具体应用软件或设备也具备这样的特性,即应贯穿算法应用的整个系统环境。而且,科学没有国界,技术的发展与应用也没有国界,技术所带来的影响更不会有国界,因此,各国应该团结一致,共同致力于算法规制的探索,探讨将可信赖算法准则作为一项国际共识的必要性与可行性。

(二)构建以事后问责为主的算法规制路径

在确定算法规制所需遵循的基本准则之后,还要对算法规制的具体路径有一个明确的界定。在这个问题上,人们关注的重点多为算法透明性,强调其在算法规制中的核心地位。但是,在本书看来,这种思路是存在不足与缺陷的,应当予以纠正,重新寻求适当的、合理的算法规制路径。

需要明确的是,虽然本书认为算法透明,或者算法公开,在可行性和必要性方面缺乏足够的理论与实践依据,但是,不可否认的是,在某些情形下,有限的算法透明还是必要的、可行的,至少在智能投顾算法法律规制问题上是这样的。

在智能投顾领域,算法透明的作用主要体现在以下三个方面:第一,在一定程度上,算法透明能够保障投资者的知情权,防范算法歧视、利益冲突,从而保护投资者的合法权益。第二,算法透明还能保证算法具有可解释性,能够增进投资者与智能投顾之间的信赖关系,维护金融市场的稳定。第三,算法透明还能保证算法具有可追溯性,使算法开发、设计、使用者更具可问责性,一旦出现算法失误造成投资者损失的情形,可以有明确的责任主体问责。因此,在智能投顾算法规制体系中,算法透明性规制是很有必要的。但是,不同于法国、荷兰监管者的主张,本书认为,算法透明性规制在本质上是一种事前规制手段,不必然采用公开披露形式,可以采用备案方式,通过事前形式审查来实现。具体而言,智能投顾提供商或者第三方算法提供商应当向证券监管机构或者自律组织进行算法逻辑和主要参数的备案,而不必向社会大众公开披露;备案义务主体应当定期对算法进行检查和测试,并向备案组织提交检测报告,对于算法异常情形和处理措施与结果,也要及时上报,算法出现任何更改,都要更新备案或者重新备案。同时,算法通常被当作商业机密,一旦泄露,会严重削弱企业的核心竞争力,还可能引发算法同质化风险,所以,有必要对备案组织及其工作人员科以严格的保密义务和责任。此外,还可以对算法开发、设计人员进行登记管理,以便在出现算法可解释性、可追溯性问题时有明确的责任主体可以问询。

虽然作为一种事前规制手段,算法透明在一定程度上能够起到防患于未然的作用,但是,毫无限度地夸大其作用,甚至将其作为算法规制的核心手段,在本书看来,是不理智、不可取的。首先,从计算机科学角度来看,实现算法透明是一项难以实现的任务,而且即便透明了也无法保证受众能够理解;更重要的是,透明本身并不足以解决目前金融监管所面临的算法规制难题。[①] 其次,从规制效用角度来看,事后问责的规制手段几乎能够涵盖算法透明所带来的效用,而且更具可行性,比如,美国通过版权立法和司法来应对 P2P 算法滥用问题,在很大程度上,就是通过事后问责来实现算法规制目的的。[②] 所以,无论从哪个角度出发,算法透明都无法担任算法规制核心手段的角色,为实现算法的有效规制,必须寻求其他方式与手段。

对此,本书认为,英国 FCA 所主张的事后问责的算法规制理念值得借鉴。事后问责,简单来说就是在算法规制过程中,不去过多关注算法到底是什么、算法是怎么运行的,而是更多地关注算法输出的结果及其影响,只有在结果造成投资者损失或者威胁金融市场稳定时,才采取相应措施予以规制。与算法透明事前规制相比,事后问责规制更具有可行性,也更具现实意义。因为,从成本收益角度分析,算法透明的合规成本过高,而且,是否具有实际效用,还存在很大的不确定性,成本明显大于收益;但是,于事后问责而言,算法输出的结果及其影响是既定的,无须特别付出即可获得,关键是其效用是得到实践证实的,收益明显大于成本。所以,从经济学角度来看,事后问责是算法规制的最优选项。

---

① 沈伟伟:《算法透明原则的迷思——算法规制理论的批判》,载《环球法律评论》2019 年第 6 期。

② 沈伟伟:《算法透明原则的迷思——算法规制理论的批判》,载《环球法律评论》2019 年第 6 期。

此外,还可以从实用主义与本质主义的视角,对事前和事后两种算法规制路径进行比较分析。算法透明更多的是从本质主义出发,强调对算法技术本身的认知,在此基础上对算法实行规制;而事后问责更多的是从实用主义出发,强调算法应用产生的结果及其影响,从而对算法背后的法律关系的主体进行规制。这实际上又回到了法律的本质问题上,即法律是规制人的行为的社会规范。因此,无论是从法理角度还是从经济学角度,事后问责都是算法规制的最佳路径。

综上所述,在智能投顾算法规制路径上,本书主张,以事后问责规制为主,事前备案规制为辅,两种手段相互配合,以实现有效算法规制的目的。

(三)强化个人隐私和数据保护

在当今大数据时代,数据的价值潜力是无限的,有调查显示,"采用大数据、云计算和移动战略的企业发展状况超过没有采用这些技术的同行53%"。[①] 因而,数据极易成为非法分子的锋利匕首,侵犯个人隐私、商业机密,甚至危害市场稳定和国家安全,必须予以重视与规制。智能投顾算法的运行就是建立在数据基础之上的,而投资者的个人信息,包括年龄、性别、家庭成员、工作单位、个人住址等基本信息,以及财务状况、风险偏好、理财目标等投资相关信息,占据了智能投顾所需数据的绝大部分。所以,从这个角度来看,在智能投顾语境下,投资者保护应包含两层含义:一是保护投资者知情权,以便其在知情同意的前提下做出投资决策;二是保护投资者的个人隐私,防止他人侵犯。而且,实践中,数据的范围更广泛,不只是投资者个人信息,企业的相关信息、市场分析信息等也包含在内。故而在智能投顾运行中,如何保护个人隐私和数据安全,也是智能投顾提供商和监管者面临的又一挑战。[②]

在本书看来,保护个人隐私和数据安全,最主要的就是要求智能投顾提供商具备完备的数据安全管理办法,并严格依照相关法律法规的规定行事。

---

① 参见《大数据时代,数据的重要性》,载财经头条2018年6月15日,https://t.cj.sina.com.cn/articles/view/6463442766/181404f4e001007xxp。

② 严格来说,个人隐私和数据保护并不属于算法规制的范畴,但是,算法、人工智能等科技的应用,使得该问题日益凸显,越发威胁着投资者保护和金融市场稳定,因此,本书将这部分内容放置在算法规制之下。

因此,除完善数据保护相关立法、明确数据权属等基本问题外,更应强调智能投顾提供商和投资者在个人隐私和数据保护中的责任与作用。具体而言,智能投顾提供商应该具备一套系统的数据安全管理办法,详细列明客户调查问卷的内容范围、客户信息分析路径、生成结果输出方式等内容,尤其要对数据访问的权限、具体流程、非有权访问等事项做出明确的安排;同时,还应当有一名专职的数据管理人员,如首席数据官,①以全面负责数据安全管理事宜。此外,智能投顾提供商和监管部门要通力合作,致力于投资者教育,提高投资者个人信息的保护意识。比如,提醒投资者在使用智能投顾时注意以下几点:如果网址以"http"而非"https"开头,则不要提供付款信息;选择使用强密码,并定期进行修改;与投资工具或者投资账户相关联的移动设备要采取密码保护;不在公用电脑或者不安全的无线网环境中访问投资工具或者投资账户;等等。

(四)注重监管科技的应用

2008 年国际金融危机之后,各国加大了对金融行业的监管力度,金融机构合规成本增加,金融领域竞争加剧,为提高效率、增强市场竞争力,金融机构加大了对科技的利用程度,推动金融与科技的结合,金融科技发展迅速。随着人工智能、机器学习、大数据、云计算等金融科技的广泛应用,传统金融行业正在经历着颠覆性的变革,这一方面促进了金融创新,推动了社会经济的发展与进步;另一方面也给传统金融监管机构带来了严峻考验,急需监管理念和监管手段的更新。在这样的背景下,科技逐渐被应用于金融监管,监管科技应运而生。2015 年英国 FCA 首次提出"RegTech",即监管科技的概念,主张利用高新科技帮助金融机构有效满足各种监管要求。②

科技被应用于合规监管并非近年来的产物,早在 2008 年国际金融危机之后,为应对严苛的监管要求,降低合规成本,金融机构已经开始借用科技手段来满足各项监管指标。有关监管科技的应用主体,学术界有两种截然

---

① 首席数据官,是在当今大数据时代背景下,随着企业发展需要而诞生的一个新型企业管理者。目前,越来越多的企业注意到数据管理的重要性,尤其是电子商务、互联网企业、金融企业,纷纷设立首席数据官。See Deloitte,The Evolving Role of the Chief Data Officer in Financial Services: from Marshal and Steward to Business Strategist,2016,p. 5 – 7.

② FCA,*RegTech*,https://www.fca.org.uk/firms/innovation/regtech,2020 – 09 – 22.

不同的观点：一种主张单主体论，认为监管科技是金融机构为满足各种监管要求所采用的各种科技手段的统称；另一种主张双主体论，认为金融机构和监管部门都是监管科技的应用主体，有机构甚至针对两个不同主体的监管科技进行了进一步区分。[①] 本书认同双主体论。科技的应用不应划分界限，它既能帮助金融机构更有效地满足各项法律规则和监管要求，也能帮助监管部门更有效地对金融机构实行监管，无论是从合规角度还是从监管角度来看，科技应用的目的是一致的，即识别、防范金融风险，保护投资者合法权益，维护金融市场稳定。

智能投顾是当今金融科技领域最炙手可热的行业，将人工智能应用于投资服务行业，其能否同自然人一样遵守法律法规的各项规定备受质疑。并且，除传统投资顾问的风险外，智能投顾还有金融科技独特的风险，传统监管手段已无法满足监管需求，如何对其进行有效监管，是监管机构面临的重大挑战。对此，本书认为，监管部门应该加强监管科技的开发与应用，以监管科技为辅助，提升自身监管能力，以应对智能投顾市场运作过程中的各种问题。具体而言：一方面，监管机构需扩展自己的知识结构，提升自身认知水平，除具备金融知识外，还要对相关科技知识有一定的了解，以便更好地理解智能投顾的运行逻辑，发现其中潜在的风险与问题，进而采取针对性的监管措施；另一方面，监管机构还应充分利用高新科技武装自己，提高监管效率。此外，监管机构还需要采取适当措施，加强与智能投顾提供商的合作，就如何充分利用科技手段实现有效合规、有效监管进行沟通交流，使监管科技的效用得到最大化发挥。

本章小结

投资者保护和金融市场稳定，是金融法的两大主要目标，也是金融监管的主要目的，对智能投顾法律规制的探讨，必须围绕这两个核心目标展开。

---

① Basel Committee on Banking Supervision, Sound Practices: Implications of Fintech Developments for Banks and Bank Supervisors, 2018, p. 13.

信息披露是保证投资者知情权的主要手段，是建立投资者与智能投顾之间信赖关系、避免利益冲突等不公平、不公正待遇的有效措施；信义义务要求智能投顾必须勤勉尽责，向投资者提供适当的、符合其最佳利益的投资建议或投资决策；算法规制则从技术能力角度出发，保障智能投顾的运行能力和服务质量，所有这些规制措施，都是为实现上述两大目标而设定的。

然而，与科技日新月异的发展相对比，法律的发展是相对滞后的，有时候甚至落后于社会伦理理念的发展。当前，气候变化、环境污染等社会问题突出，可持续发展已然成为全球共识，ESG 理念、负责任投资、绿色金融等观念逐渐深入人心，并被纳入各国政策法律之中。因此，在智能投顾法律规制的过程中，应当将这些理念融入其中，以符合时代的发展潮流与趋势，更好地促进智能投顾健康、持续、长远发展。

此外，还必须认识到科技的双面性，既要充分挖掘、利用其服务人类、造福社会的潜能，又要防范其伤害人类、毁灭社会的可能。所以，在智能投顾法律规制过程中，尤其要注意对个人隐私和数据的保护，要充分发挥监管科技在识别、防范智能投顾风险方面的重要作用。

第四章　智能投顾市场退出的法律规制

市场退出是市场竞争优胜劣汰的必然产物，是市场主体或市场客体经历完整市场周期的必经一环。有序、高效、安全的市场退出是保护消费者合法权益、维持市场稳定的重要保障。金融行业市场退出亦是如此。当前，智能投顾之间的竞争日趋激烈，经营不善、突发事件等因素，都会导致企业面临被淘汰的局面，如何退出不仅关系到智能投顾企业自身的发展战略，也关系到投资者等利益相关人的合法权益，以及整个金融市场的稳定与秩序。

第一节　智能投顾市场退出法律规制的理论证成

一般而言，市场退出包括市场主体退出和市场客体退出。[①] 于智能投顾而言，市场主体退出是指作为智能投顾提供商的金融机构的退出，市场客体退出是指智能

① 张军立、王立新主编：《企业市场退出》，企业管理出版社2002年版，第19页。

投顾作为一项金融业务的退出。实践中,智能投顾的参与主体主要为独立创业公司、大型互联网企业、传统金融机构,智能投顾或者是上述主体的核心业务,或者是上述主体分支机构的主要业务,或者是上述主体单独开辟的独立部门所负责的主要业务。换言之,智能投顾市场退出主要包含两层含义:一是智能投顾提供商(作为金融机构)的退出;二是智能投顾服务(作为金融服务业务)的退出。两类退出虽有不同,但涉及的主要问题是一致的,所以,本书并不对此进行特别区分。

一、智能投顾市场退出法律规制的本质探源

"物竞天择、适者生存"①,不仅是生物进化的法则,也是市场竞争的规则,退出市场即退出市场竞争,竞争是退出的逻辑根源。市场是资源配置的决定性因素,无序退出会导致市场失灵,加之金融行业本身就是一个高风险的行业,极易引发市场动荡,因此必须对退出加以规制,也就是通过国家干预来控制市场秩序,维护金融市场的稳定,保护投资者的合法权益。

(一)智能投顾市场退出是市场竞争的必然结果

竞争是生物在生存过程中为了自身利益,就某种特定标的进行争夺以便占有的行为,人们对竞争的认识与研究由来已久。托马斯·霍布斯(Thomas Hobbes)从"趋乐避苦"的心理学角度出发,指出竞争是人的本性,是人的社会行为的主要源泉,是社会组织产生的基础;马尔萨斯率先提出"生存竞争"的概念;达尔文(Darwin)通过大量事实证明,生存竞争存在于动植物界的物种进化过程中;托马斯·亨利·赫胥黎(Thomas Henry Huxley)进一步将生存竞争的概念引入人类社会;赫伯特·斯宾塞(Herbert Spencer)则最先提出了"适者生存"的概念;马克思和恩格斯(Marx & Engels)的理论中,也始终贯穿着竞争的思想。② 竞争是整个自然界普遍存在的现象,既是生物界的进化规律,也是人类社会的发展规律,从生物学、心理学和社会学上都可以探寻到竞争的理论支撑,③竞争的存在是不容置

---

① [英]赫胥黎:《严复:天演论 民国时期影响国人的大师著作》,严复译,中国画报出版社 2010 年版,第 28 页。

② 阎维杰:《金融机构市场退出研究》,中国金融出版社 2006 年版,第 42~43 页。

③ 阎维杰:《金融机构市场退出研究》,中国金融出版社 2006 年版,第 52 页。

疑的事实，也是人们的一般共识。实践中，竞争的表现形式多种多样，但是，竞争的最终结果是一致的，即优胜劣汰。这是由竞争具有胜负性的特性决定的，凡是竞争，必然有高低胜负之分，通过淘汰落后者推动生物界以及人类社会的发展进步。所以，竞争是包括人类社会在内的整个自然界发展进化的必然规律，它不以人的意志为转移。就某一个体而言，胜利是暂时的，而失败则是必然的，失败就面临被淘汰，被淘汰即退出竞争。因此，竞争是退出的逻辑根源。

在市场经济中，市场主体通过交换来实现商品或服务的价值，为自身利益最大化，不同市场主体之间的对立充斥着整个交换过程，竞争则是这种对立的表现，是市场经济的灵魂。市场竞争的结果就是优胜劣汰，优胜者继续在市场中占据一定的份额，劣汰者市场占有率降低，最后退出市场。所以，市场退出是市场竞争的必然结果。

实际上，从一定程度上来讲，智能投顾本身就是金融行业竞争的产物。由于金融市场的激烈竞争，金融机构纷纷致力于科技的开发与利用，以提升金融效率，增强市场竞争力。智能投顾就是当今科技与金融相结合的典范，作为一项新生事物，自产生开始就加入激烈的市场竞争之中。智能投顾的竞争对象不仅包括传统的人工投顾，还包括其他智能投顾。并且，随着智能投顾的发展，除新兴创业公司外，大型互联网金融平台、传统金融机构也纷纷加入竞争行列。随着时间的推移，目前，智能投顾已经进入理性竞争阶段，部分效益低下的智能投顾正面临关闭、破产的风险，或者已然关闭，退出市场。因此，智能投顾市场退出是市场竞争的必然结果。

（二）智能投顾市场退出法律规制是市场秩序控制的内在要求

金融是一国国民经济的重要组成部分，是国家重要的核心竞争力，金融发展是否稳定直接影响着国家整个经济的平稳、健康发展。[①] 同时，金融还具有脆弱性，金融风险具有传染性，这都表明金融行业是一个高风险行业，金融机构或者金融业务退出市场是一项牵一发而动全身的举动，若没有相应的市场退出法律规制的引导，很容易引起投资者、相关利益方、企业员工等多方面的混乱，扰乱正常的市场秩序，甚至引发系统性金融危机。

---

① 彭兴庭：《金融法制的变迁与大国的崛起》，法律出版社2014年版，第8页。

秩序是社会持续健康发展的基本条件，是“人们为了维护社会公共利益，共同遵守社会行为准则的状况”。[①] 社会主体只有在实践中形成一定的行为准则，并在后续实践中予以遵守，整个社会才会处于一种稳定、有序的状态。市场秩序，是指市场主体遵循其在长期市场活动中形成的规范和准则从而实现的市场状态。市场秩序控制要求市场主体按照上述规范和准则行事，为市场活动创造良好的市场环境。从本质上来看，市场秩序控制是国家干预经济的具体表现形式，它以国家强制力为后盾保证市场主体对相关法律规定、行业规范的遵守，是弥补市场缺陷、防范市场失灵的必要手段，也是市场稳定与安全的基本保障。

智能投顾作为金融市场的一部分，也具有高风险的特征，其市场退出亦是如此。随着行业竞争的加剧，一些智能投顾因客户有限、资产管理规模过小等因素陷入发展困境，面临着破产、倒闭的风险。如前所述，智能投顾以低成本的优势吸引了众多的中低收入投资者。较之高净值投资者，这类投资者的风险承受能力水平普遍较低，一旦出现智能投顾倒闭、资金无法收回的情形，投资者必然会产生心理波动，甚至引发信任危机，严重威胁金融市场的安全与稳定。同时，智能投顾市场退出还涉及技术安排、员工安置等方面的问题，如果处理不当，会引发不同程度的秩序混乱。因此，应当对智能投顾市场退出行为进行法律规制，规范、引导智能投顾有序退出市场，保障投资者的合法权益，妥善处理其他利益相关方的权益，从而实现市场秩序控制的目的。

二、智能投顾市场退出法律规制的价值分析

市场退出是智能投顾生存周期的最后一个环节，对其进行法律规制，是完整智能投顾法律规制的必要组成部分，在优化资源配置、保护投资者合法权益、维护金融市场稳定方面发挥着重要作用。

（一）优化资源配置

完善的市场退出法律规制为智能投顾退出市场提供了指引，使其释

① 彭星闾、叶全良：《建立市场新秩序：中国市场规则研究》，中国财政经济出版社 1997 年版，第 36 页。

放出自身所占据的生产要素,并在价值规律的作用下,重新配置生产要素,从而实现资源的优化配置。资源配置,也就是生产要素配置,是指经济中的自然资源、资本资源、信息资源、科技资源、人力资源等要素,通过市场、政府等调节机制,在不同使用方向之间进行分配,并按照一定的目标,进行要素组合,以期生产出符合社会需要的产品和服务。[①] 在市场经济条件下,资源配置不以人的意志为转移,通过市场机制的自动调节来实现。市场机制是市场经济内含的价格、供求、竞争、风险等要素相互作用、相互制约的自动协调能力,是市场经济的一种内在协调机制;正是价格机制、供求机制、竞争机制、风险机制诸要素的协同运作,推动着社会资源在不同领域、不同个体之间的流动,通过不断地配置与再配置,资源配置逐渐趋于优化。[②] 其中,市场竞争机制是指市场主体之间为了自身利益,利用价格、产品或服务质量、款式、营销等手段,通过市场竞争而形成的优胜劣汰的经济联系。竞争的结果就是优胜劣汰,经营效益好的市场主体继续占据一定的市场份额,而经营效益差的市场主体则被无情淘汰,退出市场,这就使得原本以及将要流向退出主体的社会资源被重新分配,流向更有价值的地方。

可见,无论是对退出主体而言,还是对其他竞争主体而言,市场退出并不一定是负面事件,相反,它可能是促进资源自由流动、实现最优资源配置的最佳手段与方式。而实现市场退出优化资源配置的作用,离不开健全、完善的市场退出法律规制,唯有如此,才能规范、引导市场主体,从而发挥退出行为的正向价值尤其是问题金融机构有序退出市场。智能投顾市场退出是市场竞争的必然结果,是其自身发展的必经阶段。对智能投顾市场退出进行法律规制,是实现资源在智能投顾竞争主体之间和在整个金融行业内优化配置的重要保障。

(二)保护投资者合法权益

对智能投顾市场退出进行法律规制,还有助于保护投资者的合法权益,使其免于或者减少损失。在智能投顾法律关系中,法律主体主要包括智能

---

① 施镇平:《资源配置与市场机制》,立信会计出版社2000年版,第6页。

② 施镇平:《资源配置与市场机制》,立信会计出版社2000年版,第71页。

投顾提供商、投资者和相关第三方。① 其中，投资者是每个智能投顾法律关系中不可或缺的主体，也是最主要的主体，整个智能投顾服务就是围绕投资者的需求，为投资者最佳利益而展开的。由于信息不对称等因素的存在，投资者在智能投顾法律关系中处于明显弱势地位，智能投顾运营的好坏，直接影响投资者投资目标的实现以及其相关权益的保护。而且，一家智能投顾涉及众多投资者，一旦停止运营，投资者的投资如何安置，是其不得不考虑的首要问题，这不仅关系到投资者的合法权益、智能投顾提供商的信誉，还关系到投资者对金融体系的信任以及整个金融市场的稳定。此时，完备的市场退出法律规制，能够向智能投顾提供清晰明确、具体详细的指导，保证其有序地退出，避免“跑路”等无序退出或者“僵尸企业”等消极退出现象，最大限度地减少对投资者的负面影响，保护投资者的合法权益。

(三)维护金融市场稳定

金融安全是法律的价值追求之一，智能投顾市场退出法律规制也以维护金融市场的安全与稳定为目标。一般而言，完备的市场退出法律规制都包含适当的信用评估机制、风险预警和应急处理机制、存款保障机制等，这些举措的存在，能够及时发现智能投顾的潜在问题与风险，尽早采取干预措施，即便最终走向破产、关闭，也能够对各个相关利益方做出合理安排，避免发生投资者非理性行为，扰乱市场秩序。因此，对智能投顾市场退出进行法律规制是有效防范系统性金融危机、维护金融市场稳定的保障。

第二节　智能投顾市场退出法律规制的背景分析与实践考察

自 2008 年在美国兴起以来，智能投顾已经走过了十余年的历程，逐渐从探索阶段走向成熟、完善。在狂热吹捧之后，市场主体也开始理性看

---

① 相关第三方，比如，算法外包服务商，负责交易执行的经纪交易商，ESG 评估机构，等等。See Gao Simin, *Hephaestus and Talos*: *The Legal Status and Obligation Theory of Robot Advisors*, https://ssrn.com/abstract=3649797, 2020-10-07.

待智能投顾,重新审视它的特征、优势、实际效益与潜在价值。从世界范围来看,现阶段,整个智能投顾行业基本处于成熟、平稳的发展状态,竞争日趋理性、激烈,在市场调节机制的作用下,正在经历着重新洗牌的局面。

一、智能投顾市场退出法律规制的背景分析

(一)大量市场主体加入智能投顾竞争行列

一般来讲,智能投顾起源于2008年全球国际危机之后的美国,由初创公司Betterment、Wealthfront等开启序幕,经历了长达十年的牛市,在财富管理领域成功开辟出一条新路。2020年全球智能投顾资产管理规模约1万亿美元。① 智能投顾的迅猛发展,引起了诸多市场主体的关注与参与,一大批智能投顾创业平台如雨后春笋般纷纷涌现。以美国为例,在Betterment、Wealthfront之后,Personal Capital、未来顾问(Future Advisor)、卓越数字计算平台(Sigfig)等智能投顾相继出现。Personal Capital成立于2009年,以提供免费的分析工具和收费的传统投资顾问服务为主要业务;Future Advisor成立于2010年,除提供免费的投资组合建议及投资数据整合服务外,还提供收费的投资代理服务;Sigfig于2012年上线,以投资组合追踪工具为核心业务,另外还提供投资组合再平衡服务。除此之外,美国还有诸多其他智能投顾创业平台,比如智慧伴言(Wisebanyan)、资产积累(Asset Builder)、真实财富(Ture Wealth)、绽放(Bloom)、对冲(Hedgeable)、交互顾问(Covestor)、市场投资管理平台(Market Riders)、艾维特智能化投资平台(Ellevest)、主题投资平台(Motif Investing)、学维特个人理财平台(LearnVest),等等。② 这些创业平台的定位、业务模式、风格各不相同,以某一特定群体为服务对象,定位精准、个性十足。因为,美国的传统财富管理机构的投资顾问实力过于强大,智能投顾创业平台只有十分专注于某一点,才可能在市场中立足,这一方面体现了美国金融创新创业的活跃,另一方面也表明了美国的智能投顾正在逐渐发展成熟。

---

① Statista, *Robo-Advisor*, https://www. statista. com/outlook/337/100/robo-advisors/worldwide,2020-09-28.

② Investment Adviser Public Disclosure, *Investment Adviser Data*, https://adviserinfo. sec. gov/compilation,2020-09-28.

除金融科技初创公司外，自 2015 年起，传统金融机构纷纷加入智能投顾行列。这一方面是由于受到了来自智能投顾初创公司的挑战与威胁，另一方面也是出于传统金融机构越发意识到智能投顾的巨大潜力和发展价值。传统金融机构进入智能投顾领域主要有三种途径：自行研发、收购初创公司、与第三方合作。2013 年，光锋集团（Vanguard）作为全球第二大资产管理公司，推出了“先锋智投”服务（Vanguard Personal Advisor Services）。2015 年，美国老牌资产管理机构嘉信理财（Charles Schwab）上线了“嘉信智能投资组合”服务（Schwab Intelligent Portfolios）；之后于 2017 年，推出了“嘉信智投”服务（Schwab Intelligent Advisory），该项服务综合了人工投资顾问和智能投顾服务。2015 年，全球最大资产管理公司贝莱德（BlackRock）收购了智能投顾初创公司 Future Advisor。2016 年，高盛收购了智能投顾初创公司诚实货币（Honest Dollar），该线上平台专注于退休账户的理财服务。在上述大型传统金融机构的示范下，其他传统金融机构也纷纷跟进：瑞杰金融集团（Raymond James Financial）上线链接顾问平台（Connected Advisor），美林银行（Merrill Lynch）上线美林边缘投顾平台（Merrill Edge Guided Investing），富国银行（Wells Fargo）推出直觉投顾平台（Intuitive Investor），等等。

鉴于数量众多的初创公司和传统金融机构的加入，智能投顾领域的竞争变得越来越激烈，而且，传统金融机构正凭借自身强大的背景优势逐渐占据主导地位，初创公司或者竞争优势不明显的智能投顾正面临被收购或者关闭的风险。

（二）市场低迷时期来临

自兴起以来，智能投顾仅经历了一个持续时间较长的牛市，还未历经过完整的市场周期，该缺点引发了这样一个疑问：它是否能够在熊市或者经济危机时期独善其身？

2018 年是经济动荡的一年，从整体来看，智能投顾经历了有史以来第一次业绩下滑，尤其是以股票为主要投资标的的投资组合损失严重，投资组合年平均增长率下降了约 1.5%。[①] 2018 年 2 月，在经历两天不寻常的交易

① Allocca, Sean, *Robos Survived a Volatile Year. What Happens When It's Worse*?, https://www.financial-planning.com/news/can-robo-advisors-survive-a-market-downturn, 2020-09-28.

之后,美股指数暴跌 1175 点,大量投资者抛售股票导致了诸多资产管理公司的网站出现黑屏故障。① 上述事件似乎预示了两点:一是身处市场下滑时期,智能投顾也会出现一定程度的业绩下滑;二是以算法等科技为依托的数字化投资建议平台,在面临投资者非理性行为时,也极易遭受技术故障引发的风险。

同时,在智能投顾模式下,通常投资者仅与智能投顾平台"沟通",几乎无人工投顾参与,若在市场经历熊市时期,没有人工投顾安抚,投资者采取非理性行为的可能性会更大。而且,智能投顾算法以历史数据为基础,可以说几乎没有预测能力,某一投资组合在上一年度业绩好,并不代表今后也如此。智能投顾的上述固有特性,也表明在市场低迷时期,或者经济危机时期,智能投顾极有可能会遭受重创,而不会独善其身。

为了应对市场低迷带来的风险,一些智能投顾,如 Wealthfront、Betterment,已经开始增加低风险或者无风险的投资标的;②智能投顾实际资产管理规模的增长情况也并未如预期的那般乐观,③这些都从另一个侧面印证着上述预测。所以,可以确定地说,在当前市场低迷的大背景下,部分智能投顾很可能因应对不力而面临倒闭、破产的局面。

(三)部分智能投顾已退出市场

受激烈的市场竞争、市场经济低迷等诸多因素的影响,部分智能投顾已经宣布关闭,退出市场。

2018 年 8 月 9 日,美国智能投顾 Hedgeable 撤回其在 SEC 的投资顾问注册,停止其自动化资产管理服务,使得之前备受吹捧的自动化资产管理服务备受打击。自注册撤回生效之日起,平台所有通道将会关闭,仅提供咨询服务;平台客户可以选择将其投资交由 Hedgeable 的托管机构弗里欧

① Allocca, Sean, *Leading Robos Go Dark During Stock Market Plunge*, https://www.financial-planning.com/news/fidelity-td-wealthfront-betterment-robos-crash,2020-09-28.

② Adamczyk, Alicia, *Here's What to Know before Signing Up for a High-yield Savings Account at a Robo-advisor*, https://www.cnbc.com/2019/07/26/what-to-know-before-getting-for-a-high-yield-account-at-a-robo-advisor.html,2020-09-29.

③ Carey, Theresa W., *Robo-Advisors 2019: Still Waiting for the Revolution*, https://www.investopedia.com/robo-advisors-2019-where-have-all-the-assets-gone-4767826,2020-09-29.

(Folio)管理,至当年年底无需支付管理费。[①] Hedgeable 成立于 2010 年,是一家小型智能投顾初创公司,采取主动投资策略,年费率在 0.6% ~ 0.75%,高于同期 Betterment 的 0.25%、Vanguard 的 0.3%,获客数量不足,最终导致其关闭服务进行重组。[②]

2018 年 8 月,瑞银集团(UBS)关闭了其智能投顾平台智慧财富(Smart Wealth),该平台于 2017 年 3 月上线,规定最低投资金额为 1.5 英镑,但是,却因"预估短期收益有限"而关闭。[③] 在平台关闭后,其技术被售卖给美国智能投顾初创公司 SigFig,平台用户的投资继续延续 60 天,之后相关投资产品被出售,收益返还用户指定的银行账户。[④]

2019 年 4 月,荷兰银行(ABN AMRO)宣布关闭其线上资产管理服务平台繁荣(Prospery)。Prospery 于 2017 年 11 月上线,目标客户定位在可投资资产在 20 万欧元以上的群体。该银行指出,因缺乏宣传渠道,该平台获客难度极大,现有客户数量远未达到预期,而增加客户数量的成本投入太高,所以,最终选择关闭该项服务,同时,该银行明确表示,既有客户不会因其退出市场而遭受经济损失。[⑤]

2019 年 5 月,老牌国际银行和资产管理机构天达银行(Investec)宣布将其成立仅两年的智能投顾平台点击投资(Click & Invest)关闭,退出智能投顾市场。Investec 在一份声明中表示,"客户数量远未达到预期,以及市场经济增长缓慢"是其退出智能投顾市场的主要原因;而且,Investec 年度报告显示,Click & Invest 连续两年亏损,至关闭前,合计损失约 3200 万英镑。[⑥]

---

① Steinberger Samuel, *$80 Million Robo Hedgeable Shutters Its Portfolio Management*, https://www.wealthmanagement.com/technology/80-million-robo-hedgeable-shutters-its-portfolio-management, 2020-09-29.

② Friedberg, Barbara A., *Hedgeable Closes to Retail Investors-Active Robo Restructures*, https://www.roboadvisorpros.com/hedgeable-closes-retail-investors-restructures/, 2020-09-29.

③ Anonymity, *UBS Closes SmartWealth Robo-advisor, Sells Tech to SigFig*, https://www.finextra.com/newsarticle/32587/ubs-closes-smartwealth-robo-advisor-sells-tech-to-sigfig, 2020-09-29.

④ Anonymity, *UBS Closes SmartWealth Robo-advisor, Sells Tech to SigFig*, https://www.finextra.com/newsarticle/32587/ubs-closes-smartwealth-robo-advisor-sells-tech-to-sigfig, 2020-09-29.

⑤ Anonymity, *ABN Amro Shuts down German Digital Wealth Manager Prospery*, https://www.finextra.com/newsarticle/33623/abn-amro-shuts-down-german-digital-wealth-manager-prospery, 2020-09-29.

⑥ Anonymity, *Investec Withdraws from over Hyped Robo-advisory Market*, https://www.finextra.com/newsarticle/33834/investec-withdraws-from-over-hyped-robo-advisory-market, 2020-09-29.

据悉,在 Click & Invest 退出市场之时,该部门的 54 名员工并未得到妥善安置。①

2020 年 3 月,新加坡智能投顾便捷(Smartly)宣布关闭,2020 年 6 月 30 日之后账户登录通道关闭。该公司在网上声明中指出,“维持该平台的高质量服务十分艰难,激烈的数字化投资服务竞争最终导致了其关闭”。Smartly 成立于 2015 年,是新加坡最早的一批智能投顾,为应对竞争,其最初计划为对平台进行提升修整,但却于 2019 年被越南投资管理公司维纳资本集团(Vina Capital Group)收购,后者作出关闭服务的最终决定。Smartly 收取的年费率仅为 0.5% ~1%,远低于该行业在新加坡的平均费率 2.5%,但是,依旧受到了来自格兰博投资(Grab Invest)、储存(Stash Away)、自动财富(Auto Wealth)、克里斯多(Kristal)等智能投顾初创公司,以及华侨银行(OCBC)、星展银行(DBS)等传统金融机构的严重威胁。② 针对关闭可能产生的影响,Smartly 声称,“在当前市场动荡时期作出关闭决定,可能会引发部分客户的焦虑,我们正在致力于采取适当的措施以保证有序的市场退出”。③

从上述对智能投顾市场退出情况的考察可以发现,退出主体既有早期的智能投顾初创公司,也有后期的传统金融机构,且多为中小型智能投顾平台,退出的主要原因是获客成本过高,而收益过低。④ 事实上,早在 2015

---

① Anonymity, *Investec Withdraws from over Hyped Robo-advisory Market*, https://www.finextra.com/newsarticle/33834/investec-withdraws-from-over-hyped-robo-advisory-market, 2020-09-29.

② Anonymity, *Singapore's Robo-advisor Smartly Shuts, Cites "Intense" Competition*, https://www.fintechfutures.com/2020/04/singapores-robo-advisor-smartly-shuts-cites-intense-competition/, 2020-09-29. 2018 年,OCBC 推出了智能投顾平台 OCBC RoboInvest;2019 年 DBS 推出了面向散户的混合智能投顾服务。

③ Anonymity, *Singapore's Robo-advisor Smartly Shuts, Cites "Intense" Competition*, https://www.fintechfutures.com/2020/04/singapores-robo-advisor-smartly-shuts-cites-intense-competition/, 2020-09-29. 2018 年,OCBC 推出了智能投顾平台 OCBC RoboInvest;2019 年 DBS 推出了面向散户的混合智能投顾服务。

④ 智能投顾以低费率为主要竞争优势,但这也导致了其盈利的困境,只有在获得巨大资产管理规模的前提下,才能维持其低费率的营业模式。2019 年 HSBC(香港上海汇丰银行)报告指出,北美智能投顾的资产管理规模必须在 113 亿美元至 215 亿美元,才有可能保持收支平衡。See Ruby Hinchliffe, *Singapore's Robo-advisor Smartly Shuts, Cites "Intense" Competition*, https://www.fintechfutures.com/2020/04/singapores-robo-advisor-smartly-shuts-cites-intense-competition/, 2020-09-29.

年，就有研究报告指出，智能投顾高获客成本、高持续服务成本、低费率的业务模式，很难使其盈利。① 因此，若想在竞争中存活，智能投顾就不得不采取相应措施解决上述问题。应对不力，再加上主要来自传统金融机构的竞争威胁，一些智能投顾，尤其是中小型智能投顾，将难以在市场经济低迷的情况下继续存活，终会被市场淘汰，退出市场竞争行列。

二、智能投顾市场退出法律规制的实践考察

前文已提及，国际上对智能投顾的法律规制基本上沿用既有传统投资顾问的法律制度和监管框架，并通过官方文件对有关问题进行具体阐释或者作出特别规定。但是，不同于市场准入、市场运作环节，各国对智能投顾市场退出环节的法律规制并未作出专门规定，也未发现较为系统的有关投资顾问市场退出的法律规定，而是就金融机构市场退出作出了专门、系统性的规定。

（一）美国智能投顾市场退出法律规制的实践考察

美国有关投资顾问市场退出的法律规定主要体现在《1940 年投资顾问法》第 203(e)、(f)、(h)条和 SEC 规则第 203 - 2 条。其中，前者主要规定的是 SEC 撤销投资顾问注册的情形，属于投资顾问被动退出市场；后者则侧重投资顾问撤回注册的情形，属于投资顾问主动退出市场。

具体而言，依据《1940 年投资顾问法》第 203(e)、(f)条，SEC 有权在特定情形下撤销投资顾问的注册，这些情形包括但不限于：故意对重要事实做出虚假、误导性陈述；故意省略被要求披露的重要事实信息；在提交注册申请之日前十年或者之后，存在欺诈等违法犯罪行为；在提交注册申请之日前十年或者之后，因犯罪被处以 1 年以上有期徒刑；被永久或者暂时禁止从事投资顾问、经纪人、交易商等职业；故意违反《1933 年证券法》《1934 年证券交易法》《1940 年投资公司法》《1940 年投资顾问法》等法律及其相关法规的规定，或者不能够遵守上述法律法规的规定；故意教唆、辅助他人违反上述法律法规的规定，或者未采取适当监督措施防止相关主体违反上述法律

① Anonymity, *Robo-Advisor Upgrade! Installing a Program for Profitability*, https://www.smartkarma.com/insights/robo-advisor-upgrade-installing-a-program-for-profitability, 2020 - 09 - 29.

法规的规定;等等。

依据《1940 年投资顾问法》第 203 (h)条和 SEC 规则第 203 - 2 条,投资顾问可以通过提交注册撤回申请表(Form ADV-W)撤回注册或注册申请。通常,投资顾问撤回注册主要是基于以下原因:停止担任投资顾问,即不再从事投资顾问业务;满足投资顾问注册豁免的条件;不再具备向 SEC 注册投资顾问的资格,如达不到 SEC 规定的资产管理规模。注册撤回申请表是注册投资顾问撤回注册必须提交的文件,旨在通知 SEC 其撤回投资顾问注册的意图。注册撤回申请表主要是对欲撤回注册投资顾问相关信息的汇总,包括基本身份信息、业务目前状态、客户资产托管情况、对客户的负债情况、投资顾问合同信息、诉讼或留置权情况、财务状况、记录留存情况等。同注册申请所需的注册申请表(Form ADV)一样,注册撤回申请表也是通过投资顾问登记注册存管处(Investment Adviser Registration Depository,IARD)电子提交,除非满足 SEC 规则第 203 - 3 条的豁免条件,而且,无需支付任何费用。自注册申请表被 IARD 接收之日开始,注册撤回生效,投资顾问将继续有 60 天的过渡期,并开始进行《1940 年投资顾问法》第 203(e)条规定的程序。

此外,《1940 年投资顾问法》第 203(h)条还就 SEC 注销投资顾问注册的情形作了规定。针对已注册投资顾问和注册申请中的投资顾问,如果发现上述主体已经不再存在,或者不再从事投资顾问业务,或者被禁止依据该法第 203A 条注册为投资顾问,那么,SEC 有权注销其注册或者注册申请。

还需注意的是,在美国,投资顾问撤回注册包括部分撤回和完全撤回两种,在撤回之前,投资顾问必须做出明确选择。不同撤回方式,撤回的具体规定有所不同。部分撤回是指仅撤回在部分司法区域的注册,而非全部。比如,投资顾问想要从 SEC 注册转变为州注册,必须完成注册撤回申请表的当前状态(status)和执行(execution)部分的各项内容;投资顾问若从州注册转变为 SEC 注册,则必须完成全部的注册撤回申请表;州注册投资顾问撤回其在一部分州的注册,而非撤回其在所有州的注册,也必须完成全部的注册撤回申请表。完全撤回是指从全部注册的司法区域撤回,此时,投资顾问也必须完成全部的注册撤回申请表。

(二)新加坡智能投顾市场退出法律规制的实践考察

新加坡有关投资顾问市场退出的法律规定主要体现在《理财顾问法》(Financial Advisers Act)第19条。[①] 不同于美国,该条款仅就理财顾问被动退出市场作了规定。具体而言,在出现以下情形时,MAS有权撤销理财顾问的牌照许可:出现《理财顾问法》第9条第1款列举的MAS拒绝牌照申请的情形;[②]持牌理财顾问违反了该法相关规定,或者违反了MAS依据该法对其作出的限制等规定;持牌理财顾问未能满足该法规定的义务要求,或者未能履行MAS依据该法发布的书面指令;持牌理财顾问的商业运营可能损害客户权益或者公众利益;持牌理财顾问向MAS提交虚假、误导性的信息或文件;MAS有理由相信持牌理财顾问或者其职员未能有效、忠诚、公正地履行其义务;MAS依据该法第59条做出了针对持牌理财顾问的禁令,且禁令还在生效中;持牌理财顾问未能按照该法第14条规定缴纳牌照费;持牌理财顾问未能或者停止开展被授权许可的所有理财咨询服务。在撤销持牌许可之前,MAS应当给予理财顾问申辩的机会;但在下列情形下,则不必给其申辩机会:持牌理财顾问正处于清算过程中,或者已经解散;已经指派了持牌理财顾问的接管人;MAS依据该法第59条做出了针对持牌理财顾问的禁令,且禁令还在生效中;持牌理财顾问存在欺诈、不忠实等违法行为。持牌理财顾问的牌照一旦被撤销,应当从牌照撤销生效之日起停止作为理财顾问的所有行为,并且应当立即书面通知其所有代表,所有代表应当停止作为持牌理财顾问代表的所有行为;违者会被处以不同数额的罚款。撤销理财顾问牌照的行为,不得影响相关投资产品的协议、交易、安排。

新加坡《理财顾问法》并未就理财顾问主动退出市场的情形作出规定,亦未发现有关理财顾问市场退出的具体流程规定。

综上所述,并未发现各国(地区)针对智能投顾市场退出作出专门的法

---

① Singapore, Financial Advisers Act, 19: Lapsing, Revocation and Suspension of Financial Adviser's Licence,即《理财顾问法》第19条“理财顾问牌照的失效、撤销、中止”。

② 新加坡《理财顾问法》第9条第1款列举的MAS拒绝牌照申请的情形包括:申请者不是一家公司;申请者不满足或者不能持续满足MAS设定的最低资产要求或者其他类似要求;申请者不具备有效的保险赔偿方案或者其他替代方案;申请者未向MAS提供所要求的信息或文件;等等。

律规定或者出台针对性法律文件，其原因可能有以下几点：首先，由于技术在法律上的中立性，智能投顾并没有从实质上改变传统金融服务的法律关系，而且尚不具备必须对其市场退出作出专门规定的现实基础，所以，国际上通行的做法是仍然沿用现行投资顾问市场退出的相关法律制度。其次，就智能投顾当前的发展状况和发展前景来看，在一段时期内，它还会继续处于增长状态，市场退出现象尚未普及，退出的潜在风险与问题还未引起监管部门的重视。最后，对于资本市场发达、金融法律制度成熟的国家而言，如美国、英国、日本等，本身已具备比较完善的金融机构市场退出机制，这些机制渗透在金融机构存续期间的内部管理和日常监管规定之中，在充分发挥市场调节作用的基础上，金融机构能够在保护债权人权益的前提下，有序退出市场竞争，另行规定的必要性不大。因此，在本书看来，探讨智能投顾市场退出法律规制，应该将重点放在智能投顾市场退出的相关配套法律制度上。

第三节　智能投顾市场退出法律规制的思考与完善建议

通常来讲，与智能投顾市场退出相关的配套法律制度主要包括金融风险预警与应急处理机制、投资者保护基金制度、金融机构破产制度。这三项制度是智能投顾有序退出市场、最大限度保护投资者权益、维护金融市场稳定的保障，是探讨智能投顾市场退出法律规制不可逾越的问题。

一、智能投顾市场退出与金融风险预警及应急处理机制

（一）金融风险预警机制

金融风险预警机制，是指反映金融风险警兆、警源、警情以及变化趋势的各种指标体系、预测方法和组织形式所构成的有机整体，它以信息技术为基础，以金融统计数据为依托，是一国金融风险防范体系和经济宏观调控体系的重要组成部分。[①] 金融风险预警机制的主要作用体现在：能够帮助市

---

① 董小君：《金融风险预警机制研究》，经济管理出版社2004年版，第8页。

场主体了解金融机构的实时动态,有效评估其风险指数;能够帮助监管部门尽早发现风险苗头,及时采取适当的监管措施;能够为现场监管措施提供参考,提高监管效率,降低监管成本。

在金融领域,建立风险预警机制是十分必要的,尤其是在当今全球金融一体化、金融科技涌现的时代。首先,金融行业是一个高负债的行业,具有明显的脆弱性,金融是否稳定直接影响着整个国民经济乃至整个社会的稳定。其次,金融行业是一个高风险的行业,且风险传染性极强,多米诺骨牌效应明显,一家金融机构出现问题很可能引发多家金融机构甚至整个金融行业曝出相关问题,从而导致市场动荡。最后,一旦金融风险防范、应对不力,由金融风险转变为金融危机,那么整个国家将遭受巨大损失。同时,全球金融一体化使得金融危机的传播速度更快、波及范围更广,从而给世界经济造成重创。史上历次金融危机,无论是1995年的墨西哥金融危机、1997年的亚洲金融危机,还是2007年的美国次贷危机,都是突发事件,当事国均处于“措手不及”的应对状态。因此,必须建立一个有效的金融风险预警机制来防范金融风险,遏制金融危机的发生。

金融风险预警机制主要是针对存续期间的金融机构而言的,而且一般企业无需风险预警,看似与市场退出无关。但是,从理论上来讲,金融的重要地位、巨大风险、极强关联性,使得金融机构的市场退出变成“牵一发而动全身”的举动,事前的预测与警示对真正的退出行动而言十分重要;从实践上来看,金融风险预警对金融机构的市场退出具有很强的指引价值,在一定程度上,决定着金融机构是否退出以及具体退出方式,是市场退出的重要组成部分。香港国际金融公司与广东国际信托投资公司不同的退出结果与影响,印证了及时有效的风险预警是金融机构顺利退出市场的保障。[①]

同理,对于智能投顾来说,建立金融风险预警机制也是十分必要的,尤其是对于面临市场退出局面的智能投顾而言。智能投顾产生于金融科技大爆发的时代,区别于传统投资顾问,智能投顾的科技特征最为突出,这既是它的竞争优势,也是它的诸多潜在风险根源。因科技因素的加入,智能投顾的风险隐蔽性更好,发生速度与传播速度更快,潜在危险更大,更易引发系

---

① 阎维杰:《金融机构市场退出研究》,中国金融出版社2006年版,第169~170页。

统性金融危机。而且,由于是机器与投资者直接“沟通”,本来两者之间的信任建立就存在困难,若机器突然停止工作,智能投顾突然停止运营,其在投资者之间引起的恐慌可想而知。所以,智能投顾也应当建立适当的、健全的风险预警机制,以便在不得不退出市场之前,尽早发现问题,并采取适当措施,及时止损,最大限度地减少投资者损失,保护相关债权人的合法权益,维护金融市场秩序。

对此,美国关于投资顾问的系统性风险报告制度具有典型性。依据SEC规则第204(b)-1条的规定,服务对象为私募基金的投资顾问,必须定期提交系统性风险报告(Form PF)。该报告必须以保密方式,通过IARD电子提交,提交费用为150美元,以方便金融稳定监督委员会评估美国金融体系的系统性风险。依据资产管理规模和私募基金的具体类型,投资顾问的报告义务稍有不同:对于小型私募基金投资顾问,即资产管理规模在1.5亿美元以上,但尚未达到大型私募基金数额标准的私募基金投资顾问,只用完成Form PF的第1部分,每年提交一次,在每一会计年度结束前的120天内提交;对于资产管理规模在15亿美元以上的大型对冲基金投资顾问,需要完成Form PF的第1部分和第2部分,每季度提交一次,在每一季度结束前的60天内提交;对于资产管理规模在20亿美元以上的大型私募股权基金投资顾问,需要完成Form PF的第1部分和第4部分,每年提交一次,在每一会计年度结束前的120天内提交;对于资产管理规模在10亿美元以上的大型流动性基金投资顾问,需要完成Form PF的第1部分和第3部分,每季度提交一次,在每一季度结束前的15天内提交。此外,SEC规则还对主要办公场所和营业地不在美国的投资顾问,作出了免除系统性风险报告义务的规定。

在美国,智能投顾被认定为投资顾问,当然也要遵守上述有关系统性风险报告的规定。所提交的报告内容包括私募基金的具体类型、规模、杠杆情况、投资者类型、流动性、业绩表现、对手方、风险敞口等多项内容,其可以保证FSOC掌握私募基金及其投资顾问的最新运行状况,一旦发现风险,能够及时采取相关措施,在风险防范、应对不利的情况下,引导它们退出市场,将对债权人权益和市场秩序的影响降到最低。可见,金融风险预警机制只是预测、提示风险,还必须配以完善的风险应急处理机制,才能真正起到防范金融风险的目的。

(二)金融风险应急处理机制

金融风险应急处理机制,简单来说,就是在发现、识别出金融风险之后,及时采取有关措施予以应对,控制风险的蔓延,减少风险给投资者、债权人、金融机构以及整个金融市场造成的负面影响,防止市场动荡出现不可控局面。健全的金融风险应急处理机制应该包括两个层面:一是金融机构内部要具备完善、系统的风险管理安排,将金融风险的识别、预警、应对都包含在内,从自身做好基础性保障工作;二是金融监管部门等政府机构要具备金融突发事件应急处理方案,以便从容应对各种金融风险,保障正常的金融秩序。在面对金融机构市场退出事件时,金融风险应急处理机制能够及时、有效地处理因退出行为而引发的或者可能引发的各种风险与危机,最大限度地保护相关利益主体的权益,维护金融市场的稳定。

同时,还应该注意的是,智能投顾作为一项创新金融业态,既具有传统投资顾问的金融风险,也具有因自身独特运作模式而产生的风险,因此,在构建风险预警制度和风险应急处理方案时,一定要将智能投顾的特有属性考虑在内,并且充分利用现代科技手段,为智能投顾的正常运行或者有序退出做好充足的准备性工作。

二、智能投顾市场退出与投资者保护基金制度的完善

投资者保护基金既是投资者保护制度的主要内容之一,也是证券监管体系的重要组成部分。它产生于第二次世界大战之后,随着各国(地区)经济逐渐复苏,证券行业的竞争加剧,加之证券行业由固定佣金率转变为浮动佣金率,佣金率下降,大量证券公司面临倒闭、破产的局面,严重损害了投资者的合法权益,影响着证券行业的健康发展,甚至引发了国家财政危机。其中,以美国最为明显。为了解决上述问题,美国于1970年通过了《证券投资者保护法案》(Securities Investor Protection Act),并依据该法案成立了证券投资者保护基金(Securities Investor Protection Corporation, SIPC),主要目的是在证券公司面临倒闭或者破产风险时,投资者的合法权益仍然能得到保障。SIPC是一个证券行业的非营利性会员组织,依据《证券投资者保护法案》第3(a)(2)条的规定,所有依据《1934年证券交易法》第15(b)条注

册的证券经纪商、自营商、全国性证券交易所的会员都必须成为 SIPC 的会员,并缴纳会费,建立投资者保护基金,以便为符合条件的会员客户提供保险保护,使得这些客户能够在会员因破产等原因丧失偿付能力时获得赔偿。

除美国外,其他国家也纷纷建立了各自的投资者保护基金。加拿大于 1969 年成立了加拿大投资者保护基金(Canadian Investor Protection Fund, CIPF)。英国于 1986 年依据《金融服务法案》设立了投资者赔偿计划(Investor Compensation Scheme, ICS),之后依据《金融市场与服务法案》设立了金融服务赔偿计划,取代了之前的 ICS。我国香港最初的投资者保护基金由交易所发起并成立,包括联合交易所赔偿基金和商品交易所赔偿基金,交易所负责基金的日常运营;在 2003 年《证券及期货条例》颁布之后,设立了投资者赔偿基金,以取代上述两项赔偿基金,由投资者赔偿有限公司负责管理运营,该公司为香港证券及期货事务监察委员会的全资附属公司。

大量实践证明,投资者保护基金在保护投资者合法权益、协助问题证券机构有序退出市场方面发挥着重大作用。首先,投资者保护基金设立的最主要的目的就是,在证券公司等机构因经营不善等面临倒闭、破产时,由基金直接向成员公司的投资者赔偿全部或者部分损失,将投资者的损失降到最低,所以,它能够最大限度地保护投资者的合法权益,维持投资者对证券机构以及整个证券市场的信心,防止金融风险的多米诺骨牌效应,防范系统性金融危机,维护金融市场的稳定。其次,通过向投资者直接提供赔偿,投资者保护基金能够有效减轻证券机构的挤兑压力,从而保障其有序退出市场。最后,投资者保护基金在协助证券监管、提高监管效率方面也起着积极作用。

由此可见,投资者保护基金在证券市场运行过程中占据重要地位,是保护投资者合法权益、维护金融市场稳定的重要举措与保障。尤其是,它使得证券机构倒闭破产变成一件再普通、再正常不过的事件,不易在投资者中引发集体恐慌,能够在保护投资者权益、维护正常市场秩序的前提下,充分发挥价格规律和竞争规则的调节作用,优胜劣汰,实现资源的优化配置,从而提高金融效率,进一步促进金融创新。智能投顾作为金融与科技相结合的典型产物,有着诸多区别于传统金融业态的风险,也面临来自金融科技创业公司、传统金融机构等多方面的竞争威胁，受制于优胜劣汰的竞争法则，经营不善的智能投顾或被收购或走向倒闭、破产。而且，智能投顾尚未经历过经济危机的洗礼，从各种迹象来看，其并不能在经济危机中独善其身。因此，无论是从保护投资者角度出发，还是从规范证券机构有序退出市场角度出发，投资者保护基金都是智能投顾发展过程中不可或缺的重要组成部分。换言之，应当将投资者保护基金纳入智能投顾法律规制的体系，充分发挥其自身价值，尤其是在智能投顾不得不走向倒闭、退出市场的时候，协助其有序退出，避免造成市场混乱，损害投资者合法权益。

三、智能投顾市场退出与金融机构破产制度的完善

金融机构破产制度是指在金融机构出现资不抵债、无法清偿到期债务时，由法院依据相关当事人的申请，依法宣告金融机构破产，并对其全部财产进行清算的一种制度性安排。破产是金融机构市场退出的最后途径，问题金融机构在经过各种救助措施依旧不能恢复正常运营，且无法完成收购合并的，就要走向破产。传统上，人们总是视破产为洪水猛兽，一旦金融机构宣布破产，必定会在社会公众中引发恐慌；而实际上，破产是市场竞争优胜劣汰的必然产物，是维护正常市场秩序、提高经济效率、推动经济发展的重要举措。

首先，金融机构破产制度能够有效降低系统性金融危机爆发的可能性。金融行业自身的经营特点决定了它的内在脆弱性，而这种脆弱性导致了金融行业的不稳定性。[①] 当今社会科技和经济的进步，使得金融行业之间的联系更为密切，相互影响已然成为不争的事实，现在的金融机构不是“太大而不能倒”，而是“太关联而不能倒”，一家金融机构的倒闭会牵扯到诸多主体利益，很可能扩大金融风险的范围，威胁市场正常秩序。而且，金融全球化使得金融风险的传染性从单一国家或地区扩展到其他国家或地区，由此引发全球经济动荡，甚至爆发系统性金融危机。然而，在优胜劣汰的竞争环境中，金融机构破产是不可避免的，由此可能引发的风险也是预料之内的，因此，必须发挥国家干预的作用，通过建立金融机构破产制度，规范破产程

---

① 汪丽丽：《非正式金融法律规制研究》，法律出版社 2013 年版，第 63 页。

序,公平清理债权债务关系,在保护金融机构自身和债权人利益的同时,也为金融机构创建一个有序的市场退出机制,维护市场经济秩序,防范系统性金融危机的发生。

其次,金融机构破产制度能够保护各类金融消费者。现实中,绝大部分的金融消费者均为非专业人士,不具备足够的金融知识和投资理财经验,加之与金融机构之间的严重信息不对称状况,金融消费者在金融消费活动中通常处于弱势地位。历次经济危机除给各国金融行业和实体经济造成重创外,也给无数的金融消费者造成巨大损失。由此可见,若没有一定的法律规制,在金融机构因资不抵债等问题被迫倒闭时,金融消费者的合法权益很难得到保全;而一旦消费者权益受损,消费者对金融市场的信心就会受到侵蚀,金融市场也会因此遭受重创。金融机构破产制度正好迎合了现实的需求,可以通过一系列特别规定来保障金融消费者的合法权益。

最后,金融机构破产制度还能够维护金融市场的信用与稳定。信用是现代金融活动的基础,而信用仅靠道德伦理来维系是不够的,还必须有法律的加持,良好、健全的法律制度,是培育良好社会信用的必要前提。虽然民法一直强调诚实信用原则的地位和重要性,但是对社会信用有直接影响的还要数破产法律制度。① 因为,破产法律制度为市场主体建立了一个市场退出机制,使得被市场淘汰的市场主体能够有序地退出市场,及时切断债务与信用危机的传播链条,有效防范债务人的道德风险,维护市场的公平与稳定。

由上可知,金融机构破产制度在规制金融机构市场退出方面发挥着重要作用。事实上,破产制度的重要性并非在近代才被重视,西方国家早就有"破产乃以自债务者财产不足所剩之损失使债权者平等分担之手续也"的认识,②通过破产来处理金融机构市场退出的问题自古有之。据考证,早在古罗马时期,就出现了银行破产制度;③之后,经过漫长的发展历程,西方国家形成了较为成熟的金融机构破产制度,政府机构通过接管、重整、清算等

① 张世君:《我国金融机构破产制度的反思与重构》,载《经贸法律评论》2019年第1期。

② [日]松冈义正口述:《破产法》,熊元楷、熊仕昌编,李彤点校,上海人民出版社2013年版,第3页。

③ 徐国栋:《罗马破产法研究》,载《现代法学》2014年第1期。

法治手段来解决金融机构市场退出问题。受2008年国际金融危机的影响，英美等发达国家加大了在金融机构破产方面的立法，以规范、引导金融机构有序退出市场。

以美国为例，为应对2008年国际金融危机，美国开始进行全面的金融监管改革，相继出台了《现代金融监管框架改革蓝图》《金融监管改革框架》《金融监管改革》《多德－弗兰克华尔街改革与消费者保护法案》等法律文件，这些法律文件无一例外地强调了对问题金融机构的处置问题，建立健全金融机构的破产清算制度。其具体规则主要包括：清算的目的必须是出于美国金融市场稳定的需要；对外支付了所有赔偿之后才能对股东进行补偿，无担保债权人的收益和损失应当保持一致；高级管理人员应当对金融机构破产承担责任，以防范道德风险的发生；等等。[①] 通过建立破产清算制度，美国为问题金融机构退出市场提供了可操作的法律指引，打破了“太大而不能倒”的原则，将大型金融机构也纳入了金融机构市场退出的法律规制范畴。这凸显了美国注重金融机构破产清算和破产重整之间的平衡关系，美国的金融机构破产制度已逐渐走向成熟。重整和清算是金融机构市场退出法律规制中的重要环节，鉴于金融机构的特殊性，通过重整拯救问题金融机构仍然是首要选择；但是，对于确实“无药可治”的金融机构，应当强制其退出市场，以保证金融体系的运作效率，维护金融市场的稳定有序。

鉴于金融机构破产制度在规范金融机构市场退出方面的重要作用，各国（地区）均应将其纳入各自的金融法律制度框架。智能投顾作为金融市场主体的一分子，同样受到优胜劣汰竞争法则的约束，退出市场是其最终归宿，因此，也需要健全的破产法律制度规范其退出行为。而且，“人机交流”的业务模式以及激烈的市场竞争环境，使得智能投顾更需要完善的破产制度为其退出市场提供通道和指引，以避免出现类似P2P平台“跑路”、“僵尸”企业等现象，在提高金融效率、实现资源的优化配置的同时，也能够保障投资者的合法权益，维护金融市场秩序的稳定。

综上，作为智能投顾市场退出前的预防性法律制度，金融风险预警与应

---

① 董裕平等：《多德－弗兰克华尔街改革与消费者保护法案（中译本）》，中国金融出版社2010年版，第5页。

急处理机制、投资者保护基金制度，一方面能够在智能投顾出现风险预警、经营困难的时候，及时采取有效措施予以应对，以维持其正常的经营活动；另一方面也能够在智能投顾确实无法继续运营的状况下，提前做好预防和准备工作，为其平稳退出市场做好铺垫。而金融机构破产制度，则为资不抵债的智能投顾提供了退出市场的最后法定化途径，不仅能够保护广大投资者的合法权益，使得智能投顾体面地退出市场，还能够改变人们对于破产的认识，将破产视为市场经济运行的平常事件，从而维护社会公众对金融市场的信心，维护金融秩序的稳定。尤为值得注意的是，在实践中，一定要处理好三项制度之间的衔接关系，使之相互配合、相互协调，共同服务于单个智能投顾以及整个智能投顾行业的健康、持续发展。

本章小结

凡事预则立，不预则废。虽然从世界范围来看，智能投顾的热潮还未褪去，而且，随着人工智能等科技的发展，智能投顾还有进一步的发展空间，讨论市场退出似乎不太合乎时宜；但是，竞争是时刻存在的，优胜劣汰是每个智能投顾必须面对的局面。而且，从智能投顾市场现状和经济整体运行状况来看，市场退出是智能投顾发展过程中无法避免的环节，因此，必须予以重视，提前做好退出安排，尤其是金融机构市场退出机制、相关法律制度不完善的国家或地区。

智能投顾市场退出的方式很多，包括收购、合并、破产等；从退出主体的主观意愿来看，包括主动退出和被动退出。但无论哪种方式，都必须经过一定的退出程序方能顺利走完最后阶段。除牌照撤回、注销或者被撤销需要遵守一定的条件或程序外，智能投顾市场退出还需要其他配套的法律制度为其保驾护航。金融风险预警及应急处理机制、投资者保护基金制度能够在智能投顾市场退出之前做好预防和准备性工作，金融机构破产制度则为智能投顾市场退出行为提供明确指引，三者协同作用，在规范智能投顾市场退出行为、保护投资者合法权益、维护金融市场稳定等方面发挥着各自的价值。

所以,对智能投顾市场退出进行法律规制,必须建立健全智能投顾的风险预警及应急处理机制,强制智能投顾执行投资者保护基金和破产制度,并且处理好不同市场退出法律制度之间的衔接关系。同时,还应协调好市场和政府之间的平衡关系,既要充分发挥市场在资源配置中的决定性作用,也要发挥政府的规制作用,为智能投顾依法退出市场创造良好的制度环境。此外,应处理好退出智能投顾股东、其他债权人等利益相关者的权利与义务,妥善安置企业职工,防范逃废债等道德风险。

第五章　我国智能投顾法律规制的现状、问题及完善

与欧美国家相比，我国智能投顾起步较晚，但一出现即呈燎原之势，迅速在我国资本市场掀起了一股浪潮。但是，受我国证券市场发展水平、金融产品结构与规模、投资理念等多种因素的影响，智能投顾在我国快速发展的同时，也呈现出了水土不服的现象。[①] 不同于智能投顾业务规模的快速发展，我国有关智能投顾法律规制的进展相对缓慢，现行法律制度和监管措施问题突出，急需相关部门予以立法、修改、完善，以引导智能投顾朝着正确的方向健康、持续发展。

第一节　我国智能投顾法律规制的现状

相比智能投顾的快速发展，我国有关智能投顾的法律制度和监管措施进展缓慢，尚未形成系统的法律规制体系。虽然我国尚未出台专门针对智能投顾的法律法

① 蔡杨：《中美智能投顾生存土壤调查：拿来主义水土不服》，载《21 世纪经济报道》2017 年 3 月 20 日，第 13 版。

规,但是,我国智能投顾并非完全无法可依。从当前我国智能投顾的市场实践来看,既有提供投资咨询服务的独立建议型智能投顾平台,也有提供资产管理服务的综合理财型智能投顾平台。所以,适用于投资咨询业务和资产管理业务的法律法规,同样适用于智能投顾。

我国证券监督管理委员会将证券市场的法律法规分为四个层次:一是由全国人民代表大会或其常务委员会制定的法律;二是由国务院制定的行政法规;三是由证券监管部门制定的部门规章及规范性文件;四是由中国证券业协会、中国证券登记结算有限公司、证券交易所制定的自律性规则。[①]因此,本书从法律位阶的视角出发,分法律、行政法规、部门规章及规范性文件、自律性规则四个层面对我国现行有关智能投顾法律规制的现状进行梳理,从而为我国智能投顾法律规制的问题析出和完善奠定基础。

一、我国法律层面上的智能投顾规制现状

目前,我国有关智能投顾的法律主要为《证券法》(2019 年修订),该法自 1998 年颁布以来,历经五次修改,是我国目前关于智能投顾效力级别最高的立法文件。其中,与智能投顾相关的条款主要有第 120 条、第 121 条、第 160 条和第 161 条。第 120 条和第 121 条规定,若证券公司开展投资咨询业务,其注册资本最低为 5000 万元人民币,并且为实缴资本;应当经证监会核准,取得经营证券业务许可证。第 160 条和第 161 条是针对所有证券投资咨询机构的相关规定,明确指出证券投资咨询机构属于证券服务机构,应当经证监会核准;对证券投资咨询机构的信义义务作了原则性规定;对证券投资咨询机构及其从业人员的禁止行为作了详细规定,包括禁止代客理财。

值得注意的是,在我国,证券投资咨询机构有两类:一类是专业的证券投资咨询机构;另一类是证券经营机构。为简化服务流程、落实简政放权的国务院政策,自 2016 年 5 月 1 日起,证监会将经营证券业务许可证、基金销售业务资格证书、证券投资咨询业务资格证书等十项证券、期货、基金的业

---

① 中国证监业协会:《证券法律法规——证券法律法规概述》,载中国证券监督管理委员会 2012 年 4 月 23 日,http://www.csrc.gov.cn/csrc/c100211/c1452106/content.shtml。

务许可证合一,统一为经营证券期货业务许可证。[①] 因此,开展投资咨询业务的证券经营机构应当具备经营证券期货业务许可证;已具备该证的,欲从事证券投资咨询业务,只需获得证监会核准即可;而其他专业证券投资咨询机构,如大多数的智能投顾初创公司,则仍需获得该许可证。需要指出的是,此处的多证合一,并非统一牌照管理模式,我国证券投资顾问业务与证券资产管理业务是有严格区分的,证券经营机构开展资产管理业务的,需要另外取得相应的业务许可。

二、我国行政法规层面上的智能投顾规制现状

在行政法规层面,有关智能投顾的立法文件主要为《证券、期货投资咨询管理暂行办法》,该暂行办法由国务院证券委员会于 1997 年出台。随着我国证券市场的建立和发展,证券投资咨询行为自发出现,并随着时间的推移,逐渐演变成一种专门的金融业务。在当时,存在"股评"行为误导、欺诈投资者,严重扰乱了正常的市场秩序。因此,国务院出台了该暂行办法,将证券投资咨询业务正式纳入监管范畴,此为我国专门针对投资咨询业务的最早立法。

该暂行办法对证券投资咨询业务的概念进行了界定,明确了其市场准入条件是获得中国证监会的业务许可,并在业务开展过程中以诚实信用、客观、公正为准则;对证券投资咨询机构的资质条件、业务许可申请流程、年检等事项作出了具体规定;对证券投资咨询人员的从业资格及申请流程、执业申请流程、年检等事项作出了明确规定;对证券投资咨询业务管理作了详细规定,包括投资咨询人员的信义义务、禁止性行为等;对证券投资咨询机构及其从业人员违法违规行为的处罚作了明确规定。该暂行办法的出台具有重大意义,它首次以行政法规的形式对证券投资咨询业务予以承认,将其纳入证券监管体系,为证券投资咨询业务在我国的发展壮大奠定了法律基础。但是,由于该暂行办法的制定年代久远,且后续并未进行相应修订或者

① 参见《证监会将 10 项证券、基金、期货业务许可证统一为〈经营证券期货业务许可证〉》。

修正，其中有些内容已不符合当前的市场实际情况，[①]所以，亟待对其进行修订、完善。

三、我国部门规章及规范性文件层面上的智能投顾规制现状

依据我国相关法律规定，证监会在对证券市场实施监督管理过程中履行以下职责：依法制定相关规章、规则，依法进行审批、核准、注册，办理备案；依法制定证券从业人员的行为准则并监督实施等。[②] 证监会发布的各类规章、规则、准则，在规范、引导证券市场行为方面发挥着重要作用。目前，有关智能投顾的部门规章及规范性文件主要有以下几项：[③]

第一，《证券投资顾问业务暂行规定》，于2010年由证监会制定并发布，并于2020年进行了两次修正，属于部门规范性文件。[④] 该暂行规定首次对证券投资顾问业务进行了法律界定，规定了从业机构和执业人员的信义义务，明确指出中国证监会及其派出机构为该业务的监督管理机构，中国证券业协会为该业务的自律管理组织。同时，该暂行规定还对从事证券投资顾问业务主体的合规管理、风险管控、业务管理、收费方式等事项做出相应的要求和指引。此外，还对利用软件工具、终端设备等向客户提供投资咨询服务的机构做出了特别披露要求。该暂行规定是我国证券投资咨询行业多年探索的结果，是应对证券市场快速发展、满足投资者日益多样化的投资咨询服务需求的重要举措，对证券投资顾问业务的进一步发展以及整个证

---

① 比如，《证券、期货投资咨询管理暂行办法》第25条规定，"证券、期货投资咨询机构就同一问题向不同客户提供的投资分析、预测或者建议应当一致"，其主要目的是防范证券投资咨询机构为自营业务获利而误导投资者，在当时具有重大意义。但是，现代金融服务主张"以客户为中心"向客户提供个性化的服务；而且，每个客户的实际情况各不相同，在投资者适当性管理的要求下，金融服务更要做到"千人千面"，这也是智能投顾的一个显著优势。

② 2019年《证券法》第169条规定："国务院证券监督管理机构在对证券市场实施监督管理中履行下列职责：（一）依法制定有关证券市场监督管理的规章、规则，并依法进行审批、核准、注册，办理备案……（四）依法制定从事证券业务人员的行为准则，并监督实施。"值得注意的是，有关智能投顾的部门规章及规范性文件，不尽然由证监会发布，如《关于规范金融机构资产管理业务的指导意见》。

③ 依据惯例，证监会发布的"令"为部门规章，证监会发布的"公告"为部门规范性文件。

④ 与此同时，证监会还出台了《发布证券研究报告暂行规定》，这两项规定将证券投资咨询业务明确地划分为两种基本业务形式，即证券投资顾问业务和发布证券研究报告业务，其执业人员分别称为证券投资顾问和证券分析师。

券行业的发展有着重大的意义。

第二,《关于加强对利用"荐股软件"从事证券投资咨询业务监管的暂行规定》(2020年第二次修正),由证监会于2012年发布,属于部门规范性文件。该暂行规定在规制智能投顾问题上意义重大。首先,该暂行规定对"荐股软件"做了界定,明确了提供或者销售"监管软件"从而获取利益的活动属于证券投资咨询业务的范畴,应当经证监会许可,取得证券投资咨询业务资格。其次,该暂行规定还明确了相关主体利用"荐股软件"开展投资咨询业务所需遵循的基本原则和监管要求,包括对公司及执业人员业务资格、收费方式、产品类别等的信息披露义务,投资者适当性管理,服务备案、建立健全内部管理制度、规范营销服务等内容。最后,强调了对客户合法权益的保护以及投资者教育;明确规定了任何机构或个人,在尚未具备证券投资咨询业务资格的情况下,利用"荐股软件"开展投资咨询活动的,均为非法,将依法予以严厉打击。该暂行规定的出台对打击证券市场上利用"荐股软件"误导和欺诈投资者、非法从事证券投资咨询活动的乱象具有重大意义,尤其是在通过各种互联网平台或者移动工具开展"非法荐股"现象十分猖獗的情形下。①

该暂行规定第1条表明,"荐股软件"是一种投资建议服务的载体或工具,该载体或工具依赖于互联网及相关技术,主要面向客户。② 智能投顾以人工智能、算法等驱动的机器或平台为依托,提供包括投资咨询和资产管理服务在内的综合金融服务,日常意义上的智能投顾也基本上是面向客户的。而且,鉴于我国投资顾问业务和资产管理业务严格区分、严禁投资顾问"代客理财"的实际情况,我国大多数智能投顾的业务内容仅限制在投资咨询服务范围内。从这个意义上讲,我国智能投顾在该暂行规定的监管范围之内,应当遵守该暂行规定的各项具体要求,比如,公开披露提供商的基本信

① 参见《关于防范利用微信群、QQ群等"非法荐股"骗局的风险提示》,载中国证券监督管理委员会2020年8月7日,http://www.csrc.gov.cn/pub/jiangxi/jxztzl/jxdjffzqqhhd/202008/t20200804_381127.htm。

② 中国证监会《关于加强对利用"荐股软件"从事证券投资咨询业务监管的暂行规定》第1条规定:"本规定所称'荐股软件',是指具备下列一项或多项证券投资咨询服务功能的软件产品、软件工具或者终端设备:(一)提供涉及具体证券投资品种的投资分析意见,或者预测具体证券投资品种的价格走势;(二)提供具体证券投资品种选择建议;(三)提供具体证券投资品种的买卖时机建议;(四)提供其他证券投资分析、预测或者建议。"

息，产品的分类、功能、价格，服务的收费标准与收费方式；对“荐股软件”进行备案，遵循投资者适当性制度；等等。

但是，在智能投顾适用该暂行规定时，要对每个情形做到具体问题具体分析，不能生搬硬套，更不能一概而论。这一方面是因为智能投顾与“荐股软件”并非完全适配，二者只是存在一定程度的合集，合集之外的部分该适用何种法律制度和监管措施，还有待进一步明确；另一方面，该暂行规定也并非尽善尽美，存在一定的问题盲区。比如，在本书来看，向投资者销售“荐股软件”并获取经济利益的行为是否构成从事证券投资咨询业务是存在疑问的，尤其是该“荐股软件”由专业的科技公司研发、售卖的情况，应当认定为一般意义上的平等主体之间的买卖交易关系，还是认定为以信义关系为基础的投资咨询法律关系，值得进一步商榷、探讨。

另外，需要指出的是，上述讨论都是在不考虑技术要素的前提下展开的，若将技术因素考虑在内，绝大部分的“荐股软件”可能都不符合智能投顾的标准。因为，“荐股软件”只是提供投资建议的一个通道、一种方式，而投资建议是如何做出的，却没有明确说明：可能是该软件通过算法、人工智能等技术自动生成的（此时可以认为是智能投顾），也可能是人工投顾研究、分析得出，然后经由软件提供给客户的（此时还是传统的人工投顾）。所以，我国智能投顾在适用“荐股软件”相关规定时，必须慎重，要充分考虑单个智能投顾的业务本质以及本暂行规定的适用范围、适用对象，以正确适用法律，实现法律制定的目的。

第三，《证券基金经营机构董事、监事、高级管理人员及从业人员监督管理办法》，由证监会于2022年发布，属于部门规章。依据该管理办法第2条，证券投资咨询机构中从事证券投资咨询业务的人员当然适用该管理办法。该管理办法详细规定了证券基金经营机构从业人员的从业条件；相关机构可以通过从业人员专业能力水平评价测试来考察拟从业人员的专业能力；从业人员的登记、注册制度；行业协会根据业务类别负责组织从业人员专业能力水平评价测试，并作出境内外相关资质的互认安排；从业人员登记、注册安排。此外，该管理办法还对证券基金经营机构从业人员的执业规范和履职限制作出了规定，其中，明确规定相关人员应恪尽职守、勤勉尽责，切实维护投资者合法权益，公平对待投资者，有效防范并妥善处理利益冲突。

第四,《证券期货投资者适当性管理办法》(2022 年修正),由证监会于 2016 年发布,属于部门规章。该管理办法是我国有关投资者适当性问题的专门性立法文件,为证券期货业务机构和从业人员提供了具体指引。该管理办法主要包含以下内容:(1)规定向投资者提供证券期货服务的机构在提供服务过程中,应当充分了解投资者个人情况,审慎履职,勤勉尽责,深入分析服务信息,在综合评估投资者风险承受能力和服务需求的基础上,向其提供适当的匹配意见。(2)该管理办法还指出,经营机构应当了解的投资者信息包括但不限于投资者的姓名、住址、年龄、职业、收入来源、资产债务情况、投资经验、投资目标、风险偏好、可承受损失、诚信记录等。(3)经营机构应制定投资者适当性内部管理制度,确定产品或服务的分级,投资者的分类,适当性匹配的依据、流程与方法,对每个投资者均提出匹配性意见;还应当制定并落实与适当性内部管理有关的客户回访检查、评估与销售隔离等风控制度,以及职业规范、监督问责等制度机制,以切实保证从业人员履行适当性义务等。

第五,《关于规范金融机构资产管理业务的指导意见》(以下简称《指导意见》),由中国人民银行、中国银保监会、中国证监会、国家外汇管理局于 2018 年 4 月 27 日联合发布,属于部门规范性文件。该指导意见的出台,既是对国务院《新一代人工智能发展规划》具体要求的落实,也是对我国智能投顾市场运作不规范、违法违规乱象频发的回应,是继《关于加强对利用"荐股软件"从事证券投资咨询业务监管的暂行规定》之后,我国又一与智能投顾密切相关的法律监管文件。其中,与智能投顾相关的内容主要体现在第 23 条。

首先,《指导意见》明确了开展智能投顾的主体和资质要求,指出利用人工智能开展投资顾问业务应当取得投资顾问资质,非金融机构不得利用智能投资顾问超范围经营或变相开展资产管理业务;金融机构利用人工智能开展资产管理业务应该遵循特定的监管要求。该规定贯彻了我国投资顾问业务与资产管理业务严格区分的做法,与我国《证券法》第 161 条禁止证券投资咨询机构及其从业人员代客理财的规定是一脉相承的。但是,它承认了人工智能技术既可用于投资顾问业务,也可用于资产管理业务,但是展业的主体有些许差别。具体而言,开展智能投资顾问业务的主体既可以是金融机构,也可以是非金融机构;而开展智能资产管理业务的主体只能是金融机构,这在《指导意见》第 2 条、第 30 条均有体现。也就是说,非金融机构的智能投顾只能从事投资咨询业务,不能从事资产管理业务;①而金融机构则可以从事综合性的智能投顾业务。这从侧面反映了这样一个事实,即在我国市场实践中,智能投顾的业务内容实际上既包括证券投资咨询,也包括资产管理。

其次,《指导意见》还对金融机构开展智能资产管理业务提出了具体监管要求。一是投资者适当性管理要求,主要体现在第 6 条,即金融机构应当坚持“了解产品”和“了解客户”的经营理念,其向投资者售卖的资管产品,应当与投资者的风险承担能力和风险识别能力相适应。二是投资范围要求,主要规定在第 10 条,智能投顾的投资范围不能超出该条所规定的范围。三是信息披露要求,即不得借助智能投顾夸大宣传资管产品或误导投资者,要充分提示人工智能算法的固有缺陷和使用风险。四是算法参数及逻辑备案要求,即金融机构应向监管部门报备人工智能模型的主要参数以及资产配置的主要逻辑。五是风险隔离要求,具体规定在第 13 条,这对金融机构开展综合性智能投顾服务意义重大。六是要单独设立智能管理账户,明晰交易流程,强化留痕管理。七是明确规定了金融机构为智能资产管理业务的法律责任主体,应当依法承担因其违法违规或者管理不当给投资者造成损失的损害赔偿责任。

再次,《指导意见》对人工智能技术的研发主体作出了明确规定,禁止将技术外包给第三方主体;②要求金融机构具备应对算法同质化引发市场

---

① 事实上,《关于规范金融机构资产管理业务的指导意见》的这项规定并未能将非金融机构完全排除在从事资产管理业务的主体范围之外。实践中,腾讯、京东、阿里巴巴等互联网公司通过独资、合资等方式设立商业银行,借用商业银行的身份,通过设立子公司来申请资产管理业务牌照来开展资产管理业务。参见陈娟、熊伟:《智能投顾的业务属性和准入监管研究》,载《金融监管研究》2019 年第 4 期。

② 2017 年《关于规范金融机构资产管理业务的指导意见(征求意见稿)》第 22 条第 3 款规定:“金融机构委托外部机构开发智能投顾算法,应当要求开发机构根据不同产品投资策略研发对应的智能投顾算法,避免算法同质化加剧投资行为的顺周期性。”但是,在最终正式稿中,该规定被删除,相关技术的研发只能由金融机构自行进行。

波动的预备方案;在算法模型缺陷和系统异常导致羊群效应、影响市场稳定时,应及时采取人工干预措施,强行调整或终止人工智能业务。

最后,《指导意见》还强调了投资者教育,要求金融机构提高投资者的金融知识水平和风险意识,传递“卖者尽责、买者自负”的理念,打破刚性兑付惯例并且规定了刚性兑付的认定标准和处罚措施,开始致力于从法律层面解决投资者教育问题。

总体来看,《指导意见》较之前的《关于加强对利用“荐股软件”从事证券投资咨询业务监管的暂行规定》有了很大进步,在引导、规范我国智能投顾发展上起着重要作用,为后续出台更为详尽的智能投顾监管文件奠定了基础。

第六,《证券期货经营机构私募资产管理业务管理办法》(2023 修订)、《证券期货经营机构私募资产管理计划运作管理规定》(以下简称《资管规定》),由证监会于 2018 年 10 月 22 日发布,前者属于部门规章,后者属于部门规范性文件。《资管规定》与《指导意见》保持高度一致,对资产管理业务条线下的投资顾问的资质、服务对象、行为规范等作了进一步细化,具体而言:(1)关于资质,《资管规定》规定只有具备资产管理牌照的金融机构和符合特定条件的私募证券投资基金管理人才能担任资产管理业务条线下的投资顾问。[①] (2)关于服务对象,《资管规定》明确指出该类投资顾问的服务对象为资产管理计划。[②] (3)关于行为规范,《资管规定》明确指出资产管理计划的管理人依法应该承担的责任不会因聘请投资顾问而被免除,投资顾问也应当遵守资产管理业务有关信息披露、风险揭示、业务隔离等的规定。[③] (4)关于投资者适当性,资产管理业务条线下的投资顾问除应当适用《证券期货投资者适当性管理办法》外,还应当遵守资产管理业务对投资者适当性管理的相关规定,并按照特别法优于一般法的原则处理法律

① 参见中国证监会 2018 年《证券期货经营机构私募资产管理计划运作管理规定》第 36 条、中国证监会 2018 年《证券期货经营机构私募资产管理业务管理办法》第 17 条。

② 参见中国证监会 2018 年《证券期货经营机构私募资产管理计划运作管理规定》第 36 条。

③ 参见中国证监会 2018 年《证券期货经营机构私募资产管理业务管理办法》第 17 条、第 69 条。

规定不一致的情形。(5)关于禁止性行为,《资管规定》规定的投资顾问禁止性行为包括:禁止通道业务和监管套利,禁止利益输送和商业贿赂,禁止违规加杠杆,禁止内幕交易,禁止个人和不符合规定的机构担任投资顾问,等等。①

此外,值得注意的是,2023 年 6 月 9 日,中国证监会发布了《公开募集证券投资基金投资顾问业务管理规定(征求意见稿)》,基金投资顾问业务从试点逐渐迈向常规化。该意见稿对基金投资顾问业务作出明确界定,并规定“在客户授权范围内,代理客户作出基金品种、数量、买卖时机决策的,为管理型基金投资顾问业务”,②从而在基金投资顾问业务中实现了真正的代客理财。首先,该意见稿对“投资”进行了规范和限制,明确指出基金投资顾问机构应以基金组合策略形式向投资者提供基金投资建议,投资环节重大事项需履行投资决策委员会集体决策和统一授权程序,并对管理型基金投资顾问业务的管控以及投资分散度的限制要求作出详细规定。其次,该意见稿强化了对“顾问”的引导与监管,其中,着重强调了投资者适当性管理,细化了信义义务内涵。最后,该意见稿还回应了实践中出现的新问题,对基金投资顾问机构配置其他产品,基金投资顾问机构与基金销售机构、其他基金投资顾问机构合作展业作出明确规定,豁免基金从业人员投资本公司基金锁定期要求,等等。

该意见稿释放了两个积极信号:一是在基金投资顾问业务领域实现了真正意义上的代客理财;二是改变投资顾问服务“产品化”倾向,回归“服务”本源,逐渐从“卖方投顾”向“买方投顾”转变。可以预见,该意见稿的正式出台将会对规范我国智能投顾运营起到积极作用。但是,从短期来看,基金投资顾问业务的规范化、监管趋严化,在一定程度上遏制了我国智能投顾的发展。早在该意见稿出台之前,北京、上海、广东等地证监局下发了《关于规范基金投资建议活动的通知》,明确规定不具备基金投资顾问业务资格的机构不得提供基金投资组合策略投资建议,不得提供基金组合中具体

① 参见中国证监会 2018 年《证券期货经营机构私募资产管理业务管理办法》第 18 条、第 47 条、第 65 条。

② 中国证监会 2023 年《公开募集证券投资基金投资顾问业务管理规定(征求意见稿)》第 2 条。

基金构成比例建议等。受该监管窗口指导意见影响,多家银行暂停新增业务,并对存量业务进行处理,一时间,智能投顾在我国几乎被叫停。①

当前,智能投顾被叫停的原因主要有以下两方面:一是多数银行等机构并不具备基金投资顾问业务资格,按照监管要求不能通过智能投顾向客户提供基金投资组合策略投资建议;二是管理型基金投资顾问模式下,很可能引发银行与客户之间的利益冲突,加之"算法黑箱"的潜在风险,客户权益无法得到有效保障。然而,这并不表明智能投顾在我国成为历史,在经历一段时间的整改后,智能投顾有望重启。这一方面是因为我国智能投顾法律规制在日益完善,《公开募集证券投资基金投资顾问业务管理规定(征求意见稿)》的发布就是一项重大进步;另一方面是因为国际上包括智能投顾在内的数字化投资市场仍然保持持续增长的发展态势,顺应了当今社会数字化、智能化的发展方向。

四、我国自律性规则层面上的智能投顾规制现状

证券业协会是我国证券行业的自律性组织。依据相关法律规定,证券业协会负有制定和实施证券行业自律规则、制定证券行业业务规范的职责。② 目前,有关智能投顾的自律性规则主要为中国证券业协会于2019年发布的《证券投资咨询机构执业规范(试行)》。该规范第6条明确规定,通过互联网、自媒体、软件、通讯、社交工具等介质向客户提供涉及具体证券投资品种或投资组合的投资分析意见、选择建议、买卖时机建议等,并获取经济利益的经营活动,均属于证券投资顾问业务范畴。因此,智能投顾属于证券投资顾问业务范畴,应当遵守该执业规范及其他相关规定。具体而言:一是要遵守有关信义义务的规定。该规范规定证券投资咨询机构及其从业人员,应当"以客观谨慎、诚实守信和勤勉尽责的态度",为客户提供证券投资咨询服务。③ 二是要遵守有关展业资质的规定。该规范规定证券投资咨询机构应当具备与其开展业务相匹配的人员、办公场所、技术支持等条件;

① 马嘉昕:《智能投顾暂停服务》,载《国际金融报》2022年7月4日,第5版。

② 参见2019年《证券法》第166条第4款和第5款。

③ 参见中国证券业协会2019年《证券投资咨询机构执业规范(试行)》第2条。

以设立分支机构的形式开展业务的，还应符合一定的合规管理和风险控制等要求。① 三是要遵守有关投资者适当性管理的规定。该规范第 11 条规定证券投资咨询机构应当在了解客户情况的基础上，向客户提供与其风险承受能力相匹配的投资建议。四是要遵守有关从业人员的资质要求。该规范第 12 条规定，证券投资咨询机构的从业人员应当取得证券投资顾问执业资格；从事证券投资顾问业务的营销、客服等直接为客户提供服务，同时向客户提供投资建议的从业人员，应当取得证券投资顾问执业资格。五是要遵守相关禁止性规定。该规范明确指出，禁止证券投资咨询机构及投资顾问以任何方式向客户承诺或保证投资收益，禁止利益输送，禁止不正当竞争等行为。②

上述有关智能投顾法律规制的立法文件主要是从两个维度进行梳理归纳的，即证券投资咨询业务条线下的智能投顾应当遵循的法律法规，以及资产管理业务条线下的智能投顾应当遵循的法律法规。此外，2019 年 10 月，证监会发布了《关于做好公开募集证券投资基金投资顾问业务试点工作的通知》，正式明确了公募基金投资顾问业务。该业务条线下的投资顾问，除遵循该通知的相关规定外，还需遵循《中国证券投资基金法》的相关规定。由于该业务目前尚处于试点阶段，本书对此不做深入探讨。

第二节　我国智能投顾法律规制存在的问题

受证券市场发展水平、投资者金融素养、社会信用体系、经济发展水平等多种因素的影响，我国有关智能投顾的法律法规不尽完善，在一定程度上不利于智能投顾的进一步发展。

一、我国智能投顾市场准入法律规制存在的问题

我国投资顾问业务和资产管理业务有着严格区分，监管部门对其采取

① 参见中国证券业协会 2019 年《证券投资咨询机构执业规范（试行）》第 10 条。

② 参见中国证券业协会 2019 年《证券投资咨询机构执业规范（试行）》第 16 条至第 19 条。

的是分别牌照管理模式，即开展两项业务需要分别取得证监会的业务许可。所以，我国智能投顾需要视其具体业务内容，在取得证监会相应许可之后，方可正常开展业务。然而，我国目前有关智能投顾市场准入的法律规制存在一定缺陷，不仅导致部分智能投顾面临着合法风险，而且还可能为已获准展业的智能投顾的持续发展埋下隐患。

（一）有关禁止全权委托、代客理财的限制

我国《证券法》第161条规定，证券投资咨询机构及其从业人员不得代理委托人从事证券投资；《证券、期货投资咨询管理暂行办法》第24条规定，证券投资咨询机构及其投资咨询人员不得代理投资人从事证券买卖；《证券投资顾问业务暂行规定》第12条规定，“证券投资顾问不得代客户作出投资决策”。简言之，就是我国法律禁止投资顾问接受客户全权委托、从事资产管理服务，我国的投资咨询机构及其从业人员只能提供投资咨询服务，而不得提供资产管理服务。①

究其原因，主要是出于有关证券服务机构及其从业人员滥用投资者授权，从而损害投资者权益、危害证券市场秩序的考虑。全权委托是指投资者委托证券服务机构或者证券经纪人，代理其进行证券买卖，从而获取利益，过程中对证券的买入卖出、买卖证券的价格、数量等不作任何限制。② 全权委托是建立在投资者对证券服务机构信任的前提下的，鉴于自身投资水平限制等因素，投资者更倾向于委托投资经验丰富的证券服务机构代其投资。但是，一方面，投资本身就是一项具有风险的活动，受经济、社会、政治等多方面因素的影响，即使经验再丰富的证券公司也有可能造成投资者损失；另一方面，并不是所有证券服务机构从业人员都能够尽到忠诚、勤勉的义务，甚至有些人员会因道德风险而侵犯投资者正当权益。所以，全权委托的结果并不一定如投资者所愿，在投资未盈利甚至亏损的情况下，极易造成投资者与证券服务机构之间的纠纷，从而引发信用危机，威胁金融市场的稳定发展。而且，证券服务机构还可能利用全权委托来集中资金买卖证券，造成证

① 依据2019年《证券法》第134条、第136条，不仅投资咨询机构及其从业人员被禁止从事资产管理业务，证券公司及其从业人员在经纪业务中也不得接受客户全权委托从事资产管理服务。

② 参见党亦恒：《期货经纪中全权委托的法律问题》，载《法学》1996年第2期。

券市场价格波动,也不利于金融市场的稳定。因此,从保护投资者和维护金融市场稳定的角度出发,我国法律禁止投资顾问接受全权委托、全权代理客户投资理财。其实,这也反映出一个更深层次的原因,即我国还没有健全完善的信义义务法律制度,在没有相关法律的约束下,投资者的全权委托极易引发权利滥用现象,从而损害投资者权益。

实际上,我国法律并非全然禁止全权委托业务。第一,无论是代客境外理财的合格境内机构投资者(QDⅡ)业务,还是商业银行的私人银行业务,都是包含咨询建议、全权委托型资产管理的综合性业务。[①] 第二,我国存在一些“民间委托理财合同”,合同中的受托人多为非金融机构、非证券从业人员,但是这并不违反投资顾问不得接受全权委托代客理财的法律规定;相反,这类合同的效力通常会得到法院的支持。[②] 第三,我国金融机构的资产管理业务,在本质上其实就是全权委托资产管理业务,即投资者在认购金额的范围内,将投资决策等权力全权委托给金融机构,代其行使。

此外,2015 年,中国证券业协会出台了《账户管理业务规则》(征求意见稿),其中第 1 条就明确指出该业务规则是“为规范证券公司、证券投资咨询公司等机构依法从事投资顾问开展账户管理业务”而制定的;第 2 条进一步就账户管理业务的范围进行界定,即取得证券投资咨询业务资格并符合本业务规则条件的机构,接受客户委托,就证券、基金、期货及相关金融产品的投资或交易作出价值分析或者投资判断,代理客户执行账户投资或交易管理。由此可见,该业务规则的目的十分明显,即为证券投资咨询持牌机构及其从业人员在提供投资咨询服务的同时,接受客户全权委托,为资产管理业务提供法律支持。

在此基础上,该业务规则就证券投资咨询持牌机构及其从业人员开展账户管理业务提出了一系列具体要求。第一,展业机构的资质要求,相关机构应当具备证券投资咨询业务资格,并满足注册资本、人员配置的具体要求,具备与开展业务相适应的业务管理、内部控制、投资者保护制度,以及

---

① 贾旭晖:《私人银行的全权委托资产管理业务》,载《中国信用卡》2014 年第 8 期。

② 比如,蒋哲诉上海震雷投资管理有限公司民间委托理财合同纠纷案,(2012)沪一中民六(商)终字第 224 号民事判决书。

经营场所、业务设施及技术系统等。第二,从业人员的资质要求,相关人员应当获得证券投资咨询从业资格,在中国证券业协会注册为投资顾问,并且具备相关从业经历、具有良好的诚信记录和职业操守等。第三,信义义务要求,相关机构及其人员须遵循诚实信用原则,勤勉、谨慎、尽责地为客户提供账户管理服务,要保证客户利益优先,以实现客户利益最大化为目的。第四,投资者适当性管理要求,相关机构及其从业人员要充分了解客户,对客户账户的资产配置方案进行风险评估,使得资产配置方案与客户的风险承受能力相匹配;要综合考虑客户的投资目的、风险偏好和风险承受能力等因素,制定与客户相匹配的投资策略。第五,信息披露要求,相关机构及其从业人员应当向客户充分披露账户委托可能带来的各种风险以及其他与客户权利义务相关的信息,按照约定向客户发送账户信息。第六,其他业务规范要求,包括业务宣传要求、账户规范与安全、岗位隔离、止损与再授权安排、举牌义务、客户回访与投诉安排、收费模式等。第七,制度建设要求,持牌机构应建立健全业务管理制度,加强合规管理和风险控制,以防范利益冲突,保护投资者合法权益,包含防范关联交易安排、留痕管理及客户信息保管安排、禁止行为等。第八,自律管理要求,明确了中国证券业协会对持牌机构开展账户管理业务进行执业检查的权力。

该业务规则是符合我国证券投资咨询市场现实需求,顺应我国证券市场发展趋势的,具有明显的进步意义。首先,随着我国经济的发展,居民财富持续增加,人们开始积极寻求资产保值、增值的途径,对投资的需求与日俱增,对金融服务的要求越来越高、越来越多样化。当前,投资者已经不满足于证券服务机构仅为其提供证券投资咨询服务,还要求进一步提供账户管理服务,以代其进行账户投资或者执行交易等。其次,证券服务机构也希望能够借鉴境外发达资本市场的经验,在向投资者提供投资咨询服务的同时,也提供账户管理服务,以扩展其服务内容,提升其服务水平,推动其服务创新,从而促进证券投资咨询行业的整体发展。最后,为客户提供账户管理服务,代其进行投资组合管理、交易执行等任务,是智能投顾进一步发展、充分发挥其自身价值的必经环节,所以,该业务规则的顺利出台将是我国智能投顾进一步发展的重大突破口。

然而,该业务规则自 2015 年征求意见稿发布以来,一直未正式出台;而且,2019年经过全面修订的《证券法》,依然保留了禁止证券投资咨询机构及其从业人员代理委托人从事证券投资的规定。这说明,该业务规则与我国上层法律之间存在冲突,即便能够出台,也受制于上位法优于下位法的法律适用规则,智能投顾若依据该业务规则开展资产管理业务,仍然面临着合法性风险,即使其拥有证券投资咨询和资产管理双牌照。

(二)证券投资咨询业务牌照停发

依据我国《证券法》第120条和第160条、《证券、期货投资咨询管理暂行办法》第3条等相关法律规定,在我国从事证券投资咨询服务业务,应当经国务院证券监督管理机构核准;未经核准,任何机构和个人均不得从事各种形式的证券投资咨询业务。因此,无论是证券公司,还是证券投资咨询机构,如果计划开展智能投顾业务,[①]则必须经过证监会的核准,并且取得证券投资咨询业务许可证书。对于证券公司而言,大多数都已拥有经营证券期货业务许可证,只需通过证监会核准,即可从事智能投资咨询服务。但是,对于大部分的智能投顾初创公司和互联网公司而言,必须取得证券投资咨询业务牌照,方可开展业务。

然而,自2014年以来,我国实际上已经停发证券投资咨询业务牌照;而且,随着监管力度的加强,市场中的证券投资咨询业务牌照已从2004年的108张减少到2020年的83张,[②]其中包括29家被采取暂停新增客户的行政监管措施、正处于整改期的证券投资咨询机构。[③] 这主要是证券投资咨询行业乱象频发导致的。近年来,我国证券投资咨询行业不规范运营、违法违规现象频发,据统计,仅2020年1月,证监会已针对持牌证券投资咨询机构开出12张罚单,包括天信投资、北京首证、深圳新兰德等在内的32家持

---

① 此处仅指开展证券投资咨询服务的智能投顾。

② 该数据截至2020年8月,参见《证券投资咨询机构名录(2020年8月)》,载中国证监会2020年8月31日,http://www.csrc.gov.cn/pub/zjhpublic/G00306205/201510/t20151028_285725.htm。

③ 该数据截至2020年6月,参见《被采取暂停新增客户的行政监管措施且处于整改期的证券投资咨询机构名录(2020年6月)》,载中国证监会2020年6月30日,http://www.csrc.gov.cn/pub/zjhpublic/G00306205/201901/t20190111_349727.htm。

牌机构被采取行政监管措施,责令整改。[①] 处罚原因相似度很高,集中在虚假、不实、误导性营销宣传,投资者适当性管理不到位,无执业资格人员上岗,违规承诺收益。

究其根源,则在于我国证券投资咨询服务还处于卖方投顾主导的现状,以客户信赖为基础、为客户最佳利益行事的信义关系在我国还未完全建立,证券服务机构及其从业人员对信义义务的认识和实践都还不到位。此外,我国人工投资顾问的极度短缺,使得大部分证券服务机构的营销人员也兼任投资顾问工作,业务隔离落实不到位;非持牌机构扰乱正常市场秩序,也是我国证券投资咨询市场乱象的原因之一。

证券投资咨询牌照的停发,一方面加剧了市场中牌照出租、出借、转让的现象,也加剧了各证券服务机构之间的牌照争夺大战,这不仅增加了相关机构的合规成本,不利于资源的优化配置,而且还妨碍监管部门的监管工作,不利于金融市场的稳定发展;另一方面也使得一些欲开展投资咨询服务的证券服务机构,如智能投顾初创公司,面临"合规不能"的困境,或者打法律"擦边球",或者铤而走险,直接无证经营,从而面临不合规的法律风险。

随着我国对中小投资者保护力度的加强,监管部门对证券投资咨询机构的监管处罚力度加大,大量投资咨询机构已停业整顿甚至关闭,如何开拓新的收入渠道,增强市场竞争力,是所有证券投资咨询机构面临的严峻挑战。智能投顾凭借其诸多优势,可以成为我国证券投资咨询机构业务转型、拓展客户群体、增加收入来源、缓解人工投顾数量不足的最佳选择,但前提是其能够突破禁止投资顾问代客理财的法律限制,并且具备通畅的市场准入渠道。

(三)有关市场准入条件设定的问题

首先,有关智能投顾机器人和从业人员资质要求的缺陷。目前,有关智能投顾从业人员资质的法律规定主要体现在《证券、期货投资咨询管理暂行办法》第三章、《证券投资顾问业务暂行规定》第 7 条,而与智能投顾关联紧密的《关于加强对利用"荐股软件"从事证券投资咨询业务监管的暂行规

① 孙越、许盈:《投资咨询乱象何时休? 32 家持牌机构被暂停新增业务》,载中国证券网 2020 年 1 月 23 日,https://news. cnstock. com/news,yw - 202001 - 4481967. htm。

定》《指导意见》并未涉及。依据相关法律规定,从事证券投资咨询服务的人员,必须取得证券投资咨询从业资格,并在加入一家持牌证券投资咨询机构之后,才能从事证券投资咨询业务;未取得证券投资咨询从业资格,或者虽取得证券投资咨询资格但未在持牌证券投资咨询机构工作的任何人,不得从事证券投资咨询业务。申请证券投资咨询从业资格的人员必须具备一定的条件,包括国籍、民事行为能力、品行、受处罚情况、学历、从业经验、资格考试等,并要履行一定的审批程序,自取得从业资格之日起18个月内未在证券投资咨询机构执业的,从业资格自动取消。取得证券投资咨询从业资格的人员申请执业的,由其所在证券投资咨询机构提出申请,由证监会审批、颁发执业证书;证券投资咨询从业人员不得同时在两个或两个以上证券投资咨询机构执业。此外,证券投资咨询服务人员,在取得相应从业资格证之后,还应在中国证券业协会注册登记为证券投资顾问。另外,尚未正式出台的"账户管理业务规则"规定,从事账户管理业务的人员应该取得证券投资咨询从业资格,并在中国证券业协会注册为投资顾问,具备一定的投资顾问或类似从业经历,以及良好的诚信记录和职业操守,近3年未受刑事或行政处罚。

可见,上述有关证券投资咨询人员的从业资质要求还停留在传统人工投资顾问模式下,尚未针对智能投顾作出变动或者其他特别规定。然而,智能投顾不同于传统人工投资顾问,它以机器人代替自然人,[①]机器人是否需要一定的资质,机器人的从业资质是什么,如何对机器人的资质进行认定,我国法律目前还没有规定。我国当前的人工智能水平还处于"弱智能"阶段,证券市场中打着"智能"口号的金融服务实际上很多都达不到智能的标准,最多只能称为自动化,真正应用到人工智能的只占一小部分。然而,就这一小部分,水平也是参差不齐,没有一定的标准,这不仅影响到智能投顾服务的正常开展,而且还影响到最终生成的投资建议或投资决策的质量,进而影响到投资者的收益情况。

另外,虽然智能投顾以机器人运作为主,但从国际实践和国内实际情况

① 智能投顾通过各类平台、App等工具向客户提供投资服务,本书统一将这些工具称为机器人,泛指以人工智能、算法等科技为依托,自动向客户提供投资服务的工具。

来看,人工投顾在我国智能投顾服务中还是必不可少的。那么,在智能投顾模式下,人工投资顾问需要满足什么资质,我国法律也没有相关规定。这很可能导致实践中人工投资顾问因不了解机器人算法的具体逻辑、所依托的投资理论等情况,而无法解答客户疑惑,无法及时察觉机器人的运行故障等,从而使得投资者的合法权益得不到保障。

其次,有关智能投顾提供商内部信息技术管理系统的法律规定的缺失。《证券、期货投资咨询管理暂行办法》第 6 条规定的关于申请证券投资咨询从业资格的机构应当具备的条件中仅概括性地规定了要具备健全的内部管理制度,但是却没有对其具体内容展开说明,更未提及信息技术管理系统。《证券投资顾问业务暂行规定》中也只是概括性地规定证券公司、证券投资咨询机构应当健全内部控制,建立健全业务管理制度、合规管理和风险控制机制,并未提及信息技术管理系统。甚至作为证券投资咨询服务机构主体之一的证券公司,其设立条件仅要求具有合格的信息技术系统,而没有针对信息技术管理的相关要求。[①] 其他相关法律法规也没有针对证券投资咨询机构信息技术管理系统的相关规定。之所以没有相关方面的法律规定,一是因为部分法律制定年代较早,且后续并未与时俱进、根据实际发展情况进行相应修正;二是同我国证券市场发展水平一样,我国证券法律制度并不成熟完善,有一定滞后性,尽管我国互联网金融、智能金融都有了一定程度的发展,而且我国监管部门也意识到信息技术在金融行业越发重要的地位和作用。

智能投顾是金融科技成功应用的典范,其最大的特点就是几乎依赖算法、人工智能来提供投资服务,对信息技术的依赖程度极高,这就使得具备健全的信息技术管理系统或者安排变得尤为重要,尤其是在出现技术故障、突发意外事件等不利情形的时候。

再次,有关智能投顾提供商风险管理制度的法律规定的缺陷。《证券投资顾问业务暂行规定》第 9 条和第 10 条对证券投资咨询机构的风险管理安排作了原则性规定,即证券公司、证券投资咨询机构应当建立健全覆盖证券投资顾问业务所有环节的风险控制机制,并保证其与服务方式、业务规模

---

① 参见《证券法》第 118 条第 6 款。

相适应。《指导意见》第 7 条和第 8 条规定,金融机构开展资产管理业务,应当具备与资产管理业务发展相适应的管理体系和管理制度,风险管理机制健全;金融机构运用受托资金进行投资,应当遵循审慎经营规则,制定科学合理的风险管理制度,有效防范、控制风险。除此之外,没有更为详细、具体的有关证券公司、证券投资咨询机构风险管理的指导性规定,更没有针对智能投顾提供商风险管理的专门规定。

最后,有关智能投顾注册资本的法律规定的缺陷。《证券、期货投资咨询管理暂行办法》第 6 条规定,申请证券投资咨询从业资格的机构应当具有 100 万元人民币以上的注册资本。《证券法》第 121 条规定,证券公司经营证券投资咨询业务的,注册资本最低限额为 5000 万元人民币,且为实缴资本。虽然,2013 年修正的《公司法》对公司的注册资本制度做出了重大修改,[①]但是,我国从事证券投资顾问业务的证券公司、证券投资咨询机构依然采取最低注册资本的规定,且依然实行实缴资本制。这主要是出于证券行业的高风险、保护投资者的考虑。然而,多数研究表明,最低注册资本制其实是一项非常低效的债权人保护机制。[②] 而且,较高的注册资本市场准入门槛,会将大多数创新企业扼杀在摇篮里,这对于智能投顾初创公司而言是非常不利的。因为,智能投顾的前期研发成本极高,如果再设置较高的注册资本门槛,而且是实缴资本,那么会大大加重智能投顾提供商,尤其是初创公司的合规负担,不利于其资源的优化配置,阻碍着其进一步的创新与发展。

二、我国智能投顾市场运作法律规制存在的问题

(一)信义义务法律规制不健全

我国有关智能投顾信义义务的规定主要体现在以下几个条款:《证券、期货投资咨询管理暂行办法》第 19 条,《证券法》第 160 条,《证券投资顾问业务暂行规定》第 4 条、第 5 条,《关于加强对利用"荐股软件"从事证券投资咨询业务监管的暂行规定》第 3 条,《指导意见》第 2 条,以及《账户管理

---

① 2013 年修正的《公司法》取消了最低注册资本额,并将实缴制改为认缴制。

② 黄辉:《公司资本制度改革的正当性:基于债权人保护功能的法经济学分析》,载《中国法学》2015 年第 6 期。

业务规则》(征求意见稿)第3条等。总结来看,这些规定均未直接采用信义义务的表述,而是通过其他表述对信义义务作了原则性、概括性的规定。具体来说,证券投资咨询持牌机构及其从业人员应当遵循诚实信用原则,勤勉、尽责、审慎地为客户提供服务,或者应当忠实客户利益,不得为他方利益而损害客户利益。

与信义义务密切相关的原则主要有避免利益冲突原则、客户适当性原则、最佳执行原则。避免利益冲突主要通过充分的信息披露实现,我国几乎没有相关的法律规定。① 客户适当性原则主要是对投资者适当性管理的要求,即将适当的产品与适格的客户相匹配,以客户最佳利益行事。《指导意见》第6条和第23条仅规定了金融机构运用人工智能技术开展资产管理业务应当严格遵守投资者适当性的相关规定,坚持"了解产品"和"了解客户"的经营理念,向投资者销售与其风险识别能力和风险承担能力相适应的资产管理产品,并未提及要以客户最佳利益为原则。《关于加强对利用"荐股软件"从事证券投资咨询业务监管的暂行规定》第4条第3款规定,利用"荐股软件"从事证券投资咨询业务的机构应当遵守客户适当性原则,制定了解客户的制度与流程,对"荐股软件"产品分类分级,充分向客户提示产品特点及风险,将合适的产品销售给适当的客户,也未提及要以客户最佳利益为原则。最佳执行原则是针对提供交易执行、投资组合管理的智能投顾而言的,对此,我国目前也没有相关法律规定。

信义关系是智能投顾法律关系的核心构成要素,是智能投顾得以运作的基础,信义义务则是贯穿整个智能投顾价值链的核心要求。与境外实践相比,我国有关信义义务的法律规定明显不足。首先,规定过于简单、笼统,不便于智能投顾及其从业人员遵守执行,不能有效发挥法律的指引、规范作用。诚实信用和勤勉尽责的具体要求是什么,其判定标准是什么,都不清晰明确。其次,传统上,信义义务是对人的要求,而智能投顾模式中提供服务的是机器,机器如何适用信义义务,是否需要变通,其判定标准是什么,我

① 《证券投资顾问业务暂行规定》第3条、第5条仅规定证券公司、证券投资咨询机构从事证券投资顾问业务应当防范利益冲突,不得为他人利益而损害客户利益,切实维护客户合法权益,至于如何防范利益冲突,则没有涉及。

国目前也没有规定，甚至相关方面的探讨也比较少见，官方对此也没有表态。这与我国信用体系不完善，投资者与证券服务机构及其从业人员之间的信任关系尚未完全建立，我国证券投资咨询市场还是卖方投顾主导的现实状况不无关系。最后，当前国际上所倡导的负责任投资、可持续金融、ESG 理念等，在我国相关法律法规中也没有体现，不利于我国智能投顾以及整个金融行业的可持续发展。

（二）信息披露法律规制不健全

《证券投资顾问业务暂行规定》第 27 条规定，以软件工具、终端设备为载体，向客户提供投资咨询服务的，应当向客户说明该软件工具、终端设备的功能、固有缺陷、使用风险，以及其数据信息来源；如果该软件工具、终端设备具备选择证券投资品种、提示买卖时机的功能，则还应当向客户说明其方法与局限。《关于加强对利用"荐股软件"从事证券投资咨询业务监管的暂行规定》第 4 条、第 5 条规定，利用"荐股软件"从事证券投资咨询业务的证券投资咨询机构需要在公司营业场所及网站、中国证券业协会网站公示公司基本信息，[①]在公司网站公示产品分类、产品价格、具体功能、服务收费标准与方式等信息，主动向客户披露"荐股软件"的作用、局限和纠纷解决方式等。《指导意见》第 23 条仅规定金融机构运用人工智能技术开展资产管理业务的，应当遵守有关信息披露的一般性规定，但并未就该问题作进一步详细规定。

公开是建立信任的基础，信息披露是证券法律的核心与灵魂。信息披露对于智能投顾而言更为重要，因为从一定意义上来讲，它是投资者了解智能投顾的唯一途径。而且，在我国社会信用体系尚未完全建立、智能投顾还基本为卖方投顾的现实情况下，投资者对信息披露的需求更为强烈。但是，出于成本、利益等因素的考量，智能投顾提供商一般不愿意主动披露或者充分披露相关信息，尤其是利益冲突、算法缺陷等信息。因此，必须通过法律予以强制规定，以保护投资者的合法权益。然而，目前我国相关法律仅就智能投顾的披露内容作了简要规定，披露范围较窄，且未涉及披露形式等内

---

① 需要公示的公司基本信息包括：公司名称、住所、联系方式，投诉电话，证券投资咨询业务许可证证号，证券投资咨询执业人员姓名及其执业资格编码，等等。

容,不利于投资者权益的保护,须予以完善。

(三)算法法律规制的不健全

算法是智能投顾的核心驱动要素,如何对算法进行规制是监管部门面临的新挑战。目前,国际上尚未形成统一的算法规制路径。我国对智能投顾算法的监管要求仅体现在《指导意见》第 23 条,该条规定金融机构需要向金融监管部门报备人工智能模式的主要参数以及资产配置的主要逻辑。除此之外,尚未发现其他相关法律规定。但是,只有备案是远远不够的,还应继续探索适合我国的算法规制方案,以应对由算法引发的各种风险与问题。

三、我国智能投顾市场退出法律规制存在的问题

我国《证券、期货投资咨询管理暂行办法》第 5 章“罚则”,对证券投资咨询机构违法违规行为的处罚作了具体规定,其中违法违规情节严重的,均由证监会作出暂停或者撤销其业务资格的处罚。《证券法》第 140 条、第 143 条规定,证券公司治理结构、风险控制指标、合规管理不符合规定的,证监会可以撤销其相关业务的许可;证券公司违法经营或者出现重大风险,严重损害投资者利益、危及证券市场秩序的,证监会可以对其采取责令停业整顿、指定其他机构托管、接管或者撤销等监管措施。以上是我国有关智能投顾市场退出的法律规定,同多数国际实践一致,仅对智能投顾被动退出市场作了相关规定。

我国智能投顾市场退出的配套法律制度并不完善。以破产制度为例,我国《企业破产法》也为智能投顾通过破产退出市场提供了指引,但是因为金融的特殊性,其破产必定不同于一般企业的破产,该法并不能完全适用于金融机构的破产情形,该法第 134 条的规定就印证了这一点。该条款除明确国务院金融监督管理机构有权向法院提出针对金融机构进行重整或者破产清算的申请外,还规定国务院可以依据该法和其他有关法律的规定制定金融机构破产的实施办法。所以,金融机构如何进行破产清算,还有待专门的金融机构破产法律法规的出台。

第三节 我国智能投顾法律规制的完善建议

法律的作用在于规制人的行为,建立健全智能投顾法律规制的目的在于明确其法律属性,规范其市场行为,划清其法律责任,从而保护投资者的合法权益,维护证券市场的稳定发展。但是,由于我国证券市场还不成熟、监管理念还未转变等因素的影响,我国目前有关智能投顾的法律规制非但没能起到规范、引导其发展的作用,反而在一定程度上制约、阻碍着其发展。换言之,我国智能投顾法律规制存在的问题影响着智能投顾的进一步发展,急需相关部门予以修改、完善,以充分释放智能投顾的潜在价值,发挥其在促进证券行业业务转型、加强投资者教育、建设普惠金融等方面的巨大作用。

一、我国智能投顾法律规制的基本原则与思路

(一)我国智能投顾法律规制的基本原则

作为一项创新事物,智能投顾在提升金融服务的可得性、便利性、可负担性等方面具有显著优势,但是,其独特的运行模式也不可避免地与现行法律法规和监管理念之间产生冲突。对此,我们既不能过度降低对它的规制标准,放任其自由发展,也不能将它与传统金融服务一视同仁,更不能过度抬高对它的规制要求,而是应该坚持适度原则,在促进金融创新、保护金融自由、维护金融安全之间找到平衡点。

对智能投顾进行法律规制是国家权力干预金融市场的强有力措施,不适度的国家干预反而会破坏金融市场的正常内在秩序,抑制金融创新,造成金融压抑,危及金融机构的生存和发展。公共选择理论认为,公共干预的采用需要严格的条件限制,即市场调节的成本远高于公共干预的成本。[1] 所以,为了防止国家权力对智能投顾之合法伤害,智能投顾法律规制应当张弛有度,遵循适度原则。

---

① 朱崇实、刘志云:《金融法教程》(第4版),法律出版社2017年版,第84~85页。

具体来说,遵循适度原则对智能投顾进行法律规制,需要做到以下几点:第一,要尊重市场运行规律,在金融常态情形下保持法律中立。要充分发挥市场调节作用,通过市场的自由竞争实现资源的优化配置。第二,要处理好政府和市场之间的关系,明确金融监管部门的法律地位和职责权限,摒弃监管万能的错误认识。第三,要处理好金融安全与金融自由之间的关系,在出现金融行为失范、金融市场波动、金融秩序失调等情形时,应及时采取适当措施,以维护金融稳定与安全。第四,要尽量减少金融监管部门对智能投顾提供商微观经营活动的直接干预,充分发挥智能投顾提供商的自主性。第五,要对智能投顾进行差别化监管,建立“动态调适、奖惩相容”的金融监管运行机制。①

(二)我国智能投顾法律规制的基本思路

由于法律在技术上的中立性,智能投顾并没有改变其金融业务的本质属性,所以,各国(地区)基本上沿用现有有关证券投资咨询、资产管理业务的法律法规和监管框架,并在此基础上,对信义义务、信息披露、算法监管等问题作出特别规定。比如,美国证券监管部门 SEC 将智能投顾认定为投资顾问,须适用《1940 年投资顾问法》;同时发布了《智能投顾监管指南更新》,对智能投顾的信息披露、投资者适当性、合规要求等作了特别强调;还发布了《关于智能投顾的投资者公告》《关于自动化投资工具的投资者警告》,对投资者进行相关教育。此外,美国证券行业自律组织 FINRA 发布了《数字化投资顾问报告》,强调了对智能投顾算法及其所生成的投资组合的监督与管理,并对投资者画像、投资组合再平衡、从业人员的培训与教育等问题作了相关规定,着重强调了投资者教育的重要性。

本书也主张我国在现有法律法规和监管体系的框架内对智能投顾进行规范、监督与管理,并在此基础上,通过出台相关法律文件对智能投顾的特殊问题进行特别规定。同时,鉴于智能投顾的独特性和我国现行法律制度存在的问题,还应对相关法律规定进行适当的修正、完善。实际上,这与我国证监会的监管理念是一致的。在关于完善互联网证券相关法律体系的问题上,我国证监会认为,互联网形式的证券业务,如智能投顾、智能客服等

① 朱大旗:《金融法》(第 2 版),中国人民大学出版社 2007 年版,第 126 页。

智能化应用,[①]并没有改变经纪业务、资产管理业务、融资融券业务、自营业务等证券业务的本质,仍然具有证券属性,其业务属性、信息披露、经营条件、监督管理等仍然可以沿用现行法律法规,采用互联网技术的证券服务机构仍然需要在现有法律制度和监管框架下开展相关业务。[②] 同时,我国证监会也意识到互联网技术在证券领域具体运用时可能存在特殊风险,已经考虑对互联网形式的证券发行等行为进行特别规范,适时修改、制定相关法律法规。

具体而言,一是要区分智能投顾具体业务的本质属性,沿用现行相关法律法规和监管要求;二是要转变监管观念,修改相应法律法规,如逐步放开全权委托、代客理财的限制;三是要针对智能投顾的特性,对有关法律规定做出变通安排,如投资者适当性管理、信息披露等要求;四是要与时俱进,新设一些法律规定,以弥补现行法律规定的不足,如算法规制、ESG 标准等。

此外,还应注意到,建立健全智能投顾的法律规制体系是不可能一蹴而就的,要充分考虑我国的实际情况,制定相应的短期方案和长期方案,逐步实现健全、完善我国智能投顾法律制度和监管体系的目标。其中,短期方案主要从实然角度出发,着重考虑我国现行法律制度、监管框架的实际情况;长期方案则主要从应然角度出发,充分考虑智能投顾综合金融服务的业务本质,消除我国现行法律规定的障碍,转变我国分业监管的金融监管体制,从根本上为智能投顾的长远发展铺平道路。

二、我国智能投顾法律规制完善的具体建议

由上可知,对我国智能投顾法律规制进行完善是我国迫在眉睫的任务。对此,在坚持适度的基本原则下,要逐一对我国智能投顾法律规制存在的问题进行解决,对不适当的规定做出相应修改与变通,对缺失的规范做出新设

---

① 确切地说,智能投顾与互联网金融是存在区别的,前者是金融与科技相结合,强调机器替代人工,是金融服务的主要提供者;而后者是金融与互联网相结合,并未从根本上改变人工服务的传统业务模式,互联网只是金融服务的辅助工具。但是,这并不影响对智能投顾、互联网金融本质属性的判断,因为它们所利用的都是技术,而法律在任何技术上都是中立的。

② 参见《中国证券监督管理委员会关于政协十三届全国委员会第一次会议第 3961 号(政治法律类416 号)提案答复的函》,载汇法网2018 年8 月31 日,https://www.lawxp.com/statute/s1993137.html。

安排。同时,还要从智能投顾长远发展的角度出发,由相关部门出台专门的规范性文件,并对投资者教育、证券行业业务转型、金融监管改革等做出相应的安排。

(一)我国智能投顾市场准入法律规制的完善建议

1. 明确界定智能投顾法律属性、完善其牌照管理制度

对智能投顾法律属性进行明确界定,是对其进行法律规制的首要前提。综合来看,应当将智能投顾认定为包括投资咨询和资产管理在内的综合性金融服务。主要原因有三点:一是智能投顾的本质就是一项自动化综合金融服务;二是我国证券市场中既有智能投资咨询服务,也有智能资产管理服务,现有智能投顾平台基本可以分为独立建议型和综合理财型两类;①三是我国采取投资顾问狭义说,若如美国一样,将智能投顾界定为投资顾问,那么资产管理业务将被排除在外,这显然是不符合实际情况的。

但是,在我国分业经营、分业监管的金融经营监管体制下,具有综合金融服务属性的智能投顾在市场准入方面面临着不小的挑战。对此,应当区分短期方案和长远目标,既要充分考虑当前我国实际情况,又要着眼于智能投顾的长远发展和金融经营监管体制的发展方向。

首先,从实然角度出发,制定短期应对方案。具体而言,即借鉴英国、德国监管实践,区分智能投顾的具体业务内容,依照其业务本质,实行分别牌照管理制度。换言之,如果是提供投资咨询建议的智能平台,应取得证监会的证券投资咨询业务许可;如果是提供资产管理服务的智能平台,则应取得证监会的证券类资产管理业务许可。② 鉴于我国目前禁止投资顾问代客理财的法律限制,出现交叉业务类型的智能平台可能性不大。但是,如果"账户管理业务规则"顺利出台,或者通过其他途径放开了这项限制,智能平台可以开展投资咨询和账户管理双重业务,那么应采取"就高不就低"的原则,适用标准较高的业务许可。从我国监管实践来看,资产管理业务许可的标准要高于投资咨询业务许可的标准,如若存在交叉业务型智能平台,则应

---

① 虽然,从法律上来讲,我国投资顾问并不包含资产管理业务;但是,在人工智能场合,人们通常并不对二者做区分,而是统称为智能投顾。

② 我国目前实行分业监管的金融监管体制,银行、保险等领域的资产管理服务应当由银保监会核准。

取得证监会的证券类资产管理业务许可。

此外,在业务许可设定问题上,有沿用现有许可和新设许可两种做法。由于当前人工智能还处于“弱智能”水平,智能投顾与传统投资顾问并无本质区别,实践中尚无将其与传统投资顾问分开监管的现实基础,所以,各国(地区)基本上均沿用现有许可,并未针对智能投顾专门设定一项业务许可。因此,从维护金融监管体系稳定的角度出发,我国也应当继续沿用现有许可管理制度,按照具体业务内容,对智能投顾实行分别牌照管理。

其次,从应然角度出发,制定长期发展目标。统一金融监管是未来金融业发展的主流趋势,投资咨询和资产管理两项业务是不可能完全做到泾渭分明的,相反地,二者在实践中的交叉、重叠会越来越多。因此,从长远来看,应当借鉴美国、澳大利亚的监管经验,从功能监管角度出发,将有关投资咨询和资产管理的业务许可整合为一个业务许可,统一监管要求。实现该目标的前提是,消除我国目前有关禁止证券投资咨询机构及其从业人员代客理财的法律限制,这涉及《证券法》等相关法律法规的修改,短期内很难实现。

2. 消除禁止全权委托、代客理财的法律限制

接受客户全权委托,为客户提供资产管理服务,是智能投顾的核心业务,是充分发挥智能投顾潜在价值的必然要求。但是,由于我国相关法律规定的限制,从事证券投资咨询业务的智能投顾不能开展代客理财的资产管理业务,严重阻碍着智能投顾的发展。为此,应该修改相关法律规定,放开、消除证券投资咨询机构及其从业人员从事资产管理业务的限制。

首先,从长远角度来看,应当对我国《证券法》相关条款进行修改,尤其是第 134 条、第 136 条、第 161 条,从根本上消除禁止相关证券机构及其从业人员从事资产管理业务的限制。[①] 由于《证券法》是由全国人民代表大会常务委员会颁发的法律,在法律效力上仅次于《宪法》,所以,一旦《证券法》作出修改,依据上位法优于下位法的法律适用规则,《证券、期货投资咨询管理暂行办法》《证券投资顾问业务暂行规定》等法律法规有关禁止投资顾

---

① 相关证券机构及其从业人员,既包括证券投资咨询机构及其从业人员,也包括从事证券经纪业务的机构及其从业人员。

问代客理财的规定将自动失效。但是,这条路径十分困难,耗时也会更长。2019 年全面修订后的《证券法》依然保留了相关规定,这一方面表明该项禁止规定还有存在的价值,智能投顾从事相关业务仍需遵守该项规定;另一方面也暗示着短时间内改变或者废除该项规定是不现实的,还需在此之外探寻适合我国现状的短期方案。

其次,从短期来看,可以通过修改或者制定下位法的方式,逐步放开投资顾问从事资产管理业务的限制。具体而言,一是推动证监会制定的《公开募集证券投资基金投资顾问业务管理规定(征求意见稿)》正式出台,为管理型基金投资顾问业务接受全权委托、代客理财提供法律支持。二是推动证券业协会制定的“账户管理业务规则”正式出台,为证券投资咨询机构及其从业人员接受客户委托,代理客户执行账户投资或交易提供法律依据。需要注意的是,即使该规则能顺利出台,受上位法《证券法》的限制,智能投顾在开展投资顾问业务的同时从事资产管理业务,还是面临着法律风险。对此,可以通过发布有关《证券法》第 161 条的法律解释,为该条禁止性规定设置一定的豁免条件,比如允许运用人工智能等技术提供证券投资咨询服务的机构代理客户从事证券买卖等业务。如此,便为智能投顾开展包括投资咨询和资产管理在内的综合金融服务提供了强有力的法律支撑。

3. 恢复证券投资咨询业务牌照的发放

据统计,目前我国证券市场中仅有 83 张证券投资咨询业务牌照,[①]鉴于当前牌照停发和监管力度加强的实际情况,市场中该牌照的数量还可能继续下降。持续停发牌照并不能从根本上解决证券投资咨询行业的乱象,反而会导致牌照租借、转让以及违法违规经营行为的泛滥,进一步恶化证券市场环境,不利于投资咨询行业的健康发展。因此,应该转变监管理念,恢复证券投资咨询业务牌照的发放,畅通智能投顾市场准入的渠道,以降低合规成本,减少非法经营的法律风险。

针对证券投资咨询领域的乱象,要明辨其根源,并采取适当的应对措

① 该数据截至 2020 年 8 月,参见《证券投资咨询机构名录(2020 年 8 月)》,载中国证监会 2020 年 8 月 31 日,http://www.csrc.gov.cn/pub/zjhpublic/G00306205/201510/t20151028_285725.htm。

施。对此,首先,要完善投资咨询业务的相关法律法规和监管措施,加强对证券投资咨询机构、证券公司的合规管理,规范相关从业人员的职业操守,严厉打击各种违法违规行为。其次,要转变我国卖方投顾的现状,培养投资咨询机构及其从业人员买方投顾的服务理念,由以产品为中心转向以客户为中心,增强客户与投资顾问之间的信赖关系,构建二者之间的信义关系。最后,要加大投资顾问从业人员的培养,增加我国投资顾问的数量,缓解市场供求矛盾,减少投资顾问人员不足引发的违法违规行为。

4. 完善有关智能投顾市场准入条件的法律规定

第一,新设智能投顾机器人的从业资质。在智能投顾模式下,机器人代替人工提供投资咨询、资产管理等服务,机器人的资质直接影响着其服务质量,影响着投资者的投资收益。因此,必须对智能投顾机器人的资质作出相关要求。鉴于我国相关法律规定的缺失,本书建议,我国应当新设智能投顾机器人的资质标准,并配以相应的测评指标和测评系统。具体而言,首先要根据智能投顾的具体业务内容,制定机器人的各项功能指标,该指标由证监会制定或者授权其他机构、组织制定;其次,要研发机器人功能测评系统,可以是证监会或者智能投顾提供商自行研发,也可以是第三方机构研发;最后,证监会要对所有计划开展智能投顾业务的机器人进行测评,通过测评的,颁发资质证书,准予进入市场。此外,还应注意,机器人所依赖的算法、人工智能等技术更新、变动速度很快,所以,也要适时对机器人测评指标和测评系统进行更新、升级,以提供更准确的测评结果。

第二,提高有关人工投资顾问的资质要求。由于我国证券市场发展尚不成熟,短时间内在我国开展纯智能投顾还不现实,很多业务环节还需要人工投资顾问的参与。所以,与美国、澳大利亚、欧洲等国家或地区不同,我国发展智能投顾不但不会削减人工投顾的岗位数量,反而会增加对人工投顾的需求。① 由前述分析可知,智能投顾模式下的人工投顾应当满足更高的资质要求,才能应对智能投顾的特殊性引发的各种问题。因此,应当对我国有关投资顾问从业人员资质要求的法律规定做出变通安排,以便更好地适

---

① 李劲松、刘勇:《智能投顾:开启财富管理新时代》,机械工业出版社2018年版,第154~155页。

用于智能投顾。具体来说,一是要提高智能投顾模式下人工投顾的资质要求,除满足传统投资顾问的资质条件外,还要具备一定的计算机、人工智能、算法等方面的知识储备,①以便了解智能投顾的运作逻辑,更好地为客户提供服务。二是可以对智能投顾提供商内部人工投顾的数量做出弹性安排,只规定最低数量,具体数量由智能投顾提供商根据其具体业务的性质、规模、复杂性来决定。

第三,增加对智能投顾提供商建立健全信息技术管理系统的要求。虽然当前人工智能、云计算、区块链等技术广泛应用于金融市场,包括金融服务机构和监管部门在内的市场主体已经意识到信息技术在金融领域的重要地位和作用,但是,我国并未从法律的高度对金融服务机构的信息技术管理作出相应规定。因此,应当借规制智能投顾的契机,弥补相关法律规定的缺失。换言之,要增加对智能投顾提供商等金融服务机构建立健全信息技术管理系统的要求,相关机构除应具备行之有效的商业持续计划、灾难恢复计划以保障智能投顾的正常运行外,还应采取一定的安保措施以保护客户信息及相关数据的安全性。

第四,健全有关智能投顾提供商风险管理制度的法律规定。金融与风险,是两个密不可分的概念。金融行业本身就是一个高风险的行业,这种风险的面向是多方面的,既有针对投资者的,也有针对金融机构的,更有针对整个金融行业和市场经济的,如何识别、防范、管理金融风险不仅是传统投资顾问所面临的问题,也是智能投顾和所有金融服务机构所面临的问题。由于智能投顾对人工智能、算法等技术的高度依赖,其风险较传统投资咨询服务机构更大,更应强调风险管理的重要性。然而,我国有关证券投资咨询机构的风险管理规定较为概括、笼统,操作性不强,指导、规范作用有限,因此,必须予以健全完善。健全有关智能投顾提供商风险管理的法律规定,应当尤其强调以下两点:一是要求智能投顾提供商具备适当的算法测评和监控安排,包括算法测评的方案、频率、记录,算法管理权限,中止算法运行的条件与措施等;二是要求智能投顾提供商具备适当的网络风险防范安排,定期对其网络安全进行评估,具备网络弹性安全保障措施等。

---

① 对此,可以通过新增考试项目,来考察智能投顾从业人员的算法等科技知识水平。

第五，修改有关智能投顾注册资本的法律规定。在我国公司注册资本制改革的背景下，应逐步放开对证券公司等证券服务机构的注册资本要求。智能投顾就是一个很好的切入点。对此，可以适当降低智能投顾注册资本的数额，并将实缴资本改为认缴资本；或者通过类似美国沙箱监管试验的做法，以资产管理规模要求替代注册资本要求，为智能投顾市场准入扫除资本障碍。

（二）我国智能投顾市场运作法律规制的完善建议

遵守信义义务、履行信息披露要求、监控算法是智能投顾市场运作阶段的主要法律规制内容，但是，我国有关方面的法律规定存在一定欠缺，影响着我国智能投顾的合规健康发展，不利于投资者合法权益的保护和金融市场的稳定，应当予以完善。

首先，要确定投资者与智能投顾之间的信义义务关系，在此基础上，健全完善智能投顾信义义务的具体要求。对此，应该主要围绕以下几方面展开：一是明确智能投顾履行忠实义务的主要途径是充分的信息披露，尤其是相关利益冲突的披露，包括智能投顾提供商与客户之间、不同客户之间、相关第三方机构与客户之间的利益冲突。二是明确注意义务的根本要求是以客户最佳利益行事，主要包括客户适当性原则和最佳执行原则，前者要求智能投顾在充分了解客户的基础上向其提供适当的投资建议或投资决策，后者要求提供资产管理服务的智能投顾要保证客户每一笔交易的成本和收益均处于最佳平衡状态，以实现客户利益的最大化。三是明确人工投顾在我国智能投顾业务中的必要性，借鉴加拿大做法，强制要求智能投顾配备适量的人工投顾，并科以人工投顾相应的法律责任，以弥补智能投顾在履行信义义务方面的缺陷与不足。四是要与时俱进，逐步将 ESG 标准纳入信义义务的具体要求，提高各市场主体的社会责任意识。五是要将信义义务贯穿整个投资价值链，不仅强调投资顾问的信义义务，还要强调其他投资中间商的信义义务，最大限度地实现客户最佳利益。

其次，要扩展智能投顾信息披露的范围，增加对信息披露形式的要求。具体来说，一是要将业务内容、业务模式、利益冲突、算法等都纳入强制信息披露的范围；二是要强调采用适当的披露形式以保证披露的有效性，通过对现代媒体传播技术和信息技术的应用，制定可行有效的披露方案；三是要坚持准确、完整、及时、有效的信息披露原则，摒弃越多越好的披露理念，加强投资者教育,提高其自我保护意识。

最后,要确立可信赖算法准则,构建以事后问责为主、事前备案为辅,主要依赖智能投顾提供商监控算法质量的算法规制方案。为此,一是要确立合乎法律、合乎情理、安全稳健的可信赖算法准则,并将其贯穿算法的开发、设计、应用和规制;二是要坚持形式审查、事后问责的算法规制路径,继续探索完善我国有关算法备案的相关规定,增加有关算法法律责任的内容;三是要确立智能投顾提供商在算法质量监控中的核心地位,制定具体的算法质量监控指标和措施,强调对算法质量的持续性监控。

(三)我国智能投顾市场退出法律规制的完善建议

针对我国智能投顾市场退出法律规制的完善,应当主要围绕智能投顾市场退出的配套法律制度进行。首先,要适时出台有关金融服务机构破产的法律法规,解决《企业破产法》在金融领域的适用难题。其次,要健全我国金融风险预警机制和风险应急处理机制,借鉴欧美等发达国家做法,完善相关风险预警指标,改进风险处理措施,提高金融风险的识别、防范、应对能力。最后,要健全我国证券投资者保护基金制度,调整其基金筹集途径,扩大其用途范围,充分发挥其投资者保护的功能。

以上是对我国智能投顾法律规制存在问题的具体完善建议。除此之外,我国在对智能投顾进行法律规制的过程中,还应当着重注意以下三个方面。

第一,沙箱监管的应用。沙箱监管是英国为了应对金融创新监管难题而推出的一项监管制度,在减少监管不确定性、促进金融创新等方面发挥着重要作用。目前,我国已经引入沙箱监管制度,并开始了在金融科技领域的试验。① 为此,在智能投顾监管问题上,也可以通过沙箱监管试验,探索符合我国实际情况的智能投顾监管路径与方案。

第二,监管科技的开发与应用。监管科技在金融合规监管实践中的成效已得到广泛证实与认可。智能投顾是人工智能等技术与金融相结合的产物,其独特的业务模式向传统金融监管提出了不少挑战。为此,我国监管部门应当加大监管科技的研发与应用,充分挖掘科技在金融监管方面的潜能,

---

① 李丹丹:《6个金融科技创新监管试点应用拟纳入中国版"监管沙盒"》,载《上海证券报》2020年1月15日,第2版。

以便更好地对智能投顾等金融创新业务进行监管,提高监管效率。

第三,投资者教育的加强。我国投资理财市场中,散户居多,投资者的投资理念还不成熟,对智能投顾所采用的现代投资组合理论、被动投资、长期投资策略接受程度不高。因此,金融服务机构和监管部门要持续加强对投资者的教育,打破刚性兑付的现状,树立投资者风险自担的意识。为此,可以借鉴美国的做法,将投资者教育提高到法律高度,通过具体法律条文的设定,来培养投资者正确的投资观念,塑造投资者理性的投资思维。

本章小结

智能投顾的产生与发展为我国金融行业注入了新鲜血液,促使我国逐渐由互联网金融时代向智能金融时代迈入。虽然我国发展智能投顾有着独特的先天优势,但是也存在短板,能否在发展过程中解决短板问题、发挥自身优势,是我国智能投顾未来发展的关键。所以,必须具备健全完善的法律制度和监管体系,以规范、引导智能投顾的运行,推动智能投顾的健康持续发展。

然而,我国目前有关智能投顾的法律规制并不完善,急需予以修改与完善,以保障智能投顾的正常运行和进一步发展。为此,要在坚持适度原则的基础上,放开我国智能投顾市场准入的限制,弥补我国有关智能投顾市场运作法律法规的缺失,健全我国智能投顾市场退出的配套法律制度。

此外,还应当在沿用现行有关智能投顾法律制度和监管框架的前提下,适时出台专门针对智能投顾的监管文件,以对算法规制、信息披露、信义义务、风险管理等事项作出特别规定。同时,还要注重监管科技、沙箱监管在智能投顾法律规制过程中的应用,以提升智能投顾监管水平,促进智能投顾合规、健康、持续发展。当前因不具备相应资质等,银行纷纷下架智能投顾业务,是我国基金投资顾问业务由试点逐步转向常规化的一个必经过程,我们应充分认识到智能投顾在促进我国证券行业业务转型、推动我国法律变革方面的重大作用,相信在不久的将来,智能投顾将会以崭新的面貌重新呈现。

结　语

科技是社会发展的驱动力，科技的创新与应用总会给人类社会带来巨大的改变和深刻的影响。从蒸汽时代到电气时代，再到信息时代，无不彰显着科技在改变人类社会方面的巨大潜能。当前，随着人工智能等科技的发展，人类社会已经步入智能发展的黄金时代，人们生活的方方面面也在悄然发生着颠覆性的改变。金融这个古老的行业，有着最敏锐的时代嗅觉，每一次技术革新，都能与之完美结合，推动金融业的整体发展。智能投顾就是金融与人工智能完美结合的产物，颠覆了以往传统金融业务模式，开启了智能金融时代的新篇章。

从本质上看，智能投顾是一项自动化的综合金融服务，它以人工智能、算法等技术为依托，通过自动化的工具或平台，向客户提供包括投资咨询、投资组合管理、交易执行、投资组合再平衡、税损交割等服务在内的综合性金融服务。它以现代投资组合理论为基础，以 ETF 为主要投资标的，采用被动投资、长期投资策略，为客户定制投资组合管理计划。凭借低成本、低门槛、高效便捷、个性化服务的优势，智能投顾在提升金融服务的可得性、可负担性、便利性等方面发挥着重要作用，扩大了金融服务的覆盖面，推动着各国普惠金融的建设与发展。

但是,任何事物都是矛盾的复合体。智能投顾在拥有巨大优势的同时,也隐藏着巨大的风险,需要对其进行法律规制,以防范、化解金融风险,维护金融市场稳定,实现公平正义的价值追求。同时,对智能投顾进行法律规制还在矫正市场失灵、消除负外部性、保护投资者权益等方面发挥着重大作用。

虽然智能投顾与传统金融业务存在显著区别,但是其金融业务的本质并未发生改变,所以,国际上对智能投顾进行法律规制的通行实践是,沿用现行有关投资咨询、资产管理业务的法律法规和监管框架,并在此基础上,针对智能投顾的特性,出台指导意见、监管指南、研究报告等专门文件以规范、引导其业务开展。其中,牌照管理、信义义务履行、信息披露要求、算法规制、风险管理等内容是智能投顾法律规制的重中之重。因为智能投顾的独特运作模式向这些传统法律规定提出了挑战,急需相关部门对其进行解释、补充、完善。

同时,随着人类社会的发展,人们开始越来越多地关注环境、社会、气候等问题,可持续发展、负责任投资、可持续金融等理念已经深入人心。对此,越来越多的国家开始将这些理念融入其政策、法律制度之中,以引导人们的日常行为,保障人类社会的可持续发展。因此,应当将上述理念也纳入智能投顾的法律规制之中,以与时俱进,在促进智能投顾可持续发展的同时,也为人类社会的可持续发展做出应有贡献。

我国发展智能投顾的意义重大。一方面,智能投顾能够促进我国证券行业的业务转型,推动我国的金融供给侧结构性改革和普惠金融建设;另一方面,智能投顾的业务模式还有助于增强投资者的风险意识,转变投资者的投资理念,从而起到加强投资者教育的作用。但是,我国既有法律法规的缺陷阻碍着智能投顾的发展,应通过完善我国有关智能投顾的法律法规和监管制度,扫清智能投顾的发展障碍,充分释放其潜能,推动我国金融行业的进步和人工智能的发展,提升我国在国际上的综合竞争力。

主要参考文献

一、著作类

[1]范健、王建文:《证券法》(第3版),法律出版社2020年版。

[2]郭锋编著:《中国证券监管与立法》,法律出版社2000年版。

[3]郭田勇主编:《金融监管学》(第4版),中国金融出版社2020年版。

[4]何宝玉:《英国信托法原理与判例》,法律出版社2001年版。

[5]何宇、王增孝、周新竹主编:《金融学概论》,清华大学出版社2016年版。

[6]洪银兴:《市场秩序和规范》,上海三联书店、上海人民出版社2007年版。

[7]姜洋:《中国证券监管制度研究》,中国金融出版社2001年版。

[8]金泽刚:《证券市场监管与司法介入》,山东人民出版社2004年版。

[9]李龙主编:《法理学》,武汉大学出版社2011年版。

[10]李劲松、刘勇:《智能投顾　开启财富管理新时代》,机械工业出版社2018年版。

[11]李晓珊:《证券市场监管法律制度之比较研究》,中国法制出版社2014年版。

[12]林国全:《证券交易法研究》,中国政法大学出版社2002年版。

[13]刘俊海:《现代证券法》,法律出版社2011年版。

[14]刘星:《法理学导论》,法律出版社2005年版。

[15]缪因知:《中国证券法律实施机制研究》,北京大学出版社2017年版。

[16]彭冰:《中国证券法学》,高等教育出版社2007年版。

[17]齐斌:《证券市场信息披露法律监管》,法律出版社2000年版。

[18]漆多俊:《经济法基础理论》(第4版),法律出版社2008年版。

[19]祁敬宇主编:《金融监管学》,西安交通大学出版社2007年版。

[20]瞿艳:《投资者适当性制度研究》,中央编译出版社2018年版。

[21]尚福林主编:《证券市场监管体制比较研究》,中国金融出版社2006年版。

[22]沈宗灵:《现代西方法理学》,北京大学出版社1992年版。

[23]孙国华、朱景文主编:《法理学》,中国人民大学出版社2000年版。

[24]汪丽丽:《非正式金融法律规制研究》,法律出版社2013年版。

[25]王书丽:《新政时期美国联邦政府证券监管问题研究》,人民出版社2013年版。

[26]吴清、张洪水等:《美国投资银行经营失败案例研究》,中国财政经济出版社2010年版。

[27]吴志攀:《金融法概论》(第5版),北京大学出版社2011年版。

[28]肖华:《中国证券市场信息披露伦理研究》,中国经济出版社2008年版。

[29]邢会强等:《智能投顾时代的崛起——智能投顾法律问题研究》,中国金融出版社2020年版。

[30]许伟、王明明、李倩:《互联网金融概论》,中国人民大学出版社2016年版。

[31]赵岗、朱忠明、王博林:《中国证券业监管发展与改革研究》,中国发展出版社2015年版。

[32]周涛:《为数据而生 大数据创新实践》,北京联合出版公司2016年版。

[33]朱崇实、刘志云主编:《金融法教程》(第4版),法律出版社2017年版。

[34]朱锦清:《证券法学》(第4版),北京大学出版社2019年版。

[35]主力军:《欧盟与德国资本市场法研究》,上海社会科学院出版社2018年版。

[36]朱伟一:《美国证券法判例解析》,中国法制出版社2002年版。

[37][美]哈威尔·E.杰克逊、[美]小爱德华·L.西蒙斯:《金融监管》,吴志攀等译,中国政法大学出版社2003年版。

[38][美]克里斯托弗·斯坦纳:《算法帝国》,李筱莹译,人民邮电出版社2014年版。

[39][美]莱瑞·D.索德奎斯特:《美国证券法解读》,胡轩之、张云辉译,法律出版社2004年版。

[40][美]卢克·多梅尔:《算法时代:新经济的引擎》,胡小锐、钟毅译,中信出版集团2016年版。

[41][美]路易斯·罗思、[美]乔尔·塞利格曼:《美国证券监管法基础》,张路等译,法律出版社2008年版。

[42][美]斯蒂格利茨:《政府为什么干预经济:政府在市场经济中的角色》,郑秉文译,中国物资出版社1998年版。

[43][美]托马斯·李·哈森:《证券法》,张学安等译,中国政法大学出版社2003年版。

[44][美]詹姆斯·威拉德·赫斯特:《美国史上的市场与法律》,郑达轩等译,法律出版社2006年版。

[45][日]中野正俊:《信托法判例研究》,张军建译,中国方正出版社2006年版。

[46] Armour, John & Awrey, Daniel, et al., *Principles of Financial Regulation*, Oxford University Press, 2016.

[47] Frankel, Tamar, *Fiduciary Law*, Oxford University Press, 2011.

[48] Kawai, Masahiro & Prasad, Eswar, *New Paradigms for Financial Regulation: Emerging Market Perspectives*, Brookings Institution Press, 2013.

[49] Loesch Stefan, *A Guide to Financial Regulation for Fintech Entrepreneurs*, Wiley, 2018.

[50] Tarr, Julie-Anne, *Information Disclosure: Consumers, Insurers and the Insurance Contracting Process*, iUniverse, 2001.

[51] Wymeersch, Eddy & Hopt, Klaus J. & Ferrarini Guido, *Financial Regulation and Supervision: A Post-crisis Analysis*, Oxford University Press, 2012.

二、论文类

[1]陈娟、熊伟:《智能投顾的业务属性和准入监管研究》,载《金融监管研究》2019 年第 4 期。

[2]高丝敏:《智能投资顾问模式中的主体识别和义务设定》,载《法学研究》2018 年第 5 期。

[3]郭雳、赵继尧:《智能投顾发展的法律挑战及其应对》,载《证券市场导报》2018 年第 6 期。

[4]何明辉、邱晓庆:《论智能投顾的监管困境及其应对——以美国监管规则为借鉴》,载《科技与金融》2020 年第 9 期。

[5]蒋辉宇:《论智能投顾技术性风险的制度防范》,载《暨南学报(哲学社会科学版)》2019 年第 9 期。

[6]姜海燕、吴长凤:《智能投顾的发展现状及监管建议》,载《证券市场导报》2016 年第 12 期。

[7]李俊如、段广琛:《我国智能投顾的法律风险与监管建议》,载《经济师》2020 年第 4 期。

[8]李晴:《互联网证券智能化方向:智能投顾的法律关系、风险与监管》,载《上海金融》2016 年第 11 期。

[9]李文莉、杨玥捷:《智能投顾的法律风险及监管建议》,载《法学》2017 年第 8 期。

[10]刘沛佩:《我国证券市场智能投顾发展的监管思考》,载《证券市场

导报》2019 年第 1 期。

[11]刘铮:《智能投顾行业信息披露制度研究》,载《海南金融》2019 年第 11 期。

[12]孟繁永:《美国证券投资顾问服务市场发展及借鉴》,载《证券市场导报》2012 年第 10 期。

[13]潘振野:《智能投顾模式下投资者保护制度的完善——以信义义务为中心》,载《南方金融》2020 年第 2 期。

[14]沈伟伟:《算法透明原则的迷思——算法规制理论的批判》,载《环球法律评论》2019 年第 6 期。

[15]王倩、许勤:《从问题导向探索智能投顾监管思路》,载《金融市场研究》2020 年第 5 期。

[16]王灏:《智能投资顾问服务之法律风险承担》,载《暨南学报(哲学社会科学版)》2019 年第 8 期。

[17]王雅娟:《资管新时代下智能投顾发展前景研判》,载《清华金融评论》2018 年第 2 期。

[18]吴烨、叶林:《"智能投顾"的本质及规制路径》,载《法学杂志》2018 年第 5 期。

[19]邢会强:《金融法上信息披露制度的缺陷及其改革——行为经济学视角的反思》,载《证券市场导报》2018 年第 3 期。

[20]徐凤:《人工智能算法黑箱的法律规制——以智能投顾为例展开》,载《东方法学》2019 年第 6 期。

[21]袁森英:《我国证券智能投顾运营商市场准入制度的构建》,载《西南政法大学学报》2018 年第 3 期。

[22]张琪:《基于智能投顾视角下的信义义务》,载《现代商业》2019 年第 32 期。

[23]郑佳宁:《论智能投顾运营者的民事责任——以信义义务为中心的展开》,载《法学杂志》2018 年第 10 期。

[24]钟维:《中国式智能投顾:本源、异化与信义义务规制》,载《社会科学》2020 年第 4 期。

[25]钟维:《中国式智能投顾:规制路径与方案选择》,载《中国人民大

学学报》2020 年第 3 期。

[26] Arner Douglas W., Barberis Janos & Buckley Ross P., *The Evolution of FinTech: A New Post-Crisis Paradigm?*, Georgetown Journal of International Law, Vol. 47, No. 2, 2016.

[27] Baker Tom & Dellaert Benedict, *Regulating Robo Advice Across the Financial Services Industry*, Iowa Law Review, Vol. 103, No. 2, 2018.

[28] Barber Avery R., *Redefining Fiduciary in the Robot Age: How the Department of Labor's New Definition Will Encourage Robo-investment Platforms and Remove the Human Element from Investment Advising*, Wake Forest Journal of Business and Intellectual Property Law, Vol. 18, No. 2, 2018.

[29] Buiten MC, *Towards Intelligent Regulation of Artificial Intelligence*, European Journal of Risk Regulation, Vol. 10, No. 1, 2019.

[30] Carney, Caelainn, *Robo-Advisers and the Suitability Requirement: How They Fit in the Regulatory Framework*, Columbia Business Law Review, Vol. 2018, No. 2, 2018.

[31] Daldaban, Ihsan Ibrahim, *RegTech and SupTech for Robo-Advisers: Alternative Regulatory Methods for Enhancing Compliance*, Asper Review of International Business and Trade Law, Vol. 19, No. 17, 2019.

[32] Garver Genna & Davison Zach, *Rise of the Machines: SEC Issues Guidance on Robo-Advisors*, Banking Law Journal, Vol. 134, No. 5, 2017.

[33] Iannarone Nicole G., *Computer as Confidant: Digital Investment Advice and the Fiduciary Standard*, Chicago-Kent Law Review, Vol. 93, No. 1, 2018.

[34] Iannarone Nicole G., *Rethinking Automated Investment Adviser Disclosure*, University of Toledo Law Review, Vol. 50, No. 3, 2019.

[35] Ji Megan, *Are Robots Good Fiduciaries: Regulating Robo-Advisors under the Investment Advisers Act of* 1940, Columbia Law Review, Vol. 117, No. 6, 2017.

[36] Labbe Amelie, *The Disclosure Dilemma*, International Financial Law Review, Vol. 35, No. 9, 2016.

[37] Lightbourne John, *Algorithms & Fiduciaries: Existing and Proposed*

Regulatory Approaches to Artificially Intelligent Financial Planners, Duke Law Journal, Vol. 67, No. 3, 2017.

[38] Litz Dominic, *Risk, Reward, Robo-Advisers: Are Automated Investment Platforms Acting in Your Best Interest*, Journal of High Technology Law, Vol. 18, No. 2, 2018.

[39] Magnuson, William, *Regulating Fintech*, Vanderbilt Law Review, Vol. 71, No. 4, 2018.

[40] Maume Philipp, *Regulating Robo-Advisory*, Texas International Law Journal, Vol. 55, No. 1, 2019.

[41] Fein, Melanie L., *Are Robo-Advisors Fiduciaries?*, University of Oxford Worcester College, 2017.

[42] Rifkin Jake G., *Robo-Advisers Jumping on the Bandwagon: Yet Another Cry for a Uniform Standard*, North Carolina Law Review, Vol. 97, No. 3, 2019.

[43] Seidt Andrea L., Zaharis Noula & Jarrett Charles, *Paying Attention to That Man behind the Curtain: State Securities Regulators' Early Conversations with Robo-Advisers*, University of Toledo Law Review, Vol. 50, No. 3, 2019.

[44] Strzelczyk Bret E., *Rise of the Machines: The Legal Implications for Investor Protection with the Rise of Robo-Advisors*, DePaul Business & Commercial Law Journal, Vol. 16, No. 1, 2017.

[45] Tjon Akon Melvin, *Robo-Advisors: Regulation and Design Features for Risk Mitigation*, NY Business Law Journal, Vol. 21, No. 1, 2017.